U0929104

旅游商品营销与设计

李金领　著

中国纺织出版社

内容提要

旅游商品既涉及科学的营销模式，又涉及艺术的设计方法。基于对此的理解及作者讲授旅游工艺品营销及产品设计相关课程的经验和实践所得，以及对国内外相关旅游商品研究文献的阅读了解形成此书。本书从旅游商品营销理论及策略研究，旅游商品设计思维与方法研究两方面出发，分别讲述了旅游商品属性、旅游商品营销、旅游商品设计等方面内容。本书适合广大在校学生作为引导性读物，同时也可作为旅游等相关专业教师及相关爱好者和从业人员的参考书。

图书在版编目（CIP）数据

旅游商品营销与设计 / 李金领著 .
—北京 : 中国纺织出版社 , 2018.5 （2024.2重印）
ISBN 978-7-5180-2696-8

Ⅰ. ①旅… Ⅱ. ①李… Ⅲ. ①旅游商品—市场营销学 ②旅游商品—设计 Ⅳ. ① F590.8

中国版本图书馆 CIP 数据核字 (2016) 第 122279 号

责任编辑：武洋洋　　责任印制：储志伟

中国纺织出版社出版发行
地址：北京市朝阳区百子湾东里 A407 号楼　邮政编码：100124
销售电话：010-67004422　传真：010-87155801
http：//www.c-textilep.com
E-mail：faxing@e-textilep.com
中国纺织出版社天猫旗舰店
官方微博 http：//www.weibo.com/2119887771
北京兰星球彩色印刷有限公司印刷　各地新华书店经销
2018 年 5 月第 1 版　2024年2月第11次印刷
开本：710 × 1000　1/16　印张：15.875
字数：290 千字　定价：78.00 元

凡购本书，如有缺页、倒页、脱页，由本社图书营销中心调换

前 言

旅游商品既涉及科学的营销模式，又涉及艺术的设计方法。从科学性来说，它的营销是基于产品事实和营销环境的策略展现；从艺术性来说，它要求满足设计对产品满足人的需求的能动性。旅游商品营销与设计，是基于对旅游商品的营销、设计、策划及传播的相关内容进行分析、整合，进而从逻辑上寻找旅游商品营销与设计的思维方法。

基于上述理解，作者讲授旅游工艺品营销及产品设计相关课程的经验和实践所得，以及对国内外相关旅游商品研究文献的阅读了解，形成此书。

本书有两方面的特征。一是合中有分。全书稿分为上下两篇，上篇着重于旅游商品营销理论及策略研究，下篇着重于旅游商品设计思维与方法研究。将营销理论和设计方法分开，利于更细化地看清问题所在，寻找解决之道。二是分中求合。虽然分为上下两篇，但旅游商品的营销与设计并不能分割，营销策略中涵盖对设计的要求，设计方法中需满足营销的指向。因此读者在参看此书时应当既从营销上重视策略的实施，又从设计上掌握一定的原则和方法。本书适用于旅游管理、市场营销及旅游商品设计相关专业人员。

遗憾的是，由于学科发展的迅速、市场情况的多变、设计理念的更新等，还有很多优秀的实践案例未纳入此书中，希望在今后能得以扩充。

本书难免存在缺点和纰漏，请广大同仁和读者批评指正。

李金领

2017 年 12 月于烟台南山学院东海校区

目 录

上篇 旅游商品营销理论及策略研究

下篇　旅游商品设计思维与方法研究

上篇　旅游商品营销理论及策略研究

第1章 绪论

旅游商品的发展是国家和地区全面发展旅游业的关键所在，是旅游业全面发展的一个重要组成部分，也是衡量一个国家旅游消费水平高低的主要依据。然而旅游商品的收入与我国旅游业总收入的比重长期处于较低水平，旅游商品发展相对滞后，旅游商品特别是旅游工艺品的设计，其设计理念、设计方法论的传达仍然是非常欠缺的，代表地域文化、民族特色、民间民俗的旅游商品设计发展相对如火如荼的旅游开发来说是滞后的。本文立足于市场营销学理论、设计形态学理论，结合旅游商品营销与设计的交叉学科和专业方向，结合我国旅游商品发展实际情况，力求系统分析旅游商品在营销与设计中存在的问题，试图最终找到其解决问题的方法与策略。

1.1 选题背景与研究意义

1.1.1 选题背景

1992年11月，国务院批复了国家旅游局关于《加速发展我国旅游商品生产和销售若干问题的报告》。报告中提出："大力发展旅游商品的生产和销售，是扩大旅游创汇、提高旅游业经济效益的一个重要环节，也是增加旅游点吸引力的一项重要措施。各地区、各部门都要重视这项工作，从政策措施上给予优惠和支持，使旅游商品的生产和销售有较大的发展。"之后，在国务院批复精神的指导下，旅游商品的生产和销售有了较大的发展，但国内旅游商品在生产与销售方面仍然存在诸多问题。

据国家旅游局统计，我国游客旅游购物所花的费用仅为全部旅游费用的20%左右，而发达国家的旅游购物所占比例却在50%以上。目前的旅游商品一般包括旅游专用品、旅游必需品、旅游商品、旅游奢侈品，是支撑旅游商品销售的主要品类。据国家旅游局统计，2013年、2014

年旅游产业对GDP直接贡献都超过7%，旅游产业对GDP综合贡献都超过10%。根据AC尼尔森与世界免税协会联合进行的一项调查显示，国内到美国旅游的游客仅购物一项人均支出就达987美元，而在欧洲的购物人均消费是1781美元，为全球之最。国际上一些旅游业发达国家和地区旅游商品的销售收入一般要占到整个旅游收入的40%~60%，新加坡、中国香港等旅游商品开发营销成功的国家和地区，这一比例已经超过50%；国际上旅游商品销售收入占旅游总收入的比重平均在30%以上，而我国这一比重还不足20%，很多省区只有10%左右。旅游商品的收入与旅游经济增长不协调。以上数据表明，现目前国内游客境内旅游购物人均消费仍处于较低水平。国内权威旅游专家马勇表示：中国旅游商品已经成为制约国内风景名胜区旅游消费的“软肋”，产品从源头的开发设计到经营销售各项环节严重脱节，产品粗糙雷同、缺乏创新和特色、产品经营销售配套不到位是导致旅游商品发展相对滞后这一困局的根源所在。因此，探求并分析旅游商品在市场营销及设计定位中存在的问题，是解决以上问题并促使我国旅游商品在旅游业长期健康发展的关键。

约翰·托夫勒在《第四次浪潮》中提出：人类社会的第三次浪潮是服务业的革命，第四次浪潮是信息革命，第五次浪潮是娱乐和旅游业的发展。改革开放30年来，我国旅游业一直持续、快速、健康发展，旅游业已经成为带动我国经济和社会发展的龙头产业和新的经济增长点。近年来，经济快速发展，人们的生活水平快速提高，精神需求越来越丰富，这就促使旅游业快速发展，引起各界的关注。我国是个旅游大国，旅游业的发展是随着改革开放才开始的，虽然起步较晚，但发展较快，旅游商品是伴随着旅游业的迅速发展而发展起来的，经历了一个由无到有，由种类单一到相对丰富的过程，作为旅游业的一项高附加值产业，已经被越来越多的省市和地区所重视，目前国务院已将旅游业作为大产业来加以推动发展。

我国的旅游商品产业起步较晚、开发理念相对落后，与其他旅游产品的开发相比起来，无论在设计制作方面还是在宣传销售方面都相对滞后，这在很大程度上影响了整个旅游产业的收益。同时我国各地旅游商品的发展情况不平衡，有的旅游地区根据当地特色，开发设计出了适合自己的旅游商品，并且取得了不错的收益；但很大一部分旅游地区依然还没有找到适合自己的旅游商品的开发道路，售卖的旅游商品普遍没有特色，从而销售受阻。旅游商品无疑是旅游产业中的高附加值产品，因此在旅游产业高速发展的现在，旅游商品的开发成为了旅游业深入发展和利润空间增大的关键环节。

1.1.2 研究目的与意义

1.1.2.1 研究目的

将旅游商品作为研究对象，以市场营销学作为研究的理论依据，重点分析其销售形态与设计定位的关系，其目的在于找寻不同商品在特定的销售形态下存在的差异，为旅游商品的设计与定位提供理论依据。本着“学以致用”的目的，为旅游商品设计者及生产企业提供一条旅游商品的设计之路。最终为了更好地发展旅游商品，提高旅游商品市场销售份额，推动我国旅游业的持续健康发展。

1.1.2.2 研究意义

1.1.2.2.1 理论意义

本文将回顾国内外针对旅游商品的营销设计与定位的相关研究，结合市场营销学理论、设计艺术学等理论，在分析现目前国内旅游商品在设计与销售存在的问题基础上，得出旅游商品应有的销售形态与定位要点。其次，分析旅游商品设计形态和文化形态，寻找适合地域旅游商品设计的方式方法，引入产品形态学、市场营销学以及文化学、符号学研究理论作为旅游商品设计定位的导向，目的在于通过笔者的研究结果，为旅游商品的设计提供一套可借鉴的设计方法，为旅游商品的设计更加合理化、综合化、科学化提供理论依据。

1.1.2.2.2 现实意义

旅游商品销售是旅游业经济收入的重要组成部分，同时也是衡量一个国家或地区旅游业发展水平高低的重要尺度。长期以来我国旅游商品销售占旅游业总收入比重较小，与发达国家或地区相比，还存在很大差距。分析其原因，旅游商品的设计定位存在偏差，旅游商品的设计者没有站在生产者、经营者以及旅游者的角度进行综合设计考虑，从而导致设计出来的旅游商品没有市场，销售业绩不佳。因此，如何科学系统地设计与定位旅游商品，提高旅游商品在旅游业销售中的比重，增加旅游商品销售收入与实际效益，即是本文探讨的现实意义与为之努力解决问题的方向。

1.2 国内外相关研究综述

1.2.1 国外相关研究回顾

总体而言，国外对旅游商品的研究多以 tourist souvenir，即国内所称的“旅游商品”为起点。通过对旅游商品的研究，探讨旅游购物的对象、购物的动机以及购买行为。

由于国外旅游经济的发展远早于我国，如今欧洲、美国等地区的旅游商品研究已然超越销售视野和学科的限制，转而从文化人类学等方面进行深入研究。

1.2.1.1 文化旅游与体验营销相结合的旅游商品营销

20 世纪 90 年代以后，体验经济的发展促进了国外乡村旅游体验营销的出现。国外学者对旅游商品的研究起步较早，其研究相对更为深入，研究的重点已经从单纯对旅游商品的研究转向与旅游商品相关的旅游消费市场和旅游者的消费行为、动机和偏好的实证研究，并在研究中关注文化等外在因素的作用，研究更注重微观领域。对于旅游商品的研究还与各国旅游发展状况有非常紧密的关联，国外学者研究的对象一般都是旅游产业发展较快的国家和地区，如美国、法国、西班牙等国家。伴随着旅游地区的特征，如传统村落旅游形式、古村落生态保护发展模式及原生态旅游地的体验营销为主，异域文化、原生态社区旅游等，旅游商品也多集中于地区（域）土著文化的衍生品、原生态社区旅游商品、琳琅满目的大众旅游商品。

1.2.1.2 旅游商品品牌化营销模式

欧美、日本等国营销模式较为成熟。旅游商品企业大多生产旅游商品（含工艺品）、旅游食品、旅游日用品、旅游保健品等，其中以旅游食品和纪念品为主要品牌化营销重点。同时很好地转向旅游地文化生态的视角去做一些保护性和开发性的工作。

1.2.2 旅游产业发展战略研究

伴随创意产业、文化产业的发展，许多国家和地区都将发展旅游产业

（有些作为文化传播的一部分）作为国家文化战略的一部分。韩国、新加坡等地从旅游产业发展战略的内容上分析，旅游产业发展战略主要包括确立旅游产业发展目标、旅游产业发展重点、旅游产业发展模式和旅游产业发展措施等的研究。例如韩国将旅游作为文化销售的重要载体，新加坡则提升到国民经济促进战略的高度。

1.2.3　国内相关研究概述

1.2.3.1　原理、理论与方法研究

以旅游商品（tourism merchandise）和旅游购物（tourism shopping）为搜索关键词，结合搜索到的国外文献和国内综述性文献，大致可以了解到国外在旅游商品领域的研究发现。通过对旅游商品的研究，探讨旅游购物的对象、购物的动机以及购买行为。

（1）对于旅游商品营销理论的研究，可追溯到1980年的一篇名为《旅游商品价值、价格问题初探》的文章。旅游商品作为旅游业的重要组成部分，逐渐受到广大业界人士、理论学者的高度重视。

（2）旅游商品的理论专著研究主要集中于旅游商品概念的划分；旅游商品的开发；旅游商品的设计等方面。如《旅游商品概念性定义与旅游商品的地方特色》（苗学玲著），《旅游商品开发策略探讨》（葛永红、李培初著），《如何挖掘和保持旅游商品的地方特色》（张宏丽著），《文化性与旅游商品设计》（孙晓燕著）。

（3）旅游商品的方法研究多着眼于旅游商品设计思维与方法。

①问题对策式。以地区旅游商品营销与设计存在的问题进行切入，分析政府政策、旅游商品研发、市场机制的问题和弊端，进行问题解决式探索。如赵龙（2007）对北京市旅游商品发展中存在的问题和原因进行研究；程玗、马耀峰（2009）以陕西省旅游商品市场为研究对象，从游客购物倾向性分析的角度切入，分析了旅游商品需求的影响因素，认为设计、生产、销售和行业管理等方面是提高旅游商品开发水平的重点。

②文化主体式。以开发地域文化为先导，综合文化资源进行文化的传播和创新。如李志亮（2007）提出要用文化增强旅游商品附加值；王红宝（2008）提出以燕赵文化提升河北旅游文化内涵；冯茂娥（2010）提出齐鲁文化在山东旅游商品中的营销方法。

③设计主导式。认为设计是旅游商品营销的动力，通过设计来提升旅游商品的价值，并提升产品品味，促进销售。如王丹（2008）通过对江西

省旅游商品开发的现状进行研究，提出了旅游商品深度开发的“形象提升”模式；余珍珍（2012）通过对新疆旅游业、旅游商品市场发展现状以及客源市场的分析，从旅游商品设计方面、市场营销方面和政府政策方面给出对策建议。

1.2.3.2 设计、实践、创新研究

专业的品牌策划管理公司多以旅游策划为主，旅游商品营销推动并不具体，且与旅行社、导游导购相配合。与之相匹配的设计部门则来自生产制造企业、旅游商品设计公司、行政管理部门（如上海市旅游商品研发中心、重庆市旅游商品研发中心）、传统工艺美术工作室设计公司、艺术院校等。

1.2.4 研究评价

上述关于旅游商品的论述虽然在表述上各有特点，研究对象和研究重点上也各不相同，但都在论述中提到，在旅游商品开发过程中要充分发挥政府作用，突出自身特色；有一个共同的倾向，就是旅游商品的研发需要政府政策、营销管理、设计能动三者的结合，从而寻找旅游商品设计、策划、营销、传播的可行性，走出一条适合自己发展的道路。

1.3 研究内容及方法

1.3.1 研究内容

目前，对旅游商品的研究多集中于旅游产业经济、旅游商品的设计研发、旅游商品市场细分、旅游商品的新发展观等方面，而缺乏从市场营销产业链的角度去分析旅游商品的经济、社会、人文价值。

（1）本研究首先着眼于旅游商品的概念和属性界定。展开探讨一般商品与旅游商品的概念特征、价值取向、购买动机及消费心理的差异，为课题分析提供品类划分和探讨的依据。

（2）分析旅游商品营销现状，以逻辑分析法，解析旅游商品现有营销模式及其缺陷、问题，重点分析胶东旅游商品的分类、特征、生产方式及销售渠道。

（3）分析国外国家、地区、城市的旅游商品营销成功案例，从经济学、文化学、符号学、营销学角度进行解读，重点分析其营销渠道和销售产业链。分析国内区域城市旅游商品营销、设计成功案例，分析前沿的营销方法，如文化营销，体验营销等，进行归纳和总结。以生态营销理念为基石，拓展旅游商品营销创新策略，并进行旅游商品设计营销分析，旨在打造文化与旅游产业联动的旅游商品品牌。

（4）分析旅游商品设计的现状和跨产业下旅游商品的设计形态和发展趋势，寻找适合地域、民族、民间的旅游商品设计思维和方法。

（5）在生态营销、文化生态概念的倡导下，探索适合旅游地文化生态的旅游商品营销和设计。

1.3.2　研究方法

本文首先运用了市场营销学、设计艺术学、品牌学、产品形态学、符号学等学科领域，首先对旅游商品现有的销售形态进行分析，寻找适合旅游商品发展的策略、品牌规划及市场能动。其次，以设计、产业政策、管理等为出发点，结合以旅游者、生产者、经营者不同的角度对旅游商品的设计进行定位。

1.3.2.1　文献研究法

本研究在前期阶段将对已有的跨学科相关文献资料进行分析，研究的文献主要包括市场营销学、消费心理学、产品语义学、产品创新设计与概念设计理论、设计方法学、系统论等相关学科领域，分析各领域当前研究的思想方法、动态、现状以及热点问题和核心问题，借用和综合跨学科思维方法和理论，构建创新营销策略和设计的思维、过程和方法。为了全面地了解国内外在旅游购物领域的研究成果，论文撰写之前，对十几年以来国内外对旅游购物研究和介绍的文章进行分析，对相关的概念进行梳理和分类，在此基础上，明晰概念，提出一个完整的研究框架。

1.3.2.2　系统分析法

将旅游商品从宏观上视作营销链中的要素，从微观上视作多个元素的系统结构整体，运用系统论方法从不同层面分析其整体结构和个体特征。

1.3.2.3　案例研究法

结合课题需要，以典型案例为素材，并通过具体分析、解剖，深入理解，构建营销和设计理论方案。

1.3.2.4 多手段研究法

综合实地调研、系统论证、创新理论思维等，构建课题研究的准确性。多角度探讨。旅游购物既是旅游者的经济行为，又是一种文化行为。为了更好地分析旅游购物的发展规律，必须从经济学、文化学、社会学等多角度进行研究。

1.4 研究理论及框架

1.4.1 旅游商品相关研究理论架构图

前面我们已经旅游商品进行了整体性概述，也对旅游商品的研究内容和方法进行了相关阐述，这里我们对旅游商品的研究理论及框架进行探讨，旅游商品相关研究理论架构如图 1–1 所示。

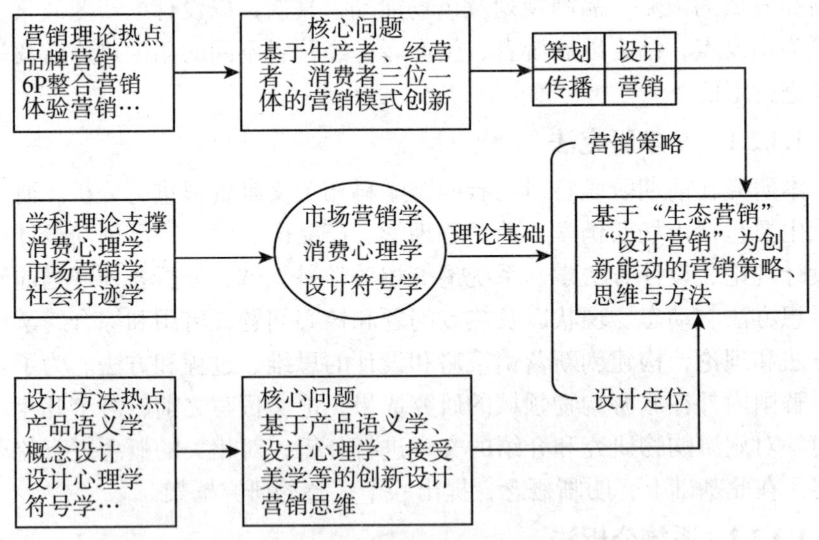

图 1–1 旅游商品相关研究理论架构图

1.4.2 研究框架

（1）构建旅游购物科学理论体系。任何一个科学体系都应从概念框架开始，因此，论文首先试图在梳理旅游购物基本概念的基础上，建立一个关于旅游购物的概念体系，确定旅游购物的本质特征、旅游购物的对象及范围，分析旅游购物与一般购物之间的本质区别，在此基础上构建旅游购物理论体系。

（2）确立研究旅游购物的新视角与思路。以往的研究过多地偏重于旅游购物的经济学解释，虽然也有些学者提出应从文化角度解释旅游购物，但没有进一步的分析，并且把旅游购物的经济、文化分析人为地割断，既不利于我们全面地理解其内涵与本质，也不利于指导实践活动。确立研究这一问题的新视角—旅游购物的经济、文化、社会、产业链等视角来审视旅游购物，客观全面地分析现代旅游商品营销形态。

（3）分析境外旅游购物发展的成功经验。虽然关于境外旅游购物的发展情况，但多为情况介绍，很少有系统的研究，也没有成熟的研究成果，缺乏比较研究。为了更好地借鉴国际经验，文章分析了韩国及日本、新加坡旅游购物发展及营销策略，希求借鉴经验。

（4）提出发展我国旅游购物的基本思路。在理论研究的基础上，借鉴国际经验，针对中国旅游购物发展现状及存在的主要问题提出对策建议。

①以市场营销学为理论基础，分析探讨旅游商品的流通过程，得出旅游商品市场流通模式图。分别将旅游商品的特征、旅游商品的类型、旅游者购买心理、旅游商品生产方式、生产企业销售渠道、营销渠道以及旅游者购买行为进行分类，并结合旅游商品市场流通模式图，最终得出不同类型的旅游商品合理的销售形式，并以图表的形式给予说明。

②通过对国内外旅游商品营销模式成功案例的分析，分析其文化、设计、营销的关系，寻找地域特色的文化符号与旅游特色相结合，打造旅游商品的产业化管理、品牌化营销。

③重点以生态营销理念为出发点，探索大众传媒视野下适合旅游商品的创新营销策略和设计定位方法。

1.5　研究重点、难点与突破点

1.5.1　重点

（1）创新旅游商品营销策略与模式，实现旅游商品品牌营销管理。

（2）构建符合地域文化传播的旅游商品设计营销理论、方法及技术。

（3）打造“生态营销”新思维，形成良性旅游产业生态。

（4）寻找适合地域特点的旅游商品设计思维及方法。

1.5.2 难点

（1）营销策略创新难以突破：现有的整合营销、文化营销、体验营销、情感营销等新的营销模式都是基于具体的某一产品的，而旅游商品的独特属性、地域文化的符号化暂不明确，这就决定了旅游商品作为品牌营销传播的复杂性。

（2）设计营销理论、方法及技术要素缺失。旅游商品的设计应导入产品形态学、市场营销学、设计符号学等，作为旅游商品专业化、系统化的设计导向，并依据设计导向明确旅游商品的设计定位。

（3）生态营销：理论不成熟，实践缺检验。品牌策划、营销、设计、传播的产业联动和市场联动还难以实现。

1.5.3 突破点

（1）以旅游商品为起点，探讨不同语境下旅游商品的销售模式和营销态势。

（2）以产品语义学、符号学为手段，联动地域文化符号与旅游商品设计营销。

（3）以生态化（营销生态、文化生态、设计生态）思维为指向，探索惠及旅游产业的旅游商品营销、设计生态体系。

第 2 章　旅游商品的属性特征

2.1　旅游商品的概念界定

旅游商品的概念有广义和狭义之分。世界旅游组织把旅游商品界定为“旅游者做准备或者在旅途中购买的物品（不包括服务和餐饮）的花费，其中包括衣服、工具、纪念品、珠宝、报刊书籍、音像资料、美容及个人物品、药品等，不包括任何一类旅游者出于商业目的而进行的购买，即为了转卖而做的购买”[1]。这一界定主要是对旅游商品在购买的空间、时间、用途上进行了界定。

目前国内学术界对旅游商品的概念阐述还存在诸多争议。就旅游商品的概念主要有以下几种定义：①旅游商品是供旅游者购买的消费品。它包含旅游者从旅游景点、旅游地商业柜台上购买的商品，包括旅游者就地消费和旅途消费的商品。②旅游商品是指旅游者在异地购买并在旅游途中使用、消费或携带使用、送礼、收藏的物品。③凡旅游者为旅游而购买或在旅行游览过程中购买的实物性商品都称之为旅游商品。④旅游商品是指旅游者在旅游中所购置的物品，具有完整的物质形态和旅游目的地特色。⑤旅游商品是指旅游区商店对游客出售的有形商品。这类商品具有纪念、馈赠、收藏、实用以及体现地方或民族特色等独到功能特性。分析定义①～③，定义中将旅游者所购的实物商品全部纳入旅游商品的概念，认为旅游商品与一般商品的区别仅在于购买者上，这无疑将旅游商品的概念泛化了。定义④～⑤认为旅游商品应具有旅游目的地特色与民族特色，将旅游商品与旅游商品、旅游工艺品混为一谈。“……旅游商品并非一定要具有地方特色或民族特色，只要具有旅游文化特色即可。如旅游食品、旅游用品……”[3]

因此，旅游商品可定义为：针对旅游者这一特殊消费群体，以旅游活动引起的在旅游前或旅游途中所购买的具有旅游文化价值内涵的实物商品。

2.2 旅游商品的分类

旅游商品类资源丰富多彩、种类繁多，不同学者提出了不同的分类方法。如顾维周将旅游商品分为实用品、工艺品、艺术品、文物和仿制品；陶汉军和林南枝将其分为旅游商品、文物古玩及复制品、实用工艺品及土特产品、特种工艺美术品、旅游日用品、免税商品；王大悟、魏小安将其分为文化艺术品、工艺美术品、风味土特产、名贵饰品、特色服装、旅游商品和其他商品。旅游资源分类国标中，将旅游商品分为：菜品饮食、农林畜产品及制品、中草药材及制品、传统手工艺品与工艺品、日用工业品和其他物品等六个基本类型。

2.2.1 学界对旅游商品的分类角度

根据不同的标准，旅游商品可以分为不同的类别。但总体而言，学界主要从两个角度出发对旅游商品进行分类。

一是从旅游者需求的角度出发。苗学玲（2002）将旅游过程中购买的旅游商品划分为三类：旅游商品、旅游日用品和免税品。旅游商品是具有“地方特色”的商品，旅游日用品是满足旅途中日常生活需要的用品，免税品则是没有“地方特色”的。可见，她的研究主要是根据旅游商品对旅游者的用途来划分的。石美玉（2003）认为旅游商品是一种特殊的商品，其特殊性主要在于购买者是旅游者，因此旅游商品的分类标准应该区别于一般商品的分类标准，突出旅游者的直接需求，她将旅游商品相应地分为四类：旅游商品、旅游日用消费品、旅游专业品和其他商品。

另一个角度是从旅游商品经营管理出发。这个角度的代表是湖南商学院的钟志平。他认为，随着社会进步和科技发展，旅游商品品种结构和市场结构发生变化，根据旅游商品的共有特征，可以将其分为不同的类别，并按照流通形式、原材料、用途、开发方式、生产质量的标准化程度等十个标准列举了分类。总体而言，他认为国家必须根据旅游商品管理和经营的需要，制定旅游商品市场统一执行的旅游商品分类办法、商品名称和计量单位，以保证对全部旅游商品进行综合分类，掌握旅游商品市场发展的情况。

从企业经营管理来说，第二种角度具有更切实可行的意义。但如果仅仅从这个角度来对旅游商品进行分类，企业有可能忽略潜在的商机，也难以更好地满足现有的需求。因此，将旅游商品分类如下。

2.2.2　旅游商品细分

2.2.2.1　旅游商品

旅游商品（SOUVENIR）一词来源于拉丁语 SUBENIR，其本意是为了回忆一次旅游而购买的商品，是纪念特殊时期或经历的事物。过去，旅游商品的范围非常狭窄，主要指旅游者在旅游目的地购买的具有浓厚当地特色的土特产或手工艺品。如今，无论是日常生活用品还是其他产品，只要是游客为纪念的目的而购买的商品都可以称之为旅游商品，因此旅游商品的范围相对来说可以很广阔。

具体而言，它又可以分为景点依托型纪念品、事件依托型纪念品、名优特产品。其中，名优特产品主要包括工艺品、旅游食品等。结合企业的生产经营实际，这里的旅游商品，仅仅包括景点依托型和事件依托型纪念品两种。

景点依托型纪念品是为特定旅游景点开发制作的，通常以自然风光、文物古迹为题材。具体类型有：文物复制品、文物仿制品、专著、游记等书刊、导游图、明信片、书签等。

事件依托型纪念品是一种专门为特定事件或活动而开发的旅游商品，例如奥运会、上海世博会的特许商品等，就属于此类纪念品。

2.2.2.2　旅游工艺品

旅游工艺品主要指购买的工艺美术品，它是观赏性、陈设性较强、艺术价值较高的旅游商品，包括雕塑、陶瓷品、编织、金属、漆器、花画和刺绣工艺品等。

具体类型包括：

（1）雕塑工艺品，又分为雕刻工艺品，如玉雕、牙雕、石雕、木雕、核雕、米雕、竹雕等，和塑造工艺品，如泥雕、面塑、石膏等。

（2）陶瓷工艺品，陶器以黏土为主要原材料制作，分上釉和不上釉两种。瓷器以高岭土、长石、石英为原料，也分上釉和不上釉两种。

（3）编织工艺品，以草、竹、柳、藤、棕、麻、麦秆等为原料。

（4）金属工艺品。以金属为主要原料，金属可分为铁质类和不含铁质类，如景泰蓝、金银器皿、花丝镶嵌、铁画等。

（5）漆器工艺品，我国漆器主要分布于北京、福建、江苏、扬州、四川成都和重庆等地。

（6）花画工艺品，是工艺花工艺品和工艺画工艺品的统称。工艺花工艺品包括绢花、绒花、纸花、羽毛花、塑料花等；工艺画主要有贝雕花、羽毛画、树皮贴画彩蛋画等。

（7）刺绣工艺品，在丝绸质料上绣花形成的工艺品。

（8）其他不能归入上述分类的商品。

2.2.2.3 旅游商品

旅游食品是指供旅游者携带或邮寄的各种瓶装、匣装、袋装以及其他各种特别包装的食品，而不是指在旅游宾馆饭店中供游客食用的各种食品。它包括名酒名点、高级糖果、糕点，风味食品、方便食品、软硬包装饮料、名贵药材等。旅游食品不一定都是旅游者的必需品，经常被作为礼品带回客源地，因此对质量要求高，大多是名（名牌）、特（特色）、优（优质）、新（创新）商品，对旅游者有很大吸引力。我国各地都有丰富的土特产食品和历史优秀的传统名点、名食，如在制作、包装、款式造型上能结合旅游需求的特点，则都是很好的旅游食品。

土特产品是以当地原材料生产加工的地方传统产品，具有浓厚的地方特征。土特产是土产和特产的并称，在我国土产一般指各地的农副业产品和部分手工业产品。

2.2.2.4 旅游用品

旅游用品又可分为旅游日用消费品和旅游专用品两类，前者是旅游活动中所必需的生活日用品，主要满足旅游者在旅游活动中的日用需要，是旅游者外出的必需品，包括穿着和用品两大类。它不同于一般的日用品，要求实用品艺术化，具有纪念意义，带有礼品性质，因此它是实用性与纪念品相结合的商品，以轻工，纺织产品居多。

轻工产品可以大致分为玻璃搪瓷陶瓷制品、化工日用品、日用五金电器产品、文体用品、毛皮革制品和羽绒制品等六类。

仿制产品可以大致分为针棉仿制品、丝绸及丝绸复制品和毛纺织品等三类。旅游专用品是指满足旅游者从事旅游活动专门需要的旅游商品。它最显著的特点是具有专用型，如旅游专用鞋、服装、望远镜、照相器材、风雨衣、电筒、指南针、旅游用品、各种应急品等。

2.2.2.5 其他商品

其他商品是不能归入以上四类的商品，如名牌商品、免税品等。

名牌上商品是指一个国家或地区被消费者普遍认可的商品，已经成为当地非常有代表性的商品。如法国的化妆品、日本的电子产品、中国的茶叶等。这类产品在原产地购买具有产地优势和价格优势。

2.3 旅游商品的属性

旅游商品具有一般产品的特点。旅游产品是旅游营销的对象。从供给者角度来说，旅游产品是指旅游经营者凭借一定的旅游资源和旅游设施，向旅游者提供的满足其在旅游过程中综合需求的服务。从需求者即旅游者的角度来说，旅游产品是指旅游者支付一定的金钱、时间和精力所获得的满足其旅游欲望的经历。

2.3.1 旅游商品的形式和功能组成

菲利普·科特勒认为（菲利普·科特勒.营销管理：分析、计划和控制.上海人民出版社，1996，P583），产品是指人们为留意、获取、使用或消费而提供给市场的一切东西，以满足人们某种欲望和需要，产品包括有形的物体、服务、人员、地点、组织和构思。具体分为核心产品、有形产品及附加产品。

2.3.1.1 核心产品

核心产品是指消费者购买某种产品时所追求的利益，是顾客真正要买的东西，因而在产品整体概念中也是最基本、最主要的部分。消费者购买某种产品，并不是为了占有或获得产品本身，而是为了获得能满足某种需要的效用或利益。

旅游商品消费是一种娱乐性、休闲性的消费活动，其目的是丰富和美化人们的生活，陶冶人们的情操，使人们在进行旅游商品购物的同时开阔眼界、增长知识，满足人们对物质资料和精神文化的双重需求。因此，在设计旅游商品时，应充分体现当地浓郁的文化底蕴。

2.3.1.2 有形产品

有形产品是核心产品的载体，即向市场提供的实体和服务的形象。如果有形产品是实体物品，则它在市场上通常表现为产品质量水平、外观特色式样、品牌名称和包装等。产品的基本效用必须通过某些具体的形式才能得以实现。企业应首先着眼于顾客购买产品时所追求的利益，以求更充分地满足顾客需要，从这一点出发再去寻求利益得以实现的形式，进行产品设计。

（1）质量：旅游商品的购买是异地购买，一旦出现质量问题，旅游者因为很难以异地退货而蒙受损失，购买有较大的风险。因此，为了以质量与信誉赢得顾客的信任，一些国家政府、行业组织或旅游商品经营企业采取了一些有效措施确保商品质量，其中包括特殊商品实行专营；商品有明确的标识与说明，表明其质量、发放质量证书。现在不少国家和地区对贵重礼品、艺术品、纪念品实行由权威机构检验、鉴定并发放证书的办法来维护消费者利益和经营者的声誉。如香港有关部门要求各店经营的金首饰要有含金量的鉴定书，荷兰德尔夫特瓷有荷兰工商会秘书签发的证书，荷兰阿姆斯特丹钻石基金会为其成员店磨制的钻石出质量保证书，上面标有钻石首饰的重量、颜色、透明度与切割艺术的数据。

（2）包装：旅游商品与包装是一个整体。有些旅游者购买商品的目的是赠送表达情谊。许多旅游商品实际上失去了它的功能美，成为装饰欣赏品。这类纪念品往往非常重视形式美的发挥，特别是一旦成为多情的信物和友谊或亲情的信物，其需要和价值就远不是旅游商品本身的价值所能表示。因此，好的包装既是增值手段，又是提高商品品位和竞争力的重要因素。目前，包装已成为强有力的营销手段。设计良好的包装能为消费者创造方便价值，为生产者创造促销价值。旅游商品的包装应具备以下几个特点：一是便于识别。旅游者在旅途中购物时间很短，只有独特的包装才能让来去匆匆的旅游者在短暂的时间里识别、辨认、购买不同种类、不同品牌的商品。因此，一种品牌的商品，其包装要有特殊性，其包装的图案、形状、式样、色彩、材料、说明文字等均应有别于其他商品，对商品性能的信息要特别关注。二是携带方便。旅游活动是一种异地活动，因此应便于在旅途中携带和使用，体积、重量、造型要适宜。三是与商品相匹配。根据旅游商品的价值、质地配以与之相一致的包装，这既包括包装材料的选择，也包括包装艺术的设计，能充分体现商品的价值与品位。四是安全可靠。好的包装，使人感到商品质量的可靠、可信。五是象征独特。要体现当地传统文化、自然风光、建筑的特色，就本质而言，是为了满足其审美的心理需要。现代商品的包装本身就应是艺术品。为此，设计生产者在商品包装上要充分利用美学原理，充分利用心理活动中的联系与错觉现象。

（3）品牌：品牌代表着企业对交付给顾客的产品特征、利益和服务的一贯性的承诺。一般来说，品牌产品大多数是优质高价的，质量和品牌紧密相连的，最佳品牌就是质量的保证。因此，品牌是旅游者购买风险的减速器。品牌是一个整体概念，包括品牌名称、品牌标志和商标。一般来说，好的品牌名称，从形式上应具有如下特性：一是独特性，即容易辨别并能够与其他企业或商品的名称相区别；二是简洁性，简洁明快的名称可降低商品标记的成本，并便于写成醒目的文字做广告宣传；三是便利性，名称应易拼、易读、易记。从内容上，品牌名称不仅要符合销售地点的法律法规要求，还要符合当地的风俗习惯，以赢得游客的喜爱。商标是企业的无形资产，现代旅游企业应注册自己的商标，并努力把它培育成驰名商标。

2.3.1.3　附加产品

附加产品是指顾客购买有形产品时所获得的全部附加服务和利益，包括提供信贷、免费送货、保证、安装、售后服务等。顾客的目的是为了满足某种需要，因而他们希望得到与满足该项需要有关的一切。美国学者西奥多·莱维特曾经指出：新的竞争不是发生在各个公司的工厂生产什么产品，而是发生在其产品能提供何种附加利益（包装、服务、广告、顾客咨询、融资、送货、仓储及具有其他价值的形式）。旅游商品的异地购买决定其附加产品与一般商品不同，体积大的旅游商品需要托运，价格昂贵的旅游商品需要权威机构的质量保证，与客源地相关供货商联络提供全方位的售后服务等，从而真正使游客放心购买商品。如中国大理以盛产大理石而久负盛名，但大理石一直被邮局作为易碎品禁寄，而又因其石质沉重，不便携带，游客只好带着遗憾空手而回。现在大理的三塔公园、蝴蝶泉等景区都设立了邮政服务亭，方便游客邮寄大量特色旅游产品——大理石。而且想要寄大件产品时，邮局还会登门办理手续，比以前方便得多。邮局还承诺，为了让用户买得放心，凡在运寄中损毁均按用户要求补寄同样价值及花色的产品，赔还用户；如用户要求退原价钱，邮局保证按产品原价加上邮费进行赔偿。通过邮政服务，大理石工艺品走向世界正变成现实。

2.3.2　旅游商品的五个层次

旅游商品的文化含量，是旅游者在进行旅游商品购物时更深层次的需求。而旅游商品的独特构成，可以归纳为五个层次：核心利益产品、基础产品、期望产品、附加产品、潜在产品。

核心利益产品是产品的核心部分，即建立地区旅游文化的基础上的产品，是最具代表性和最容易辨认的，旅游产品的特色、风格、质量、组合方式等，基于旅游资源、旅游设施基础上的产品设计，一般具有地域特色，并成为旅游商品的主体。消费者从中获得的旅游消费服务也最多。

基础产品是大众产品，表现为各个旅游地产品的共同特征。期望产品是企业在生产设计销售过程中充分考虑到消费者的利益，在回报高额利润的同时企业应尽可能地去让顾客满意，增强品牌美誉度（品牌美誉度是品牌力的组成部分之一，它是市场中人们对某一品牌的好感和信任程度，品牌是质量和服务的象征）。

期望产品是指购买者在购买产品时期望得到的与产品密切相关的一整套属性和条件。期望产品层，也就是购买者购买产品时期望的一整套属性和条件。期望产品理念贯彻得好不好，将直接影响消费者对产品的信任度与品牌忠诚度（品牌忠诚度是指由于品牌技能、品牌精神、品牌行为文化等多种因素，使消费者对某一品牌情有独钟，形成偏好并长期购买这一品牌商品的行为。简言之，品牌忠诚度就是消费者的重复购买行为）。顾客取得了满意的期望产品，将形成良好的品牌形象，从而真正认知并认可品牌。反之将造成极大的落差，使顾客对产品失去信任并产生怀疑，继而转向其他产品。

附加产品也称延伸产品，延伸产品（augmented product）是指顾客购买形式产品和期望产品时，附带获得的各种利益的总和，包括产品说明书、保证、安装、维修、送货、技术培训等。附加产品层是产品的第四个层次。这一层次包括供应产品时所获得的全部附加信息和利益，包括送货、维修、保证、安装、培训、指导及资金融通等，还包括企业的声望和信誉。

潜在产品是指现有产品包括所有附加品在内的，可能发展成为未来最终产品的潜在状态产品，是指除了现有产品的可能演变趋势和前景，如彩色电视机可发展为电脑终端机等。

2.3.3 旅游商品的特性

2.3.3.1 有针对的层次性

由于游客的旅游动机不同、旅游需求的层次性及旅游商品不同的消费价值，决定了旅游商品具有明显的层次性。其结构特征为：文化层、精神层消费旅游商品是核心层；文化性消费品和物质性消费品相结合的旅游商品是中间层；物质性消费的旅游商品是外围层。这些层次互相互补，缺一不可。而且面对大众消费的社会，旅游商品还可以高、中、低不同层次进行市场定位。旅游商品的经营者可以根据旅游商品不同的消费层次生产不同花色、品种、价位的旅游商品，满足游客多方面的需求，这是旅游商品的一大特点。同时游客来自于不同的国家和地区，有着不同的风俗习惯和宗教信仰，这就要求旅游商品要根据游客的风俗、习惯、宗教、国籍等方面的不同，有针对性地进行生产，以确保旅游商品适销对路。

2.3.3.2　文化主导的民族性

旅游商品作为一种文化的载体，它记录着旅游者的一次旅行经历，反映出旅游目的地的文化渊源和背景。这是旅游商品区别于一般商品的最本质特点之一。如到中国的旅游者喜欢购买中国茶叶、丝绸、印章、瓷器、国画、工艺品等，是因为其具有中国文化的特色。旅游商品是用当地的原材料和传统的工艺流程制作和生产的，它的形成和发展反映着深厚的民族文化和地方文化，通过旅游商品的设计，可将不同民族不同地域的消费方式、审美标准、群体爱好和人际关系表现出来，所以旅游商品体现着各地的民族风格和地方特色，具有很强的吸引力。各地旅游商品的这种民族性、地域性的特点使其与其他地方的旅游商品有着明显的差异，异地很难代替。富有民族特色的旅游商品不仅很容易为旅游者所接受，而且能在市场中众多的旅游商品中创出自己的牌子。民族风格和地方特色越突出的旅游商品，越具有纪念意义，也越受旅游者的欢迎。

2.3.3.3　艺术性与功能性的统一

旅游商品是人性化的象征，应有趣味性、玩味性和文化艺术的欣赏性，应该将文化、艺术、知识和生活融为一体。旅游商品的艺术性是以旅游商品的玩味性为标准，既能将旅游者的爱好和个性投融进去，又可促进旅游者欣赏标准的提高，使之能给人以美的艺术享受。所以内容丰富、设计新颖独特、造型逼真、活泼有趣是旅游商品的核心所在。

旅游商品要具有纪念性。游客旅游除了饱赏异地风光、欣赏人文遗产、领略风土人情外，一般都想从旅游目的地购买一些富有纪念意义的旅游商品，这项开支几乎是每个游客都乐于解囊的。游客购买一件纪念性很强的旅游商品往往能唤起他们对旅游生活的美好回忆，增加他们对生活意义的认识和理解。旅游商品的实用性，即要把实用性的日常商品赋予纪念性的文化内涵。要使旅游商品具有实用性，必须注意做到“三宜”：一是因人而宜，旅游商品只有在适应某种类型的人的需求时才具有实用价值；二是因时而宜，要考虑时间性和季节性的影响与需求；三是因地而宜，要考虑地方特点和民族特色的纪念意义。

旅游商品的代表性是指旅游商品能代表和反映旅游目的地的资源特色。那些能反映目的地资源特色和文化底蕴的旅游商品往往与众不同，特色鲜明，异地不易买到，具有一定的垄断性。如海南省拥有热带岛屿以及丰富的海洋自然资源，并具有鲜明的地域文化特征，通过贝和沙的艺术组合而制作的贝沙工艺品，赢得了首届中国旅游商品设计大赛金奖、银奖和优秀奖。人们外出旅游总是希望带回一些具有地方特色的商品来留作纪念。一件具有纪念意义的旅游商品能有效地加深人们对旅游经历的回顾和感受，因此，纪念性也是旅游商品的基本特性。如去四川峨眉山的旅游者，会带回刻有“峨眉山纪念”字样的竹手杖；到西藏旅游的人们，喜爱购买藏文化饰品（如藏刀）、工艺品。

2.3.3.4 灵活便携性

旅游商品由于是在旅游前或旅游过程中购买，因而往往由旅游者自己携带，易携带性就成为对旅游商品的基本要求。如一件旅游商品虽然很美，但体积、重量、包装不利于携带，旅游者一般也不会购买。游客购买旅游商品的目的一般有三种：一是自己留做纪念、欣赏；二是馈赠亲朋好友；三是旅途使用。游客对旅游商品的需求数量不多，但要求品种多样，以便他们有供选择的余地，还要求讲究质量和装饰，体积小，重量轻，便于携带。实践证明这些旅游商品符合游客的消费特点，有较好的销售市场。商品的便携特点主要包括：一是体积小型化，主要指商品在具有其正常功能的同时，尽量小巧玲珑，便于携带；二是重量轻便化，商品重是旅游者的负担，所以旅游商品生产者在生产商品时应该以轻质原料代替重质原料；三是功能多样化，以便使一物多用，减少累赘。旅游商品要便于运输，供应地也要灵活，可在大型的旅游商店、商场销售，也可在汽车、火车、飞机、轮船上销售或在码头、机场、车站、餐厅、公园等场所销售。现在有许多旅游目的地的国家和地区对国际游客采取旅游商品在进出口岸的机场、码头、火车站内供应。当出境的外国游客海关检查结束上车或登船（机）之前，可以在免税商店供应点购买免税商品，这种做法是国际上的一个惯例。这类商品一般都是一些减免进口税、价格便宜的商品，很受游客的欢迎。

2.3.3.5 愉悦性

同时旅游商品还应具有愉悦性，人们购买它，会带来旅游活动的愉悦。普通商品一般不具有旅游愉悦性。如旅游过程中的饮食与家用餐是有区别的，在家吃饭是满足基本的生理需求，可能更多的是希望品尝当地有特色的饮食，感受异地的饮食文化习俗等。宣传性也是一个特征。是指其具有宣传旅游目的地和产品品牌的功效。旅游商品能使旅游者了解当地的历史文化、生活习俗甚至是地理气候等等，从而对目的地的知名度、形象等起到作用。如刻有云冈石窟佛像的煤雕艺术品就具有较强的宣传作用，它不但使人们了解到云冈石窟的魅力，还传递这样一个信息：山西大同是一座具有丰富煤炭资源的历史文化名城。

2.3.4 旅游商品销售场所

旅游购物商店作为直接面向旅游者，为旅游者提供购物服务的重要场所，在社会经济和旅游业发展中起着重要的作用。旅游购物商店属于零售领域，目前各种零售业态的企业或个人进入到这一领域，呈现出竞争激烈的市场格局。根据商店的主要目标市场和独立程度，旅游购物商店可以划分为以下三种。

2.3.4.1 专营商店

专营商店是专门销售或主要销售旅游商品的商店，几乎全部的企业收入来自于旅游商品销售，如我国的专卖店、工艺美术品公司、文物商店、免税品商店等属于这种情况。作为独立的企业组织，专营商店的规模较大，一般经营的旅游商品档次较高，而且具有浓郁的民族文化和工艺特色，拥有大型停车场或餐饮设施。它们一般接待团队游客，因此除了满足游客购物需求之外，还要对司机、导游及旅行社给予一定的回扣，这必然增加企业的运行成本。因此，为了降低成本，一般通过大批量进货方式来压低产品价格，但进货价格难以压低的情况下，也出现以劣质产品欺骗游客的现象，使游客的利益严重受损。对这类企业而言，商店的位置至关重要，必须考虑商店到主要旅游吸引物的距离以及商店到饭店的位置，此外交通便利的地方也是商店集中的地区。

2.3.4.2 附属商店

附属商店是指各饭店、景区等旅游企业设置的商品部、商场、购物中心等，它是企业内部的一个部门。这些旅游企业本身有自己稳定的客源，旅游商店是增加企业收入的一种重要渠道。饭店是广大旅游者尤其是国外游客食宿的主要场所，因而饭店也就自然而然地成为游客购买商品的极为方便的场所。为了满足旅游者包括购物在内的多方面需求，也为了增加饭店营业收入，绝大多数饭店设置了一些专门经营旅游商品的场所和设施。一般这类商店的规模不大，经营品种较少。在经营中由于许多团体游客旅游的计划性较强，饭店商场可以预先了解到客人的人员构成状况及爱好，为组织货源、及时满足游客的购物需要提供了有利条件。

商场还可以与有关的旅游商品生产企业联系，生产一些印有饭店标志的旅游商品，这不仅有利于饭店增加经营收入，而且有利于进行促销活动。旅游景区商业店铺位于旅游景区内或景区周围，面向广大旅游者，为适应游客逗留时间短的特点，主要经营一些即食即饮的食品饮料、景区纪念品及土特产品等。为满足不同层次旅游者购物的需求，在旅游商品经营的档次上亦有较大差别，一些高档店铺还要经营一些书画、古玩等旅游文化产品和工艺美术品。

2.3.4.3 兼营商店

兼营商店是一种综合商店，与前两种类型不同，它们是面向广大城市居民的社会商业，如大、中、小型百货商店，大型超市，购物中心等，一般综合经营各类商品，包括旅游商品。这类商店经营的商品虽不是以旅游商品为主，但大多数旅游者除在饭店、旅游景区的商店等地购物之外，还要光顾城市的购物中心和繁华的商业街区。因为购物中心和繁华的商业街区代表了一个国家和地区的商业文化，是构成一个国家人文景观的重要组成部分。旅游者通过观光购物中心和商业街区，可以更加深刻地了解一个国家经济和社会发展情况，可以在繁华商业中心随心所欲地购置自己所需要的商品。因而，作为社会商业，虽然购物中心和繁华商业区的旅游商品销售收入在其全部收入中所占比重并不大，但它的绝对额却不小，在旅游商品经营中占有重要地位。如今，随着旅游的大众化、日常化，这类商店将会接待更多的旅游者，零售业的“旅游化”倾向不可忽视。

2.3.5 旅游商品的购物环境拓展

2.3.5.1 免税店

免税行业是指在口岸、运输工具、市内等区域的特定场所，向出入境旅客提供免税商品销售服务的旅游服务行业。免税商品减免的是进口关税和进口环节征收的增值税和消费税。常见的免税商品主要有香水、化妆品、烟草、酒水、特色、工艺精品及各类奢侈品等。许多国家将自己独特的产地产品和特色产品进行国际营销时，会选择免税店作为主要的销售渠道，既契合了旅游的性质和目的又达到产品营销的目标。

在一些国家出现了市内免税店，开设免税店已经成为一种国际惯例。财富品质研究院统计显示，2012 年我国免税市场的零售额约为 168 亿元人民币，同比增长 27%，按照年复合增长率 22% 的增速增长，预计到 2015 年，中国免税业市场的规模将超过 300 亿元人民币，成为全球第二大免税消费国。如图 2–1 所示，我国免税市场零售额变化表明免税店的销售力逐渐走高，人们对高端消费品的购买能力也越来越强。

免税商品是免征了进口税的名牌产品和土特产品，一般来说，这种商品是通过设在出境口岸的机场、港口、火车站内、海关关口外的免税店，向已办完出境手续即将离境者和停泊在港口的国际海员销售的。免税店是为了方便离境者能在异国他乡买到名牌产品和土特产品，如今，许多国家都设立了免税店，供应免税品，满足国际旅游者的需要。免税店经营的商品种类以及供应对象，都要经过相关部门的严格审批，尤其是市内免税店，必须要保证顾客把购买的商品拿到境外消费。大约在 18 世纪中期，杂货零售商开始向航海船只上的船员供应烟酒等日用品。因为有所谓的公海概念，而在公海上消费是不存在关税的，所以这些商品都是免关税的。但为了保护本国的民族工业和贸易的健康发展，所有免税商品只能在海上消费。现代免税业诞生于爱尔兰。1947 年，在爱尔兰的香侬机场开设了一家机场免税店，这是世界上最早的免税店。此后，免税品销售业务成为世界各国普遍开展的一项业务，免税店的类型从原来的机场、火车站免税店，扩展到客运站、边境口岸免税店。这种购物中心不仅对当地居民，而且对外地旅游者有很强的旅游吸引力，逐渐成为一种新的旅游目的地。

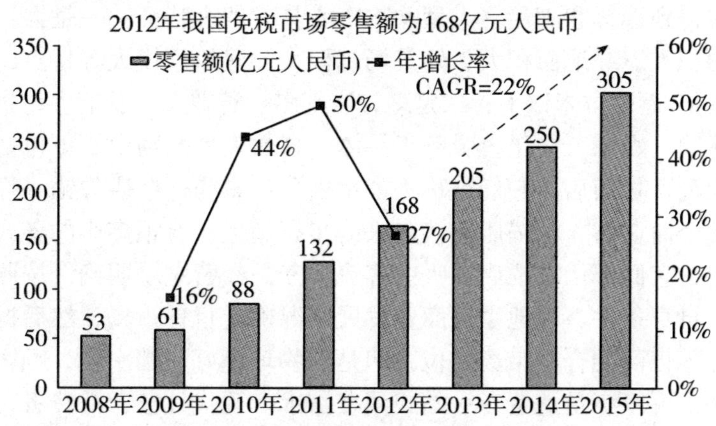

图 2–1　中国免税市场的销售额及年增长率（2008~2015 年）

数据来源：财富品质研究院

根据公开信息整理所得，个别数据略有微差

免税店一般都属于高档购物场所，位置大都选在市内的繁华商业区，面积大，各种商品非常齐全。其中，销售额最大的是精品。全球免税市场一直在作商品细化工作。以往高档商品拥有独立的售卖专柜，而今天，品牌专门店的增长速度很快。以机场为例，多种商品如雪茄、葡萄酒、太阳镜、电器、珠宝首饰等多种品牌都开始瞄准专卖店销售形式，并且目前已有的数据显示，采取专卖店销售的品牌销售形势都不错。随着经济全球化的不断发展，在世界上大多数免税商店以一个相对比较合理的价格购买高档、名牌消费品都不再是一件困难的事，于是仅仅是能以相对较低的价格购买名牌商品不再能满足人们的要求了，这就为免税商店设定了更高的标准。人们更倾向于选择别具一格、品味独特的商品，这些商品要能够成为旅游记忆的证明，至少也要能区别于在居住地俯首可拾的那些商品。此外，免税店需要在销售渠道、广告促销、商品展示等方面不断加强，以此吸引更多的游客。

免税店根据所处的场所可以划分为口岸店、市内店、交通工具上的免税店等三大类。

（1）口岸店。口岸店包括机场免税店、边境店、外供店、客运站店等。机场免税店是各免税店中销售额最大的一种类型，在各免税店中担当了主力军角色。机场免税店的产品结构是以精品、化妆品香水为主。一般情况下，世界品牌的销售量很大。现在，新的一种观光、购物、乘机三位一体的理念市场战略使机场免税店发展成新而诞生，是现代工业文明和商业文明的产物，属于一种新型的复合型商业业态，不同的消费群体和男女老幼都会从中得到选择和满足。大型购物中心具有四大特征：一是大，它们具有占地面积大、绿地面积大、停车场规模大、建筑规模大等特点，营业面积一般在 10 万平方米以上；二是多，店铺多、行业全、功能多，集购物、餐饮、休闲、娱乐、文化、服务于一体，多数大型购物中心里包括两个或更多的大型百货商店，它们被称为“锚店”，意为这些店像锚一样固定，支撑起整个商业城。在锚店连接起来的步行街上，有很多小的各式各样的零售商店，它们都依靠锚店来吸引客流；三是经营主题明确，按照所处地理位置、自身条件、当地零售商业发展状况确定目标市场，然后据此定位引入相应零售商配合其市场定位；四是购物环境好，档次高，顾客购买力聚合性好，可以满足消费者一站式消费需求。现代社会，消费者在购物时不仅追求方便性、多样性、注重个人品质，同时更注重整体购买经历的愉悦。而且随着工作压力的增大，也需要增加适当的休闲和娱乐。而大型购物中心这种大型主题购物公园正好可以满足消费者一次购足和一站式娱乐休闲的需要。大型购物中心是目前国际商业发展的最新业态，是商业史上继百货、连锁经营、仓储式货场后的第四次革命，正迅速成为现代商业的主流。大型购物中心有别于其他商业业态，充分体现了以人为本的理念，营造和引导新的消费方式，引进一种新的文化理念和生活理念。在美国，大型购物中心目前已经占有 50% 以上的零售销售额，2000 年的营业额已达 1 万亿美元（资料来源：国外摩尔发展的启示．武商报，2002 年 3 月 29

日）。不仅西方国家有大型购物中心的存在，如今在马来西亚、泰国、印度、巴西、阿根廷等发展中国家均有大型购物中心的存在。大型购物中心是商业竞争进入经济垄断、资本高度集中和休闲旅游、购物旅游时代到来的“混血杂交优势”产物。每一家大型购物中心都有自己鲜明的主题定位，围绕主题发展，这种大型主题购物公园已成为新的旅游吸引力。例如，安大略米尔斯购物商场是美国1996年开张的最大的大型购物中心，安大略米尔斯购物商场内，既有美国知名的中低价位百货公司进驻，如潘尼百货连锁店等，也有像帆萨奇这样高级时装的国际品牌在内设店。逛累的消费者或陪逛者可在商场内通过巨大的屏幕看电影，或前往游乐区消磨时光。置身在商场内，周围的电视屏幕、嘈杂的音乐、会唱歌的动物、会舞蹈的植物、变幻莫测的灯光，让整个商场无时不充满新奇感和动感。目前，安大略米尔斯商场每月固定发出200班观光购物巴士，除此之外还增设了一名观光主管，因为日本观光客为商场带来的收入非常可观。据调查，shihlo机场建立了最后一分钟观光、购物、乘机三位一体的理念店。这是一种非常有效的购物方式，商务客人非常喜爱这种方式。每一个休息区都提供充足的商品供应，旅客到达登机口后，最后一批店铺提供不寻常而又非常有诱惑力的产品以使旅客驻足考虑购买。这些店主要提供钻石、糖果等。当然，他们非常重视营造一个自然和休闲的环境。新的休息区的特色是配合以商店群，根据商品类别组织以使得销售机会实现最大化。边境店一般在边境陆路口岸设立，其产品中烟酒占绝大部分比重，如今其他商品比例有上升趋势。外供店指的是外国轮船供应商店，主要为到港的国际货轮提供船员或乘客在船上消费的物品，其交易是在轮船口岸停留时进行，主要交易的产品为烟酒和食品，大概占整个销售的99%左右。客运站店一般是在火车站、轮船码头上提供免税商品，产品主要以烟酒为主。

（2）市内店。市内店是指设在城市交通便利的地方，为游客和外交人员提供免税品的商店，包括市内免税店和外交店等两种。市内免税店主要经营精品、化妆品及国产品。按规定，所购商品必须带出国境，外交人员不能购买，一般做法是在市内购买，口岸提货，保证商品的出境。外交店为国外外交官员提供免税商品。目前，外交店的销售占很少比重，主要是第三世界国家的外交官员买得多一些。

（3）交通工具上的免税店。这一类型免税店一般设在国际运行的飞机、客轮及火车等交通工具上，其中机上店最引人注目。机上店的销售属于目录销售，这种销售方式最为灵活。以上免税店中与旅游购物关系较密切的是机场店、机上店、市内店及边境店。

2.3.5.2 大型购物中心

大型购物中心在欧美一些地方称之为 MALL 或 SHOPPINGUALL，有时也音译“摩尔”，多在建筑群中或一个大型建筑物中，由一个管理机构组织、协调和规划，把一系列零售商店、服务机构组织在一起，提供购物、休闲、娱乐、饮食等各种服务的一站式消费中心。它的原意是“林荫道”，现在也可译为“购物林荫道”，意指在 MALL 里肯定有一条或多条步行街，身临其境购物、消费或漫步，犹如在林荫道上闲逛一样舒适和惬意。它起源于欧美，伴随着免税店、大型购物中心、露天市场旅游购物商店种类很多，各具特色，为旅游者提供完全不同的购物经历和体验。其中，设立免税店已成为一种国际惯例，它以高品质、低价格吸引广大的国际旅游者；大型购物中心作为国际商业发展的最新业态，不仅给旅游者全新的购物体验，而且已成为新的旅游吸引物；露天市场对旅游者的意义在于，它是一个城市特殊文化的展示地，给旅游者另类的购物体验，也是很多旅游者喜欢光顾的旅游地。总而言之，无论是何种类型的旅游购物设施，应致力于树立鲜明的特色，营造一种独特的购物氛围，以提供难忘的旅游经历为目标。

2.3.5.3 露天市场

在世界各地还有一类特殊的市场，主要销售价格低廉的商品，或者旧货与积压商品。因多在露天举行，常称之为露天市场，也有称之为自由市场、跳蚤市场、旧货市场。这些市场多为定时举行，有一些也在室内。虽然这类场所主要以当地消费者为主，但也经常吸引一些对古旧或特色商品感兴趣的境外人士或旅游者。当然，这些地方往往也是一个城市特殊文化的演示场所。目前，这类市场面临的主要问题是购物设施比较落后，缺乏相应的便利设施，难以满足旅游者尤其是国外旅游者的购物需要。但只要对它进行适当的改造，其发展潜力非常大。

2.4 旅游商品的价值

一切商品都具有价值和使用价值两种属性，是二者的统一体。但旅游商品的价值和使用价值与一般商品的价值和使用价值却有所不同。商品的使用价值体现在有用性，一般商品的使用价值是商品持有者在其实际使用过程中表现出来的有用的效果。而旅游商品的使用价值可分解具体的使用价值和抽象的使用价值。尤其是对那些具有纪念性、观赏性的旅游商品这方面的表现更突出。从旅游商品的价值角度上看，旅游商品是在国内生产、销售的，但旅游商品进入国际市场以后就必须遵循价值规律。马克思说："国家不同，劳动中的强度也不一样，有的国家低一些，有的国家高一些，于是各国的平均数形成了一个阶梯，它的计量单位是世界劳动的平均单位。"这样同一商品的价值有了两个衡量标准，即国内的社会劳动时间和国际的社会劳动时间。国际旅游市场上所销售的各国的旅游商品是国际的平均社会必要劳动量。所以在销售旅游商品时除了要考虑国内的物价外，还应该考虑国际物价的浮动，以防止物资外流，所以对国际旅游者就必须采取浮动价格。

2.4.1 旅游商品与一般商品价值取向的差异

所谓价值取向，即对价值评判标准所取的方向。消费者在选购一般商品时，对一般商品的价值评判标准在于实用性与经济性。对一般商品的价值期待在于商品本身的质量与售后服务。从价值观的角度看，消费者对于一般商品的价值取向在于本身所具有的物质属性。旅游者在选购旅游商品时，对旅游商品的价值评判标准在于纪念性与文化性。对于旅游商品的价值期待在于从中获得美好的感受与经历。从价值观的角度看，旅游者对于旅游商品的价值取向在于本身所具有的精神属性。

2.4.2 旅游商品与一般商品本质属性的差异

一般商品的本质属性是"价值"，这里的价值主要是指"物质价值"，物质价值是具体的，可以用固定价值对象进行衡量。人类通过直接有效的方式获取一般商品的物质价值，其主要作用在于能够满足人类生存所需的物质需求。旅游商品的本质属性同样也是"价值"，但这里的价值主要是指"精神价值"。精神价值是抽象的，间接的，需要旅游者通过切身感受与体验而获取的。其主要作用在于满足旅游者休闲娱乐，提升与发展自身素质，增加人生阅历的精神需求。

以本质属性的角度区分一般商品与旅游商品的差异：第一，"价值"内涵不同，两者具有"物质价值"与"精神价值"之分。第二，价值衡量对象不同：一般商品的价值衡量对象是货币，价值量具有固定性。旅游商品的价值衡量对象是旅游者，价值感具有波动性。第三，价值获取方式不同，一般商品的价值获取具有直接性；旅游商品价值的获取具有间接性。第四，价值作用效果不同：一般商品的价值作用在于生存类价值，旅游商品的价值作用在于发展类价值。第五，价值表现形式不同：一般商品的价值表现形式具有显性；旅游商品价值的表现形式具有隐形。旅游商品的本质属性同样也是“价值”，但这里的价值主要是指“精神价值”。精神价值是抽象的，间接的，需要旅游者通过切身感受与体验而获取的。其主要作用在于满足旅游者休闲娱乐，提升与发展自身素质，增加人生阅历的精神需求。

2.5 旅游商品的购买动机与心理过程

2.5.1 旅游商品购买的原因

2.5.1.1 慕“名”而买

旅游者每到一处，都希望尽可能多地留下这段记忆，于是他们将这种心理寄托在能够代表该地特色的纪念品上。这就是为了追求旅游商品的纪念价值而产生的购买动机。旅游者购买具有旅游地特色的商品，既可以留做纪念，又可以馈赠亲友。

求名望，是以显示个人名望为主要目的的购买动机，核心是显名和夸耀。具有此种心理动机的旅游者在购买商品时，重视商品的社会声誉和象征意义，以达到显示其生活水平、社会地位和个性特征的目的。优质名牌商品、具有纪念意义的商品，都会使这类消费者爱不释手。对于有求名动机的游客来说，往往不太注意商品的效用和价格，而比较关注商品的威望、象征意义和纪念意义，并会在感情冲动中做出购买决定。伴随求名动机，往往具有不适度消费的现象和社会攀比的心理。

2.5.1.2 慕“异”而买

具体包括求美，求艺，求异而买。购买任何商品，美可能都是第一要义。但是旅游商品的美非常有特色，所以消费者选择的时候多以代表性的地域特征为审美对象进行购买。旅游者以追求商品的艺术欣赏价值为主要目的的购买动机，它的核心是装饰和美化，关注商品的艺术性和美学价值。对游客来讲，离开自己的居住地参加旅游活动，不仅希望欣赏到美的风景，同时也希望能购买到一些富有美感的旅游商品，因此他们更重视商品本身的造型美、色彩美和艺术美，把商品对人体的美化、对环境的装饰、对其身份的表现、对精神生活的陶冶、对旅行经历的深化等作用放在突出的位置，追求商品的美感带来的心理享受。这种心理动机在中青年女性和知识分子中比较多见，在选购工艺品、服装或首饰时表现得最为明显，这与他们的文化、美学修养和职业特点有关。求艺则是以商品的工艺来作为评价标准的。这是为满足求知欲而产生的购买动机。读万卷书不如行万里路，旅游已经成为人们寻求知识和增长见识的一种活动。旅游者在这种动机的支配下，会在旅游目的地购买具有丰富文化内涵的商品。此外，旅游者在购买字画和民俗工艺品时，更希望服务人员或导游介绍一些有关商品的情况，如工艺特点、制作过程、字画年代、作者生平、传说故事等，并了解鉴别伪劣商品的方法。同时以追求商品的新颖、奇特和时尚为主要目的的购买动机。大部分游客喜欢新奇、新颖的商品，这些商品的新颜色、新款式、新质量、新材料、新情趣，可以满足旅游者求新的心理，同时也可以缓解紧张的工作节奏，调节枯燥、单调、烦闷的生活。这种动机在年轻人身上体现得比较集中，他们在购物时，容易接受广告宣传和消费潮流的影响，表现出明显的感情性和冲动性。

2.5.1.3　慕“实”而买

既是实惠之“实”，又是实用之“实”。这是指旅游者追求商品的使用价值，注重商品的品牌、质量、功能，注重实用和实惠。这与旅游者的经济收入水平和消费能力有关，尤其是那些收入较少的游客，在旅游过程中购买所需要的商品时，特别看重商品的质量、效用与用途，要求商品经济实惠、经久耐用、使用方便，而不过分强调商品造型的新颖性、设计的美观性和色调的象征性。从统计资料的显示来看，入境旅游者购买最多的商品都是一些实用商品，如服装、丝绸、食品和茶叶等。同样，适度的包装和外观造型，可以吸引游客兴趣和方便游客提携，也具有实用的效果。

总体来说，游客在旅游的过程当中，购物虽然是其中的一个环节，但不一定是最重要的一个环节，游客旅游的经历流程如图 2–2 所示。

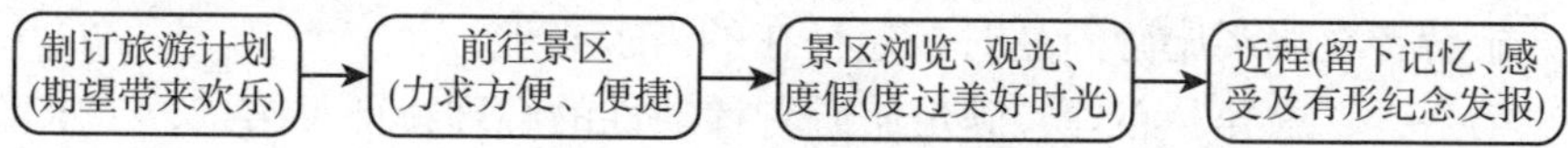

图 2–2　游客旅游经历流程

2.5.2　旅游商品的购买动机

购买动机是直接驱使消费者实行某种购买活动的一种内部动力，反映了消费者在生理、心理、精神和感情上的需求，实质上是消费者为达到某种需求而采取得购买行为。从消费者购买一般商品的原因和驱动力而言，消费者购买一般商品的动机主要是生理性购买动机。生理购买动机是指消费者由于生理本能的需求而产生对一般商品的购买动机。消费者作为生物意义上的人，为了满足、维持、保护、延续、发展自身生命，必然会产生激励其购买能满足其需求的商品动机。如优先满足生理需求的基本生活资料。心理性购买动机主要是指旅游者由于心理需求而产生的购买动机。心理性购买动机主要是由后天的社会或精神需求而引起，是旅游者除生存本能以外为满足自身心理需求为目的的社会活动，在社会活动中实现自身价值需求而产生的各种购买动机。如满足自身心理需求的旅游商品。

王衍用、曹诗图将旅游商品购买动机分为六点：第一，回味旅游经历为目的的购买动机；第二，回忆旅游地或某地的经历为目的的购买动机；第三，作为礼物馈赠亲友为目的的购买动机；第四，炫耀自己走过的地方，表明自己眼界开阔和游历丰富为目的的购买动机；第五，有收藏各地旅游商品、工艺品和古董的爱好为目的的购买动机；第六，供自己使用和享受（物质享受与精神享受）为目的的购买动机。根据石美玉对旅游者购买旅游商品时的动机分析，归纳总结可得出旅游者购物的动机与心理过程。可以从购买动机的角度区分一般商品与旅游商品的差异：第一，购买需求不同。两者具有“生理需求”与“心理需求”之分。第二，购买内容不同。一般商品的购买内容主要是以基本生活资料为主，旅游商品的购买内容主要是以满足自身心理需求的旅游商品。

综上所述可知：一般商品与旅游商品在经济学范畴内都属于商品，凡是商品都是以交换为目的的劳动产品，最终以销售的方式实现其自身价值。但由于一般商品与旅游商品两者之间存在较大的差异，因此旅游商品的销售形态也应与一般商品有所区分。

2.5.3 旅游商品购买的心理过程

旅游者在购买旅游商品时普遍存在的需求心理：

第一，“求异”心理，满足旅游者稀缺性的心理特征；第二，“求廉”心理，满足旅游者效用的心理特征；第三，“求实”心理，满足旅游者实用性的心理特征；第四，“求名”心理，满足旅游者收藏性的心理特征；第五，“求利”心理（包括以牟利、“委托代办”、馈赠为目的的购买行为）满足旅游者的牟利性心理特征。除此之外，根据聂贵洪提出的旅游者购物心理需求；第六，"求趣"心理，满足旅游者的娱乐性心理特征；第七，"求全"心理，满足旅游者对旅游商品求全的心理特征。

旅游者的购买动机是多样的，其购物心理要经历认识、情感和意志三个过程。不同类型旅游者的购物行为和特征差异很大，可以通过购买目标、表现、情感反应来了解消费者购买行为类型和四类消费人群的购物特点。

2.5.3.1　旅游者购物的认识过程

认识过程是旅游者购物心理过程的第一阶段，是其他心理过程的基础。它主要通过旅游者自身的感觉、知觉、记忆、思维和想象等活动，对商品的品质、属性以及各方面联系产生的综合反映。这一过程可以分为认识形成和认识发展两个阶段。

认识形成阶段是指旅游者通过自己的各种感官获得商品信息的过程，主要包括感觉和知觉两种心理活动。认识发展阶段：在经历了感觉和知觉后，旅游者会将认识过程推进一步，进入认识发展阶段。在这一过程中，旅游者通过记忆、思维和想象等方式来加强对商品的认识。其中记忆是认识从感性向理性过渡的中间环节，能够深化和加速认识过程，促进购买行为。

2.5.3.2　旅游者购物的情感过程

情感过程是旅游者在购物过程中，对商品或服务是否符合个人需要而形成的态度的体验。这种体验带有感情色彩，会对个人行为产生积极或消极的影响，如购买后的满意和喜悦，购物行为没有实现后的不满、烦恼、沮丧和失望等。旅游者的情感过程由喜欢阶段、激情阶段和评价阶段构成。具体来说，首先，消费者对商品、商店等客观事物在认识的基础上初步形成好或坏的印象，流露出喜欢或不喜欢的倾向性；其次，通过认知，会进入理解和审视阶段，产生一定的情绪激化，即消费者若对商品或商店产生良好印象可以激起强烈的购买欲望和购买热情，同时，若受到的周围环境的感染或自身情感的促动，可以迅速地发展到采取购买行为，若受到不良感受而触发强烈的消极情感，就会中止购买行为。在一定意义上，情感过程虽有规律可循，但难以控制的。

2.5.3.3　旅游者购物的意志过程

旅游者自认识过程和情感过程之后，是否采取购买行动，还取决于旅游者心理活动的意志过程。这是最重要的购买过程。既是过程也决定最终结果。它是由消费者认识的支持和情感的推动，使得消费者有意识地克服内心障碍与外部困难而实施购买行为的过程。

旅游者通过自觉地确定购买目标，排除各种主观因素的影响，采取行动实现购买目的的过程，称为意志过程。在意志过程中，旅游者表现出自觉、果断、自制和坚韧的品质。意志过程一般表现为三个特征：一是有明确的购买目的（目的性）；二是有调节行动性，推动其实现为达到预定的购买目的所必需的情绪和行动；三是克服困难性。意志过程从简单到复杂，是个决策过程（图 2–3）。

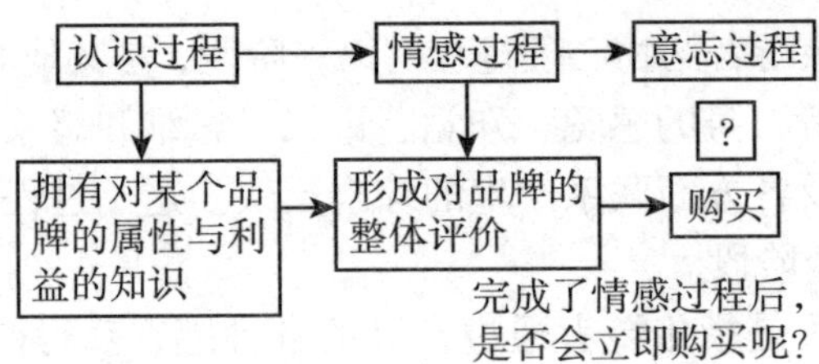

图 2–3　消费者购买行为意志过程

第 3 章 旅游商品营销研究概述

3.1 旅游商品销售形式概述

"……旅游商品的销售一般有两种形式：一是日常在商场、店、铺，或者是购物中心为旅游者提供购物服务；二是为带动旅游购物而举办的各种促销、节庆、产品发布活动……"。

针对旅游商品的店铺式销售，刘晓航提到："……传统的旅游商品销售大多采用摆摊设点、铺面销售的形式……。"[8] 同样王国新也表示："……摆摊设点销售旅游商品，是最基本也是旅游者最为常见的一种销售形式……。"[9]

由此可见，现目前我国旅游商品的销售形式，主要还是以传统的摆摊设点、铺面销售的形式出现。笔者认为，这样的销售形式与旅游商品的基本属性是分不开的。由于旅游商品隶属商品的范畴，其发展是从一般商品演变而来，在经营模式上，同样借鉴了一般商品的销售形式，即店铺式。店铺式销售的一大特点在于购物过程快捷方便。针对一般商品，店铺式销售常见于商场及超市，消费者可以通过"超市开价"的销售方式，迅速找到自己想要的商品，然后付款离开。但对于旅游商品店铺式销售而言，经营者往往错误地将旅游者与一般商品的购物者画等号；错误地将购买旅游商品的过程与购买一般商品的过程画等号。忽视了旅游者在购买旅游商品时的生理及心理需求。石美玉在谈到旅游者购物行为特征时提到："……旅游是从日常生活中脱离出来，感受新的体验与经历的过程。因此，旅游购物中的感受不同于日常购物，主要体现为购物过程中的精神心理满足与文化享受……。"[10] 同样，黄国庆，赵毅两位专家学者针对旅游者在重庆旅游购物的问卷调查分析得出："……旅游者在选择购物对象时，考虑的最多的还是旅游商品的基本功能，即能让旅游者得到文化性、精神性的最大销售的商品……"[11] 由此可见，旅游者在购物过程中，主要不是为了获得物质上的需求，更多的是通过购物这一过程，获得一次不寻常的旅游购物经历与愉快的旅游过程记忆。

3.2 旅游商品销售存在的主要问题

3.2.1 缺少研、产、供、销的良好联动机制

目前我国旅游购物市场机制发育不完善、不规范，导致产供销脱节，不能以游客的需求作为旅游商品生产及销售的导向是旅游购物环节中最为关键的问题。即旅游商品生产企业、销售企业与游客客源市场之间相互脱节，往往旅游商品找不到市场，而游客又找不到旅游商品，旅游供需双方互不满意。

3.2.1.1 设计—生产的互动与反馈不足

目前国内部分旅游商品的设计一般是市场反馈后进行的研发活动。其具体表现形式是地域工艺美术或者美术作品作为旅游工艺品的销售展示。但其仍然明显落后于旅游业的整体发展，产品设计单一、缺乏新意、产品设计开发没有系统化，以致国内旅游购物市场上的商品几十年来大都一个模样，研发生产与市场严重脱节。其主要原因，一是部分开发商或设计师拘于保留传统以卖传统的心态，在主观上抵触产品的设计创新。二是国内目前从事旅游商品设计的专业设计人员、机构数量和力量不足，使得业内设计创新能力有限。我国设计人员大多为工艺美术专业毕业，学科背景单一，几乎都是从美学角度设计产品，很少有旅游、经济等相关专业的人士参与策划，因而设计出的产品多是工艺品，难以集纪念性、观赏性、艺术性、知识性、独创性、收藏性于一身，也就很难满足旅游者的特殊需要。三是优质新产品研发成本相对较高，而市场前景又难以预料，因此不少厂家对新产品的研发热情不高，即使对此有兴趣的厂家，又常常受到资金问题的困扰，使不少好的创意最终难以成为产品而无缘市场，导致设计与生产环节的脱节。

3.2.1.2 生产—销售脱节

从八九十年代的出口转内销，到拉动内需的营销模式，现今的生产—销售模式仍然充斥着粗制滥造的产品。现在世界各地许多精美的旅游商品产地都是中国。我国生产的高质量产品行销世界，而大量粗制滥造的产品

却充斥全国。造成这种现象是由于我国市场机制发育不完善，对经销目前，我国旅游商品生产和销售中存在很多问题，这是导致旅游购物吸引力下降的主要原因，主要表现在以下几个方面。

（1）旅游购物结构偏斜。长期以来重传统旅游商品而轻开发创新，结果市场上旅游商品种类少、单调而没有特色与新意，与当代旅游者的需求多层次且不断更新的发展趋势不相符合。因此，不变的传统产品对多变的旅游需求，势必适应不了市场的需求。我国之所以形成了以工艺品为主的旅游购物结构，是因为我们的指导思想仍是我有什么就生产什么，以生产为导向，而不是游客需要什么生产什么，以市场为导向，把旅游商品单纯地理解为工艺品，尤其是中高档的传统工艺品。长期以来对其他种类的商品缺乏重视，在国际市场上逐渐失去竞争力，吸引不了游客，缺乏市场需求的研究。虽然各地组织过一些设计大赛，但多以艺术本身来评价，低成本、大批量才能有盈利空间，因此便形成了目前我国旅游商品高水平的生产能力与粗制滥造的经销模式之间的反差。

（2）旅游商品设计雷同。长期以来各地往往采取相互仿制已有产品或一直沿袭原有产品的方式生产旅游商品，有的甚至直接由外地进货。此外，由于部门、条块分割，一些重点旅游景点画地为牢，进货渠道单一，产销渠道脱节，进一步造成旅游商品雷同，呈现出“全国大多相同，一地十年不变”的局面。

（3）落后工艺制约质量提升。我国旅游商品普遍加工制造工艺落后、质量差，有的甚至粗制滥造，在国际旅游市场上缺乏竞争力。有的其质量虽是上乘，但价格很昂贵，虽不亚于外国货，但由于包装、装饰不起眼或较差，使商品大为逊色。目前，我国多数生产旅游工艺品、纪念品的工厂都处于工艺多、品种多、批量小的状况，这是传统的工艺美术厂沿袭的生产格局，很难适应市场的发展需要。只有尽快培育一批以专业化工艺为主的生产厂家，以大幅度地降低成本并努力向精品方向发展，才能适应市场。

（4）品牌化运作意识弱。目前，我国旅游企业品牌意识薄弱，真正在世界上叫得响的名牌产品不多。而在国外，游客购买的商品主要不是土特产品，而是名牌产品，如到日本买电器、照相机，到巴黎买香水，去意大利买皮衣、皮鞋，到美国买运动鞋、牛仔裤。游客之所以对这些商品情有独钟，原因在于这些商品都属于“名优精品”。而我国的市场经济体制不健全，短期利益使品牌意识在绝大多数旅游商品开发商心目中荡然无存，为求得一时的效益而放松了对产品包装设计、质量等多方面的严格要求。

独立研制的少，相互模仿的多，只强调价格低廉，忽视了应有的质量，以致市场出现的多是一些设计粗糙、包装简单的“地摊商品”，从而也就使“品牌”二字无从谈及。又由于知识产权意识不强，设计者缺乏专利保护观念，致使真正有创意的纪念品或艺术品可以随便仿造，打击了研究设计者的积极性。

生产与销售可以以不同方式相结合：旅游企业自己直接开发、生产旅游商品；旅游企业组织其他生产部门生产和开发旅游商品；旅游企业向其他生产部门提供各种信息（科技信息、资源信息、市场信息等），引导其他生产部门开发和生产旅游商品；旅游企业与生产企业联合经营，协作生产旅游商品。后两种可采取外包、来样加工方式。

3.2.1.3 消费导向下的消费能动不足

从生产、分配、交换、消费的四个环节来说，中心应该是消费，即消费者为导向，但从经营的角度来说，生产者和销售者很难做到这一点。在这里，关键在于销售者而不在于消费者，生产者直接去对应消费者很难做到，直接对应消费者就违背了旅游商品的特点和规律，也违背了经营规律。但销售则必须直接面对消费者，而成为生产与消费的关键环节。生产者应当转换为专业化的生产者，形成一种工艺、多种产品并存与市场紧密相连的格局。

旅游企业决策者应当把开发和销售具有景区文化特色、相当工艺水平和纪念意义、既有使用价值又有欣赏价值和收藏价值、又便于携带的旅游商品，作为扩大旅游购物消费的关键。所以，探讨旅游商品的销售要增加旅游者旅游购物的消费量，达到旅游企业创汇增收的目的，旅游企业就必须把旅游商品营销单独分离出来，加以重点研究，对症下药，这才有利于经营者真正抓住旅游购物消费的关键环节，合理利用有限的资源，创造最大的经济效益和社会效益。

3.2.1.4 市场定位不准确

目前，人们在探讨旅游购物时，往往偏重于入境旅游者购物的开发和市场的拓展。大多数旅游购物商店中，所经营的旅游商品大多是质地高贵、价格不菲的高档古董，显然其目标消费群定在国外顾客，而适应国内游客消费水平和审美情趣、价格适中又具有地方特色的旅游商品少之又少。这是由于我国旅游业的发展是从国际旅游开始并以其为首要发展目标所决定的，这一偏重在一定历史阶段看来，应该说是正确的。但当我国进入国际旅游与国内旅游共同发展的时期，则再也不能对国内旅游者的购物需求置若罔闻，坐失良机。应认真研究国内外旅游者需求的异同，分析国内旅游商品及其市场的特征，探讨国内旅游商品的开发策略，这对于促进国内、国际旅游业的发展，加速旅游地区的经济发展都有重要的意义。

因此，针对旅游者购买旅游商品的种类不同、需求不同、过程不同，旅游商品的销售形式也应与一般商品有所不同。为了更好地将旅游商品与一般商品相区分，研究旅游商品应有的销售形式。下文有必要结合目前学界对旅游商品理论研究的学术成果，分别将旅游商品的类型、特征、生产方式及销售渠道进行分析总结。

3.2.2　旅游商品的分类、特征、生产方式及销售渠道分析

根据梁学成、郝索对旅游商品特征的调查分析，结合相关人士对旅游商品类型及流通领域的研究，得出旅游商品从生产方式到销售渠道的流程图（表 3–1）。

表 3–1　销售渠道流程图

旅游商品类型	特征	生产方式	销售渠道
旅游专用品	箱包、服装、鞋帽等	主要是中小型企业采用分工协作式生产	厂家指定代理商，在 RBD 或 CBD 区以开价柜台销售
旅游必需品	食品、药品或保健品等	主要是国家特许经营资质的企业	厂家定点销售或委托代理商销售
旅游纪念品	挂件、土特产等	采取集聚协作等多种经营方式，以民营为主	由中间代理商采取批发、零售，主要在 RBD 区设立专营销售点
旅游奢侈品	艺术品、古董等	采用民间传统作坊或国家指定生产企业生产	主要采取厂家直销，也可指定经销商在 RBD 区销售

RBD: (recreational business district)= 休憩商业区
CBD: (central business district)= 中心商业区

由上表可知，旅游商品存在的四种类型与各自特征，根据各自特征的不同，其生产方式与销售渠道不经相同。此图为探讨旅游商品应有的销售形式提供了理论基础。

针对旅游商品应有的销售形式研究，目前学界存在多种不同的研究方法与方向。大致归纳可分为三类：第一类是站在生产者的角度通过研究旅游商品的市场销售渠道探讨旅游商品的销售形式；第二类是站在经营者的

角度通过对旅游商品营销策略的探讨研究旅游商品的销售形式；第三类是站在旅游者的角度，从消费心理学与消费行为学探讨旅游商品的销售形式。三者虽研究的方向与方法不同，但研究的对象是一致的，都是在探讨旅游商品应有的销售形式，因此下文就目前学界研究的这三大类别，分别站在生产者、经营者以及旅游者的角度进行归纳与分析，试图总结出旅游商品应有的销售形式。

3.2.2.1 从生产者的角度探讨旅游商品的销售形式

目前针对旅游商品的生产者，在销售形式方面的探讨，其研究的理论基础主要来源于市场营销学，通过研究旅游商品的市场销售渠道，得出旅游商品应有的销售形式。

站在旅游商品生产者的角度，在比较研究旅游商品销售渠道模式中提出：不同的类型、规模的旅游商品生产企业应该采用各自适用的销售渠道销售旅游商品。并将旅游商品销售渠道归纳为直接渠道、短渠道、长渠道、电子网络销售渠道四种模式（表 3–2）。

表 3–2 旅游商品销售渠道模式

直销	1. 旅游商品生产企业→消费者
短渠道	2. 旅游商品生产企业→旅游商品专卖店→消费者
短渠道	3. 旅游商品生产企业→超市（连锁）零售企业→消费者
长渠道	4. 旅游商品生产企业→旅游商品专营市场→旅游商品零售→商消费者
直销	5. 旅游商品生产企业→电子交易网络→消费者

（1）直接渠道。直接渠道又称直销，是指旅游商品的生产企业不经过任何中间商渠道直接向消费者销售旅游商品（表 3–2 第 1 种）。例如：会展销售是我国旅游奢侈品类旅游商品直销的主要形式。

（2）短渠道。旅游商品的短渠道是指生产企业将旅游商品出售给超市、连锁店、专卖店等零售商，再由零售商转卖给消费者，产品仅经过一个中间环节（表 3–2 第 2–3 两种）。目前我国旅游商品的销售渠道，大多数采取的是该模式。

（3）长渠道。旅游商品营销的长渠道是指旅游商品的生产企业经过旅游商品专营市场，以及零售两个流通环节后才把产品出售给消费者。长渠道销售模式的好处在于，旅游商品生产企业可以将大部分精力放在产品的开发与设计上，将销售过程交给经营商来处理。常见的如旅游商品销售中心，旅游商品批发市场等。

（4）电子网络销售渠道。旅游商品营销的电子网络销售渠道是指生产企业利用电子网络平台直接向消费者发布旅游商品信息，推介和销售旅游商品。该渠道模式实际是直接渠道的另一形式。

根据黄娟，李江风对旅游商品销售渠道模式的描述、分析。可将旅游商品的销售渠道划分为三种形式：第一，直接渠道（包括电子网络销售渠道）。第二，短渠道。第三，长渠道。

3.2.2.2　从经营者的角度探讨旅游商品的销售形式

旅游产品就是旅游经营者所提供的各种产品和服务而旅游经营者——旅游业中的各个生产组织，如航空公司、饭店、旅游景点、租车公司等通常对其所出售的产品的看法要狭隘得多。因为生产者主要关注自己所提供的服务，一般完全根据自己经营的业务来进行产品组合和开发，例如饭店有“会议产品”“休闲产品”；航空公司有“商务舱产品”等。因此，整体产品的概念给旅游营销确定了一个范围，但对于指导各个生产组织的管理者进行实际的产品设计决策，其作用十分有限。虽然如此，产品的要素观仍然适用于此，因为它反映了服务产品的本质。而服务产品可分解为若干具体的服务操作和要素，这些要素组合起来就构成了消费者所购买的特定服务产品。旅游产品的要素观就是指单个服务产品生产者在设计产品时“必须从出售给顾客的产品和服务组合，以及每个要素对顾客的相对重要性来定义服务概念。”（萨塞尔 Sasser 等，1978）彭飞燕站在旅游商品经营者的角度，在探讨旅游商品的营销策略时指出：实施科学而合理的区域旅游商品营销策略有利于扩大旅游商品的市场份额，增加收入。在具体谈到旅游商品的营销策略时，彭飞燕就旅游商品的创新销售模式提出了以下几点建议。第一，专卖制。即在旅游区内，由专营商店销售专项旅游商品。并且不允许这些专项旅游商品流出旅游区外销售，更不允许仿制品、复制品在旅游区内销售。第二，出售标记制度。由出售人应游客需求，在出售现场加注该旅游区特有的出售标记或由出售者签名。第三，限制条件式制度。即规定旅游者只有具备某种旅游经历之后，方可允许购买某项旅游商品。第四，前店后厂制度。即将工厂和商店有机结合起来，工作作坊只是个“引子”，通过它巧妙地将购物与游览相结合，从而激发旅游者强烈的购买欲望。第五，组合销售制度。这种销售方式有两层含义：一是将当地的各类旅游购物商品组合在一起进行销售，如将风味小吃、特产、和小型工艺品集中在一起。二是以一品为主，兼营其他。既减少旅游者频繁进店的麻烦，也节省购物时间。第六，购物退税制度。价格是直接影响旅游商品销售的最重要原因之一，也是影响旅游者购物的一个主要因素。[15]

根据彭飞燕对旅游商品营销策略的建议，结合现目前旅游商品的销售形式，可大致将旅游商品的销售形式归纳为：第一，店铺专卖式。第二，出售标记式。第三，条件限制式。第四，主题体验式。第五，集中组合式。第六，购物退税式。

3.2.2.3 从旅游者的角度探讨旅游商品的销售形式

针对旅游商品的购买者，在销售形式方面的探讨，其研究的理论基础主要来自于消费心理学与人类行为学，通过研究旅游者购买旅游商品的心理需求与行为特征分析，得出旅游商品应有的销售形式。

石美玉将旅游者的购买动机分为两类：一类是为自己购买，另一类是为他人购买。[16] 首先，旅游者在为自己购买旅游商品时的心理期待有五点：第一，稀缺性的心理期待，旅游商品的独有性促使旅游者购物。第二，效用性的心理期待，在商品的原产地，通常种类更多、价格更便宜，从而促使旅游者购买行为。第三，实用性的心理期待，旅游者一方面为了满足实用的需求，另一方面将实用与室内陈设相结合，增加旅游商品附加值。第四，收藏性的心理期待，一般针对工艺精巧，具有收藏价值的旅游商品。第五，牟利性的心理期待，对于善于经营的人，通常会留心地区之间，国家之间物价或货币币值的差异，从中获得牟利的机会。其次，旅游者在为他人购买旅游商品时的心理期待。第一，以互助为目的的心理期待。一般情况是针对亲友提出“委托代办”的请求，要求旅游者购买当地的旅游商品。第二，以联谊为目的的心理期待。将旅游商品作为表达心意的一种馈赠礼品。

根据石美玉对旅游者购买旅游商品时的动机分析，归纳总结可得出旅游者在购买旅游商品时普遍存在的购物心理。

第一，“求异”心理，满足旅游者稀缺性的心理特征；第二，“求廉”心理，满足旅游者效用性的心理特征；第三，“求实”心理，满足旅游者实用性的心理特征；第四，“求名”心理，满足旅游者收藏性的心理特征；第五，“求利”心理（包括以牟利、“委托代办”、馈赠为目的的购买行为）满足旅游者的牟利性心理特征。除此之外，根据聂贵洪提出的旅游者购物心理需求[17] 还应有第六，“求趣”心理，满足旅游者的娱乐性心理特征；第七，“求全”心理，满足旅游者对旅游商品求全的心理特征。针对旅游者的购物心理，旅游商品的销售形式也应与之相对应。

3.2.3　旅游者购物行为模式分析

3.2.3.1　消费者购买行为分析模式

3.2.3.1.1　经济学模式

经济学模式认为，购买者做出购买决策，是建立在理性而且清醒的经济计算基础之上，购买者追求的是“最大边际效用”。即消费者根据自己获得的市场信息，根据个人的愿望和有限的收入，购买那些能使自己得到最大效用的物品。

3.2.3.1.2　传统心理学模式

传统心理学模式也称为“刺激—反应”模式。该模式认为，人们行为的动机是一种内在的心理过程，是在消费者内部自我完成的、无法看见和触摸的“黑匣子”；外部刺激通过“黑匣子”产生反应，引起行为。该模式包括三个变量：营销刺激和其他因素、反应因素、购买者的“黑匣子”（心理活动过程）。

自20世纪60年代以来，许多研究学者提出了各种消费者行为模式。其中最基本的消费者行为模式是“刺激—反应”模式，该模式是根据罗森伯格（Rosenberg）和霍夫兰德（Hovland）的社会态度行为模式改变而来的。旅游者通常接受外界刺激后，无论是从有购物需求到购买使用，还是从无购物需求到实际购买，其结果都是经历了“刺激—反应”这一复杂的行为过程。“刺激”可分为内因刺激与外因刺激。内因刺激包括：自身生理及心理需求刺激。外因刺激包括：卖场环境刺激，旅游商品本身形态刺激。因此旅游者的购物行为可以是由“内因刺激”的需要，自愿购买的；也可以是被“外因刺激”所影响，被诱导购买的。两种影响因素都可能引起旅游者购物心理的变化，从而影响购买行为。对于大部分旅游者而言，购买旅游商品的形式可分为两类：第一类，基于旅游者的“内因”刺激，直接购买。第二类，基于旅游者的“外因”刺激，间接购买。

3.2.3.1.3　社会心理学模式

社会心理学模式主张人是社会人，人们的需求和行为都要受到社会群体的压力和影响以至于处于同一社会阶层的人们在商品需求、兴趣、爱好、购买方式、购买习惯上有着许多的相似性。

作为社会学和心理学的交叉学科，社会心理学致力于研究个体和群体的社会心理现象，能为旅游活动过程中相关主体的感知、态度和行为等问题的研究提供独特的理论分析视角。在过去的数十年间，社会交换理论和社会表征理论被成功应用于解释和分析旅游发展中的社会心理现象，在很大程度上提升了旅游研究的理论水平。然而，旅游引发的社会心理现象十分复杂，旅游态度、行为和满意度方面的研究需要借助于更加多样化的理论分析工具。相对剥夺理论是二战以后发展起来的一种社会心理学理论，已在社会学、政治学、经济学等领域得到了广泛应用，但在旅游研究方面的应用还十分薄弱。

3.2.3.2 消费者购买行为类型

3.2.3.2.1 按照消费者购买目标的选定程度来划分

（1）全确定型。这类消费者，在进入销售现场至发生购买行为之前，已有明确的购买目的，对所要购买商品的种类、品牌、价格、性能、规格和式样等都有明确的要求。

（2）半确定型。这类消费者，在进入销售现场前，已有一个大致的购买目标，但目标不具体、不清晰。最后的购买决定要经过选择和比较后完成。

（3）不确定型。这类消费者，在进入销售现场至发生购买行为前，没有任何明确的购买目标，进入商店主要是参观和浏览，西方称为“window shopping”。他们会漫无目的地观看商品，或者随便了解一些商品的情况，而是否发生购买行为则与购物环境和消费者心理状况有关。

3.2.3.2.2 按照消费者表现的不同特征来划分

（1）习惯型。这类消费者的特点是根据过去的购买经验和使用习惯来选择商品。这类消费者在购买商品时，决策果断，成交速度快，不受时尚风气的影响，购买行为表现出很强的目的性。

（2）理智型。这类消费者在购买过程中善于观察、分析和比较，会根据自己的经验和知识，广泛搜集所需要的商品信息，经过周密的分析和思考，才做出购买决定。

（3）感情型。这类消费者在购物过程中带有浓厚的感情色彩，表现在选购商品时，感情体验深刻，想象力和联想力丰富，审美感觉比较灵敏。这类消费者在购买过程中易于受到外界因素的影响，如广告宣传、商品展销、社会流行等。

（4）冲动型。这类消费者易冲动，心境变化剧烈，对外界的刺激反应敏感，在购买过程中表现为冲动型购买。

（5）经济型。此类消费者多从经济角度出发来选购商品，特别注重商品的质量、使用效果及价格。此类消费者有两种购买行为：其一是乐于购买价格低的商品，且忽略款式、造型，以经济合算、物美价廉为购买原则，喜欢优惠商品和折价商品；其二是喜欢高价商品，认为高价必然质优且经久耐用，高价商品能够满足自己高质量消费的心理需求。

3.2.3.2.3　按照消费者在购买场所的情感反应来划分

（1）沉静型。这类消费者在购买过程中，很少受外界因素的影响，感情不外露，举动不明显，沉默寡言，态度持重，交际适度，但不随和，不愿与销售人员谈与商品无关的话题。他们属于灵活性较低且较为沉着的人。

（2）谦顺型。这类消费者在购买时愿意听从销售人员的介绍和意见，做出购买决策较快，很少重复检查商品质量，但对销售人员的态度很敏感。他们属于内心体验较为深刻的人。

（3）活泼型。这类消费者在选购商品时，能够很快与销售人员接近，愿意与销售人员或其他顾客交换意见，话题多，兴趣广，较开朗，爱开玩笑。他们属于灵活性高、环境适应能力强且兴趣爱好易于变化的人。

（4）反抗型。这类消费者在购买过程中多不能忍受别人的意见，对销售人员的介绍持有戒心，异常警觉。他们属于性情孤僻、独立且主观意志较强的人。

（5）傲慢型。这类消费者在选购商品时会表现出傲慢的态度，语言和表情都神气十足，甚至会用命令的口吻提出要求，且情绪易于激动，在不合意时会与销售人员发生争吵，不能自制。他们多属于抑制能力差且易冲动的人。

3.2.3.3　不同类型消费者的购买行为

3.2.3.3.1　少年儿童的消费行为

在家庭里，少年儿童的消费地位取决于各个家庭的文化。在中国，因大多数是独生子女家庭，所以有着很高的消费地位，虽然他们的消费活动要依赖成人帮助，但在可能的情况下，家长会尽量满足他们的消费需求。

少年儿童在他们成长的各个时期有不同的消费特点。

（1）消费需要的种类。在整个少年儿童期，因年龄的不同，他们自发产生的对消费品需要的种类也会不同。

（2）少年儿童的学习方式。学龄前儿童主要以遵从和模仿为主；学龄期儿童开始产生具有个性化的需求。

（3）兴趣的稳定性。学龄早期儿童的兴趣不稳定；少年期儿童的消费习惯、兴趣逐渐形成。

3.2.3.3.2　青年的消费行为

青年期可分为无收入阶段，有收入阶段和结婚初期阶段。在不同阶段，青年在家庭中的消费地位各不相同，主要与经济收入有关。

（1）追求新颖时尚。

（2）追求个性化。

（3）注重感情和直觉。

3.2.3.3.3　中年人的消费行为

中年人是家庭消费的设计者和主要实施者。中年人的消费特点：

（1）中年人在消费上比较理智，计划性强，讲究实际，极少冲动和感情用事。他们在挑选商品时，更注重内在质量和价格，其次才是款式、色彩等。

（2）中年人由于需要抚育子女和赡养父母，所以他们一方面要考虑全家的消费，另一方面还必须为未来考虑，如子女的教育、结婚、退休以后的生活等问题，因而他们的储蓄和理财倾向较高。

3.2.3.3.4　老年人的消费行为

老年人是指进入退休阶段的消费者。老年人消费特点是对食品要求松软易消化、味重、富有营养；对衣物要求穿着舒适、保温或透气性好；对保健品和老年玩具有购买倾向。

老年人消费行为比较保守，偏爱老商标和老企业。理性强，要求经济实惠、方便使用、安全可靠及实用舒适。要求服务周到、方便及时。

3.2.3.3.5　农民消费行为

主要特点：讲究实用、实惠；倾向于购买规格较大的商品，常常把规格大当作一种实惠，购买的耐力较强，去商店时大多已有明确的购买意向。

3.2.3.3.6　女性消费行为

在女性旅游市场中，比较活跃的是 20 ~ 50 岁之间的中青年女性，她们富于幻想、爱好浪漫、喜欢追求“新”“奇”“特”的个性化事物。据调查，在众多的旅游方式中，女性最不喜欢那种走马观花式的旅游方式，更喜欢自主性较强的旅游项目，如自助游等。由于女性的从众心理，在消费习惯上表现为需要及时了解到和购买到最新商品，这样对旅游产品的时尚化提出更高要求。具体如下：一是注重美感，即产品的外观和感觉。二是注重产品的具体效用和使用的方便性，易受外界的影响，喜欢进行对商品的评价，参与感相对较强。三是爱赶时髦，注重创新，力图在购买中获得意外收获，常为买而买。

3.3　旅游商品营销的核心问题

3.3.1　国际旅游商品产业运营发展趋势解读

目前，世界旅游购物的平均消费指数约为30%。在旅游业发达的国家，如美、法、泰等国，旅游购物收入占到了旅游总收入的50%～60%，而德、日、新加坡等国更甚，占60%以上。毫不夸张地说，旅游商品的发展状况，业已成为衡量一个国家和地区旅游业成熟与否的重要标志。法国的巴黎香水和LV箱包、荷兰奶酪乳制品和传统手工木屐纪念品、瑞士的手表和军刀等等，这些闻名于世的旅游商品，浓缩着当地的传统文化、民族特色和风土人情，不仅满足游客的购物需求，更成为传播旅游地形象不可替代的代言人。比之旅游购物收入在世界发达国家的高百分比，形成明显对比的便是景区门票收入，放眼看世界，日本多数景区不收门票，就连大名鼎鼎的富士山也没门票一说，而举世闻名的法国卢浮宫，一张普通门票也不到10欧元，哪里还只靠收取门票来“养家糊口”？这种免费或象征性的收费制度，究其原因，其实是经营理念的转变及产业结构的合理调整的结果。在美国、日本等国家，旅游更多的是考虑其社会福利、教育等相功能，并不强调收取门票获益，例如美国黄石公园，它便旨在让一代代人平等地享有那些资源。而在此背后，去掉发达国家高度完善的社会福利等社会化因素之外，较为合理的产业结构也为其添彩着色，高度发达的旅游商品市场弥补了旅游地的福利化开支及景区维护费用，同时又牵一动万，促进了相关产业的发展，完善了旅游产业链。如高度繁荣的旅游商品市场，加之旅游传统的三驾马车，即“食、住、行”，四轮驱动，构筑了国外及香港地区优越的旅游产业结构，才使国外旅游市场繁盛不衰，从而促进旅游产业的整体发展。唯有旅游产业结构更加合理，有效整合各种旅游要素，使其相互补充、相互促进、相互协调，才能达到速度、质量和效益的统一，才能达到整体大于部分之和，才能真正促使我国旅游产业实现质的飞跃。当务之需便是如何有效挖掘我国旅游购物市场，促进旅游商品尽快走上产业化、规模化、品牌化的道路。

然而，自改革开放以来，我国旅游商品市场虽然逐步发展，但近些年来旅游商品购物占旅游消费的份额始终徘徊在20%左右，相比发达国家

50% ~ 60% 的比重，只能望尘莫及。究其原因，是思想的束缚，长期以来，我国旅游发展只顾吸引游客，增加旅游人次，却忽视了如何深入挖掘提升单位人次的消费额度，即横有宽度、纵无深度。而在旅游商品的创新、研发中，思路也过于狭隘，长期徘徊在土特产、工艺品等方面，而忽视的旅游的特性，即“无事不可做旅游，无物不可做商品”，旅游是以放松身心、增长见识、舒适自我的一个过程，旅游购物作为旅游过程的一个环节，作为放松减压的一种方式，它并不拘于形貌。这一点从近些年来一些大型购物基地、商品城、购物街等逐渐成为人们旅游目的地便可见一斑，如海宁皮革城、杭州四季青等等。其次，各地景区旅游商品缺乏精准的市场细分及定位，这从一定程度上导致了旅游商品的千篇一律，严重的雷同化埋没了旅游商品所应具有的地方特色文化。再次，鉴于我国旅游购物市场的起步晚、发展的急功近利，旅游商品质量、服务、价格的诚信问题一直是国内游客关注的焦点，这便增加了购买顾虑、限制了人们的购买欲望。基于此，旅游商品走品牌化的道路已赫然眼前、迫在眉睫，加强旅游商品开发重要性的认识，拓宽旅游商品的开发思维，以市场的眼光来推动旅游商品的革新，加快旅游商品的品牌化步伐，打造一批国内甚至是国际知名的优秀旅游商品品牌是当务之需，也是今后旅游产业发展的重点。

3.3.1.1 变“旅游产品营销”为“旅游目的地营销”

当前，旅游营销由单纯的产品营销发展到区域目的地整体营销已成趋势，这是中国旅游业发展的必然。与大多数国家从国内旅游到国际旅游的常态发展轨迹不同，中国旅游业是先有国际入境旅游，期后国内游和出境游才蓬勃发展起来，旅游业的发展也逐步由接待事业型向经济产业型转变。与此相应，中国的旅游产品必然有一个从景区、宾馆等简单的旅游设施到旅游带、旅游区域的建设发展过程，这使旅游营销从 20 年前行业层次人景区、宾馆独闯天下，发展到今天由政府组织、各相关行业、相关部门分工合作的目的地整体营销。中国的旅游目的地营销既是旅游经济发展到一定程度的产物，也是旅游市场竞争的必然结果。在中国旅游业跨越式发展的今大，旅游的竞争就是目的地之间的竞争。

3.3.1.2 变“孤军作战”为“整体出击”

所谓“整体出击”，就是由以前单个旅行社的营销宣传发展到旅行社联盟的整体宣传，由单一的旅游产品营销发展为旅游目的地的整合营销。这不仅包括旅游相关机构、旅游企业、潜在旅游者或社会公众，包括旅游目的地的吃、住、行、游、购、娱，而且还包括旅游者的感官、情感、思考、行动和关联等方面。把这一系列因素作为营销的整体。未来的旅游市场营销，不再是以单个旅游企业或旅行社进行宣传促销，而是以旅游目的地的旅游景区。

3.3.1.3　充分利用现代信息技术

信息技术已经深入到旅游营销领域，并越来越显示出其强大的影响力。信息技术使旅游市场主动权逐渐转移到消费者手中，旅游者对目的地及产品的影响力更加直接有效。因此，充分利用信息技术使旅游者参与到旅游目的地及旅游产品营销中来，充分调动旅游者的积极性，使旅游市场营销活动起到事半功倍的效果。网络营销是旅游市场营销充分利用信息技术营造强势品牌的有效手段。在互联网营销中，诸多要素如：品牌、渠道、促销等要素都会在互联网营销中体现，而互联网营销更为营销各要素带来新的形式与内容。我们可以看到，利用互联网，企业可以有效地降低产品成本：企业可以廉价的成本寻得最好的供应商和最低的供货价格，以价格最低的原料制造产品，降低了产品成本；同时互联网还能有效节约顾客成本：网络商城的空间可以无限扩张，里面可以陈列无限多的商品，消费者在网上可以很低的成本搜寻产品信息，并订货；网上销售，顾客只是下订单，商品的送交由卖方或物流公司承担，节约了顾客的精力和体力、时间成本。如充分利用网络游戏开展旅游目的地营销。网络游戏互动性强，时空约束小，费用不高，拥有无穷的创造性与极强的黏性，利用这些特性，完全可以把网络游戏融入旅游目的地市场营销的全过程，实现虚拟产品与现实产品相结合，电子商务与网络游戏相结合，在游客、成本、方便和传播等方面充分发挥网络游戏的作用，实现旅游目的地市场营销整个流程的再造。通过网络游戏中虚拟的旅游吸引物、交通工具、住宿设施、导游服务等要素的电子商务化，潜在游客可以纯粹玩游戏，也可以利用搭建在电子商务平台上的网络游戏安排旅游的一切事务（订票、交通、住宿、导游、饮食等）。只要潜在游客愿意，他随时可以把这些虚拟的东西变成活生生的现实。

3.3.1.4　品牌整合营销

在经济全球化时代的今天，经济的竞争就是品牌的竞争。现代旅游产业的竞争同样也是旅游品牌的竞争。在现代营销理念当中品牌可以说是营销的核心和灵魂，品牌作为吸引消费者购买的重要因素之一，应该全面简洁地向消费者传递本身所代表的独特形象和旅游产品吸引力。品牌是产品和服务与消费者各种关系的总和。它既是某种标志、符号又是消费者消费某种产品的体验和感受。每个品牌的背后都有一种产品和服务支撑品牌的形象和理念，但同时品牌又必须超越这种产品或服务而相对独立存在。品牌整合营销在国际上有许多成功先例。我国香港每过几年就推出一个主题，成功地吸引了大量旅游者。旅游是一种预消费产品，消费者不能像传统型的消费活动一样可以直观地挑选商品并在付款后形成快速消费。因此购买过程中旅游产品的品牌对消费者购买决策的影响显得尤为重要。在当今激烈的旅游市场竞争中，形象塑造已成为旅游地占领市场制高点的关键。旅游产品的不可移动性决定了旅游产品要靠形象的传播，使其为潜在旅游者所认知，从而产生旅游动机，并最终实现出游计划。旅游企业之间的联手出击，并逐步走向区域大联合的营销方式，这就变“孤军作战”为“整体出击”的现代营销方式。

3.3.1.5 国内旅游需求

早在 2001 年，中国社会调查事务所（SSIC）就针对国内旅游者对旅游商品的需求做了专项问卷调查。其后，许多研究机构都从数据、内容和产业化的视角来做统计和策略分析，并得出了相对一致的结论。

一是地域特色商品较受欢迎。在影响旅游商品购买的诸多因素中，起决定作用的因素按重要程度的降序排列：特色、价格、品牌、外观。调查结果显示，影响消费者购买旅游商品最重要的条件是该商品具有特色。

二是旅游商品需要合理的价位。旅游商品属于较难定价的商品，因地区限制和商品工艺属性的不同导致很多商品难以合理定价。尤其在销售终端，价格更是不尽相同。对于难定价的稀缺商品，市场要配置专家进行估价；普通旅游商品政府指定合理的指导价格浮动区间；对价格欺诈行为加强监管和惩处；合理错位经营，防止价格竞争引起的市场秩序混乱；加强商家价格的自我约束力和诚信意识，打造货真价实的金字招牌；建立适当的定价机制和行业法规政策。切实保障消费者利益。

三是旅游商品需要质量保证。质量不高一直是困扰旅游商品提升档次的一大因素。一般旅游市场的旅游商品价格不高，但旅游工艺品和高端纪念品商品性价比进一步提高才能满足消费者购买意愿。目前旅游商品市场上，产品质量良莠不齐，价格等级悬殊，缺乏价格控制机制的有效约束。在一些商业街游商兜售质量低廉、缺乏文化内涵和假冒伪劣商品充斥的旅游商品，不仅不能引起游客的购买欲望，而且还对游客的观光游览造成干扰，严重损害了旅游目的地形象。还有一些像古玩字画之类的商品真赝难辨，不少游客并没有丰富的鉴别真伪能力，容易上当受骗。购买的旅游商品自己用或者馈赠亲友，如出现质量问题，令人扫兴，也易伤害亲友之间的情感；如果旅游商品非本地购买，一旦出现质量问题则投诉无望；质量差的旅游商品，难以作为馈赠亲友的礼品，也缺乏纪念意义，直接影响购买欲。

另外，旅游产品在创意性、纪念性、实用性和工艺性方面仍有所欠缺，有待进一步创新，一些传统的特色产品因后备人才不足，正面临手艺失传的危险。

（1）对商品本身的需求方面。一是旅游者购买的主要用途是“留作纪念”或者“馈赠亲友”。这表明旅游商品的消费具有很强的情感性特征，在购买现场将更多地表现为旅游者的冲动性购买。二是旅游者最看重商品是否有“特色”。这表明地方特色是旅游商品和一般商品最大的区别，尤其是对旅游商品、旅游工艺品和土特产品而言。

（2）商品成本的认识方面。大多数旅游者更能接受中低档价位，认为旅游商品需要一个合理的价位，同时也希望商品能有“参考价格”。

（3）获取商品的便利性方面。从空间上看，旅游者喜欢在室内百货公司、大型购物中心等地点购买旅游商品。这些购物地点的共同特征是，商品种类较多、具有参考价格、拥有较好的购物氛围、具有一定的配套服务等。

（4）与旅游商品企业的沟通方面。一是多数旅游者喜欢“超市选购”的购买方式，这表明旅游者具有一定自主性的购买方式。二是团队旅游者主要通过导游来获得商品的信息。

3.3.2　旅游商品营销策略分析

3.3.2.1　营销策略难以创新

4P、4C、4R、4S 营销概念及应用案例

4P：以产品销售为导向（企业的视角）

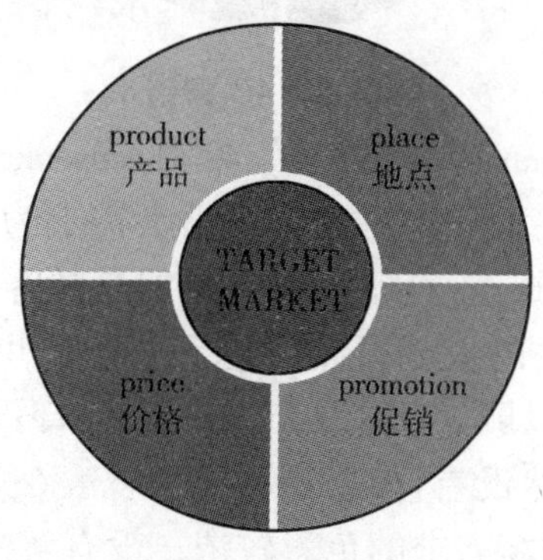

图 3–1　4P 营销

4P 是指产品 product、价格 price、地点 place、促销 promotion（图 3–1）。优点：直观性、可操作性和易控制性是其最大的优点。4P 包含了企业营销所运用的每一个方面，它可以清楚直观地解析企业的营销过程，而且紧密联系产品，从产品的生产加工一直到交换消费，能完整的体现商品交易的整个环节，对于企业而言，容易掌握与监控，哪个环节出现了问题，都容易及时诊断与纠正。缺点：它是以企业为中心的，以追求利润最大化为原则，这势必会产生企业与顾客之间的矛盾，4P 不从顾客的需求出发，其成本加利润法则往往不被消费者所动，企业也不考虑消费者的利益，只是采用各种手段让消费者了解他的产品，从而有机会购买其产品。而不是注意消费者的引导思想。

案例：宜家给自己的产品定位是“提供种类繁多、美观实用、老百姓买得起的家居用品”。宜家在追求产品美观实用的基础上要保持低价格，宜家低价格策略贯穿于从产品设计到（造型、选材等）、OEM 厂商的选择管理、物流设计、卖场管理的整个流程。宜家的渠道策略表现在宜家卖场的成功上，如今，宜家已不仅是一个家具品牌，也是一个家具卖场品牌。

4C：满足消费者需求导向（消费者视角）

图 3–2　4C 营销

4C 是指消费者 consumer、成本 cost、便利 convenience、沟通 communication（图 3–2）。优点：4C 营销策略注重以消费者需求为导向，克服了 4P 策略只从企业考虑的局限。缺点：第一，它立足的是顾客导向而不是竞争导向，而在市场竞争中，要去的成功既要考虑到客户，也要考虑到竞争对手。另外，4C 策略在强调以顾客需求为导向的时候却没有结合企业的实际情况。第二，4C 策略仍然没有体现既赢得客户，又长期地拥有客户的关系营销思想，被动适应顾客需求的色彩较浓，没有解决满足顾客需求的操作性问题。

案例：宝洁以消费者愿意付出的成本为定价原则。宝洁最初打入中国市场时是以高品质、高价位的品牌形象进入的，虽然当时中国消费者的收入并不高，但宝洁仍将自己的产品定在高价上，价格是国内品牌的3到5倍，但要比进口品牌便宜1到2元。而这正切中了我国消费者崇尚名牌的购买心理，消费者愿意以较高的价格购买其产品，这使宝洁拥有着强大的竞争力，得以在洗发水用品市场上的众多品牌中脱颖而出。而现阶段，宝洁继续保持其高品质，而价格却更为大众化。

4R：以竞争为导向（消费者视角）

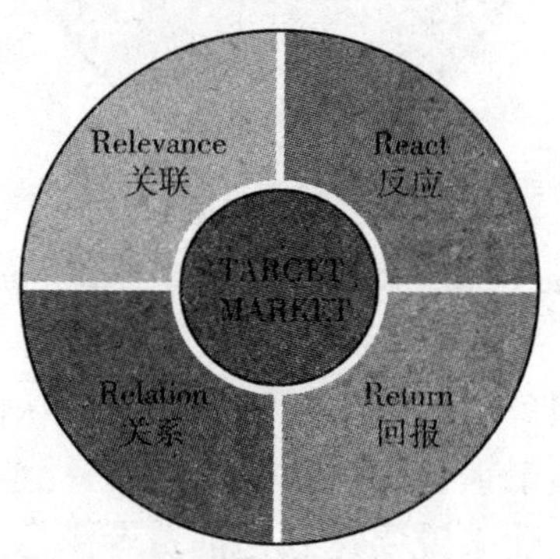

图 3-3　4R 营销

4R 是指与顾客建立关联 Relevance、反应 React、关系 Relation、回报 Return（图 3-3）。优点：4R 营销策略的最大特点是以竞争为导向，弥补了 4C 策略的不足，主动地创造需求，运用优化和系统的思想去整合营销，通过关联、关系、反应等形式与客户形成独特的关系，把企业与客户联系在一起，形成竞争优势。其追求回报，企业必然实施低成本战略，充分考虑顾客愿意付出的成本，实现成本的最小化，并在此基础上获得更多的市场份额，形成规模效益。这样，企业为顾客提供价值和追求回报相辅相成，相互促进，客观上达到的是一种双赢的效果。缺点：它要求同顾客建立关联，需要实力基础或某些特殊条件，并不是所有的企业可以轻易做到的。

案例：ZARA：一流的形象，二流的产品，三流的价格，是 ZARA 与顾客建立稳定需求关系的前提和基础；缩短前导时间是服装业的制胜法宝之一，ZARA 不只是卖服装，它卖给顾客的是对流行时尚的承诺，是对顾客追求时尚的责任承担，ZARA 依靠独特的“高速、少量、多款”销售策略与顾客建立起了稳定而良好的关系；ZARA 几乎不做广告宣传，它的广告成本仅占其销售额的 0~0.3%，而行业平均水平则是 3.5%，ZARA 公司

16.2% 的利润率远远高于美国第一大服装零售商 Gap 公司的 10.9%。

4S：消费者占有导向（消费者视角）

图 3–4　4S 营销

4S 是指满意 satisfaction、服务 service、速度 speed、诚意 sincerity（图 3–4）。优点：建立起一种“消费者占有”的导向，要求企业针对消费者的满意程度对产品、服务、品牌不断进行改进，从而达到企业服务品质最优化，使消费者满意度最大化，进而使消费者达到对企业产品产生一种忠诚。缺点：对于一个企业来说要达到是消费者满意，并且树立起企业的独特品牌却有相当大的难度。这不仅关系到企业的决策层，更关系到企业上上下下的每一个员工的态度，更要求要树立起一定的企业文化，这才能达到对于顾客的服务最好最精，才能使得顾客达到满意，对于企业的品牌产生认可。

案例：宝洁做到了尽一切可能了解消费者需求，使顾客满意。早在 1924 年就成立了消费者研究机构，成为在美国工业率先运用科学分析方法了解消费者需求的公司之一。此外，为了了解企业与顾客的关联程度，宝洁公司每年运用多种市场调研工具盒技术，如消费者座谈会、接收消费者信件、跟踪调查系统等与全球超过 700 万消费者进行交流，及时捕捉消费者的一间，同时发现并了解他们的需求。宝洁一直立足为消费者提供方便，建立了包括公司网站与产品网站在内的完善的网站体系，将其作为信息发布、品牌推广、服务支持的平台，目前用户还可以通过网络实名快速到宝洁的产品网站了解所需要的信息。达到为顾客提供最便利的服务，起初，宝洁雇了“现场调查员”进行逐门逐户的访问，向消费者了解他们对于宝洁产品的各种意见，并且这种方法一直沿用至今。另外，宝洁公司还是世界上最早采用免费电话与消费者沟通的公司之一，宝洁公司建立了庞大的数据库，把用户意见及时反馈给产品开发部，以求产品的改进。迄今为止，宝洁公司每年用多种工具和技术与全世界超过 700 万消费者进行了交流。

营销是变通的，核心是不变的：满足需求和欲望，愉快交换价值！

3.3.2.2　设计营销价值不明

目前我国以中小型为主的旅游商品生产制造企业，大多数会在企业内部设立旅游商品设计部门，但一般采取来单定制的生产方式。对于旅游商品设计的出发点更多的是从工艺，材料，成本以及产品构造是否满足批量化生产的要求出发的，对旅游商品设计的艺术性与创意性考虑较少。因此很难满足旅游者对旅游商品的审美需求。对于此，设计的介入必须以消费者的购买动机和购买心理为焦点，进行综合的设计探索。首先比较受重视的应是罗森伯格（Rosenberg）和霍夫兰德（Hovland）的社会态度行为模式改变而来的消费者行为模式“刺激—反应”模式。它指出旅游者通常接受外界刺激后，无论是从有购物需求到购买使用，还是从无购物需求到实际购买，其结果都是经历了“刺激—反应”这一复杂的行为过程。“刺激”可分为内因刺激与外因刺激。内因刺激包括：自身生理及心理需求刺激。外因刺激包括：卖场环境刺激，旅游商品本身形态刺激。因此旅游者的购物行为可以是由“内因刺激”的需要，自愿购买的；也可以是被“外因刺激”所影响，被诱导购买的。而对于民族民间旅游产品来说，消费者首先是被文化所吸引，其次才会产生购买动机，其消费心理不是一次性的决定，是留住此刻体验与长久的记忆。

3.3.3　系统化营销思维缺失

对旅游商品营销渠道的研究，主要着眼于旅游商品生产企业角度，从生产企业与各渠道成员的关系中存在的问题出发，对旅游商品营销渠道的直接渠道、短渠道、长渠道、电子网络销售渠道 4 种模式进行比较研究，对旅游商品生产企业在进行营销渠道构建时有一定的借鉴意义。

现在各省区市都在推动品牌建设，旅游部门也在推出旅游必购商品。如何让品牌建设落地，如何让旅游必购商品名副其实，除了需要产品自身质量优良外，还需要进行宣传。因为现在商品种类繁多，竞争激烈，酒香也怕巷子深，只有知名度和美誉度共同具备了，才能打出真正的品牌。

如何宣传旅游必购商品？以前，人们采取的方式是利用报纸、广播、电视、杂志四大类传统媒体。但是，传统媒体面临着越来越多的局限，除了宣传成本外，地域限制、覆盖范围和读者的有限性等都是让客户头疼的问题。过去一篇文章在报纸上发表后，这家报纸的读者在出刊当天可以读到，如果被其他纸媒转载，这些纸媒的读者则需要在几天后甚至更长时间里才可以读到，时效性很差。又由于报纸发行数量的限制，读者人数也不会太多。

近年来，在新技术的支撑下，数字杂志、数字报、数字广播、数字电视、数字电影、手机短信、手机微信、网络、桌面视窗、触摸媒体等新媒体的发展势不可当。据工信部统计，2014年1月底，中国移动通信用户达12.35亿，其中4.19亿为3G用户，8.38亿为移动互联网接入用户。2013年上半年我国微信用户超过4亿。手机短信、微信的传播方式属于现代口碑传播，口碑传播的控制力是市场中最强大的，俗称三人成虎。正面的口碑传播是基于对服务或产品的信任。传统的口碑传播方式受传播工具的限制，传播的速度慢，受众的规模也较小。而基于新通信工具——移动互联的现代口碑传播，则具备时效性强、传播速度快、覆盖范围较广的特点。新媒体是所有人对所有人的传播，品牌推广、旅游推广、旅游商品推广等非常需要这种基于朋友间信任的现代口碑传播方式，并全面有效地利用它们。旅游商品之所以是旅游商品，关键是被游客购买。如何让游客知道各地的商品有哪些，在哪里可以买到这些商品，新媒体给大家提供了工具和机会。大多数旅游商品包含了文化性，商品的文化性在什么时候，用什么方式，如何表达，如何才能获得游客的信任，都需要一套量身定制的宣传方式。现在运用新媒体作为传播工具的商品越来越多，可谓一波未平一波又起，要想不被各类宣传的浪潮打压，不被受众忘记，还得有阶段有规划地进行宣传策划，给受众带来持续性的刺激。当然，事物都有两面性。运用好了新媒体，新媒体就能迅速地给商品带来知名度，但如果出现大量负面消息，新媒体也会以同样速度传播。最后到底是美名远播还是臭名昭著，则更多取决于商品本身的质量以及营销者的服务了。

第 4 章　国内外旅游商品营销模式及策略

4.1　国外旅游商品营销模式及策略

世界发达国家乡村旅游发展已有 100 多年的历史，积累了丰富的发展经验。中国乡村旅游起步晚、起点低，与发达国家乡村旅游仍有很大的差距。综合分析国外乡村旅游发展的成功经验，将有利于促进我国乡村旅游可持续发展。

4.1.1　乡村旅游概述

4.1.1.1　完善旅游支撑体系

完善的旅游支撑体系是乡村旅游健康发展的基础保障条件。借鉴国外乡村旅游的成功经验，乡村旅游支撑体系应重点建设法律保障体系、政策扶持机制。首先，政府部门应健全和完善涉及乡村旅游的法律法规框架。当前，中国应重点出台涉及农村土地流转、乡村旅游标准与规范、旅游开发与资源保护、投资权益保护等法律法规，以规范乡村旅游市场秩序和经营管理行为。其次，政府应从宏观调控的角度建立长效的乡村旅游政策扶持机制。政府旅游主管部门应协同其他相关部门对乡村旅游项目在投资、审批、税收、土地、贷款、融资等方面给予更多的优惠政策，以形成鼓励乡村旅游发展的政策环境。

4.1.1.2　挖掘乡村文化内涵

乡村旅游凭借原真的乡村文化以满足旅游者的“故乡情结”“回归自然”“文化寻根”“猎奇心理”等旅游需求。原始、真实的乡村文化是乡村旅游吸引力的源泉，是吸引游客的核心旅游资源。悠久的乡村发展历史积淀了多姿多彩、独具特色的乡土文化，包括传统的历史文化、独特的农耕文化、特色的民俗文化、纯朴的民风文化、宁静的田园文化等。因此，深度挖掘乡村旅游的文化内涵是乡村旅游可持续发展的关键。乡村旅游文化应根植于乡村的人脉、地脉、文脉，与乡村的自然、人文、历史相吻合。在建筑形式、设施设备方面，可以设计蕴含乡村文化寓意的环境造型，从感官上激发游客的文化共鸣。例如按照“小桥流水人家”的意境设计茅屋、湖泊、小船、渔翁等元素；仿古牌坊、农家小院、古式家具等都能勾起顾客无限的文化遐想。在餐饮产品方面，可以用乡村独有的原料或烹制方法制作具有浓厚乡土特色的餐饮产品，给顾客以乡村饮食体验。在游乐项目方面，可以开发文化体验活动，例如农耕体验、节庆体验、竞技参与、民俗体验等，让游客在旅游过程中去体验、参与，从而更深层次地了解乡村文化的独特魅力。

4.1.1.3 创新乡村旅游产品

不断创新是乡村旅游永葆市场活力的关键。乡村旅游产品创新可以从产品形式创新、产品类型创新、产品功能创新等方面入手。乡村旅游产品形式创新包括创新表现方式、创新体验产品等手段。例如对环境的艺术性装饰、装潢，运用高科技包装乡村旅游产品等，以达到在形式上给旅游者新奇的体验；设计旅游者参与制作工艺纪念品的活动，既给人全新的劳动体验，又避免了旅游商品千人一面的状况；有饮食特色的乡村可以开辟现摘、现学、现做的烹调体验项目。乡村产品类型创新是依托乡村旅游资源禀赋，根据旅游市场需求变化，有针对性地开发特色乡村旅游产品。成功的案例有西班牙的城堡乡村饭店、新加坡的农业科技公园。乡村旅游产品功能创新是根据旅游者需求层次的不同，有针对性地开发乡村旅游产品的休闲娱乐功能、医疗保健功能和学习发展功能，满足游客的娱乐需求、交际需求、自我发展需求等。例如高科技农业园区开发“开心农场”项目，提供观光游览、农业生产体验（农业耕种、采摘等）、农副产品加工、工艺纪念品制作等一条龙服务，既给游客以全方位的农业体验，又可以延长游客的停留时间，刺激旅游消费。

4.1.1.4 实施多元旅游营销

乡村旅游目的地应创新多元化营销方式，以广泛开拓旅游市场。一是运用传统营销方式提高乡村旅游目的地的市场知名度。乡村旅游目的地应在主要客源地的电视广播、旅游杂志、宣传册、海报、户外广告等传统营销媒介上开展旅游宣传，以高密度、全方位、多层次的营销宣传扩大乡村旅游的市场影响力。二是创新网络营销、微博营销、手机营销、影视营销等新型营销方式。尤其应加强乡村旅游网站建设。地方旅游局、旅游协会应创建具有较大知名度和影响力的乡村旅游网站。网站不仅要有丰富的乡村旅游资源、旅游产品、旅游线路、旅游企业介绍，而且还要有即时信息查询、预订、互动交流等功能。在知名网站上建立乡村旅游网站的链接，提升网站的点击率，扩大宣传覆盖面。三是创新节庆营销。乡村旅游目的地通过深度挖掘自然资源、传统文化、乡风民俗等文化内涵，策划特色主题节庆营销活动，展示乡村旅游地的品牌形象。

纵观发达国家乡村旅游发展历程，综合归纳其成功经验主要有以下几个方面：一是制定详细而完备的乡村旅游法律、法规，为促进乡村旅游可持续发展奠定法律基础；二是出台优惠性的产业扶持政策，为扶持乡村旅游快速发展提供政策保障；三是创新丰富多样的乡村旅游产品，乡村旅游产品凸显体验性、互动性、文化性、特色性、科技化等特征；四是实施社区为主导的乡村旅游开发模式，以保障当地居民的利益；五是创新乡村旅游多元化营销方式，以广泛开拓旅游市场。目前，中国乡村旅游发展虽初具规模，但是与旅游发达国家横向比较仍相对落后。学习借鉴发达国家乡村旅游发展的成功经验，我国乡村旅游发展应主要从以下几个方面入手。

第一，创新乡村旅游管理机制。一方面创新适应“大旅游、大产业、大市场”要求的管理体制，成立乡村旅游综合管理委员会；建立有效的部门联席会议制度，将与旅游业密切相关的行政部门联合起来，构建综合产业协调机制，其管理权限扩大至“食、住、行、游、购、娱”等行业；另一方面，起草、制定完备的乡村旅游法律、法规，出台税费、土地利用、金融信贷、财政补助等优惠扶持政策，以促进乡村旅游又好又快发展。

第二，创新乡村旅游产品特色。优化调整乡村旅游产品结构，深入开发农业体验、游览观光、休闲度假、民俗风情、特色农业和专题旅游等多元乡村旅游产品体系；提升乡村旅游产品品质，建设高品位、高档次、具有国际影响力的乡村旅游精品。

第三，创新乡村旅游经营形式。乡村旅游开发应根据当地实际情况选择最合适的经营形式，在保障乡村社区居民利益的前提下实现多方共赢。在乡村旅游欠发达地区，需要由政府主导乡村旅游跨越式发展，选择政府投资开发经营模式、“政府＋公司”经营模式、“政府＋公司＋社区”经营模式、“政府＋社区＋农户”经营模式等开发乡村旅游；在乡村旅游较发达地区，乡村旅游发展以市场调节为主、行政调节为辅，实行“公司＋农户”经营模式、“股份合作制企业＋社区＋农户”经营模式、“村集体经济体＋农户”经营模式、“农户＋农户”企业独立开发等经营模式。

第四，创新乡村旅游多元化营销方式。一方面应加大在电视广播、旅游杂志、旅游展会、户外广告等传统营销媒介上的广告宣传，另一方面创新网络营销、微博营销、影视营销、事件营销、节庆营销等新型营销方式。

4.1.2 国外乡村旅游商品开发案例

（1）乡村旅游商品通过多种渠道传递给旅游者，大大增加了其销售数量——以英格兰为例。

在英格兰，他们的营销渠道策略有助于提高本国的乡村旅游商品消费。游客可以在中心大街商店、传统礼品店和独立精品屋里享受一流的购物体验，而对时尚敏感的购物者可以直奔市郊新建的名牌折扣卖场。乡村旅游商品通过多种渠道传递给旅游者，大大增加了销售数量。

（2）商品及其销售均具特色——以法国为例

法国的乡村旅游，不得不提葡萄酒、烤面包、黄油、牛奶、鸡蛋，这些都是他们极具特色的乡村旅游商品。游客通过参观农村的葡萄园和酿酒作坊，参与酿造葡萄酒的全过程，了解酿酒的工艺，学到品尝美酒的学问和配酒菜的知识，仅就购买葡萄酒这一项，就为当地的乡村旅游商品消费加足了筹码。

（3）特色美食的新鲜组合与另类创意大受消费者欢迎——以瑞士为例

瑞士主要的乡村旅游商品同样是特色美食，但通过营造就餐环境与食物本身相协调、统一的做法来赢得消费者。例如手工制作、香草装饰，带给旅游者别样的意境。番茄肉酱手工香草面疙瘩是瑞士乡村的独家料理，将中国北方常规面食面疙瘩掺入马铃薯，以意大利面手法料理上桌，借助面疙瘩的咬劲，为洋味十足的意大利面创造出前所未有的新口感，这种新鲜组合与另类创意当然大受消费者欢迎。

（4）协会、网络助推乡村旅游商品

在发达国家，乡村旅游的市场推广工作更多的是依靠协会来进行。其乡村旅游协会的主要宗旨之一就是为乡村旅游进行宣传、促销，乡村旅游商品也是他们极力推广的内容。

从市场推广媒介来看，现在乡村旅游的宣传主要是通过互联网来进行的。国外的网站建设比较成熟，旅游者能一目了然地在其网站获得各种相关信息。

（5）借助活动、打造品牌、推出乡村旅游商品——以美国为例

美国的威斯康星州以世界的“汉堡之乡”著称，并且人们于1998年在该州烹制出了重达2.5吨的汉堡包，同时记入了吉尼斯世界纪录，从此

在该州每年都举行享誉全球的“汉堡盛宴”，吸引了大量的旅游者。现在越来越多的地区已经开始依赖于由于年度节日所带来的品牌效益，而这也成为了众多地区宣传旅游特色、吸引游客的有力工具。

看来我国各种民俗节日的作用尚未发挥到极致。试想我们的赛龙舟这项民间活动，是否也可以将手工雕刻的龙舟模型，作为乡村旅游商品推向世界？倘若如此，无论是对这项活动本身，还是由此引发的乡村旅游商品消费热潮，势必都将具有品牌效益。

（6）推出观光旅游农场的计划，农产品在农场直接商品化，为传统农场的经营开辟了创新之道——以法国为例

法国农会推出的观光旅游农场的计划，将农场分为九类，其中的点心农场和农产品农场以生产和销售乡村旅游商品为主营。

①点心农场（Goute à la Ferme）。“点心农场”的经营时间一般为下午 3 ~ 6 点之间（部分农场的开放时间可以为早上到中午 12 点时段），只允许提供农场自产的点心，不能卖正餐，也不能在正餐时间将点心当作正餐来卖。“点心农场”的活动目的是为了提高农场产品的价值，所以制作点心的主要材料必须出自当地农场，但是副材料不在此限（面粉、糖等），同时也禁止农场提供工业化制造的饮料及汽水。在规定条例中，对农场外部环境、内部厅室与卫生设备、点心制作及陈列外观、农民的接待态度、自营农场的旅游活动设计等都有详细的规定。

②农产品农场（Produits de la Ferme）。持有“农产品农场”的农业生产者，可同时生产农产品并经营公司进行营销，这与其他类型的农场规定有着本质的差别。但是申请“农产品农场”的生产者所生产农产品的主要原料必须以本身农场养殖的动、植物为主，副材料可以来自农场以外的产区，例如农场生产肉酱（猪肉、兔肉、野兔肉、野猪肉），这些都必须是农场自身饲养的动物，或是农场中生长的野生动物。其生产加工程序必须在农场内部进行。

为了保证这些农产品不是经过大规模工业化生产的产品，农场必须向农业及旅游接续服务处提交“技术表”，技术表中限制某些农产品可以在农场以外加工的操作次数及数量，其余都必须遵守在农场生产的原则。在技术表的准则中特别规定：动物饲养的时间、情况及动物饲料的来源与种类；农作物卫生的处理、农作物生产的改良。除了在技术表中的说明以外，在农产品的外部包装上也必须标示清楚材料的来源及制作方式，证明该产品不是经过工业化生产所得，违者即取消农场资格。

在农场将农副产品商品化，可直接提升农场竞争力，间接控制农场产

品质量，增加农民收入，有利于经济发展。

（7）畜牧业的体验产品经营，增加乡村旅游产品的附加值——以日本为例

在日本的北海道，其农业、畜牧业发达，他们开展挤牛奶、挖土豆、剪羊毛等产业体验活动，以提高农畜产品的附加值。

（8）乡村旅游劳作的亲身经历与其乡村旅游商品的销售相融合——以韩国为例

在韩国的 Gwangyang Dosunguksa 村，人们注重将乡村旅游劳作的亲身经历与乡村旅游商品的销售相融合。春季：采摘野生绿茶、庆祝收获茶叶的仪式，采摘山药和李子制作木水和豆浆。夏季：采摘韩国李子，精心雕刻李子核。秋季：采摘栗子和柿子，编草帽、做米糕托。冬季：炒栗子，生火，家里做的（本国制的）tofu。

Chulwon Odaemi 村是最早的大米的故乡，游客可以亲手种植水稻，放生蜗牛、收割、打谷，制作当地特色米糕。

4.1.3 韩国旅游商品的文化策略

当代旅游业已成为世界上发展势头最为强劲和最大的产业，旅游发展之快，产业带动力之强，使许多国家和地区都把旅游业作为经济发展的重点产业。随着旅游业在经济领域中地位不断提升，它对社会文化发展的需求和依赖越来越明显。旅游行为的综合性、时间空间的延展性、景观意态的趣味性、旅游内容的丰富性，以及满足游客文化需求多样化的客观规定性，促使旅游业必须具有适合自身发展需求的文化形态，这就是旅游文化。韩国是个文化多元又统一的国家，在旅游产业战略上，随着韩流文化在世界范围的传播，进入 90 年代，国际旅游业伴随着经济中心的转移，在亚太地区掀起热潮。韩国在亚洲是旅游比较发达的国家之一，从 60 年代开始，大力发展旅游业，经过短短几十年的发展，旅游业已成为韩国国民经济的支柱产业，韩国旅游业之所以可以取得如此快速和骄人的成绩，除了政府给了大力的支持政策以外，还有其制订了正确的营销策战略——整体营销策略。

韩国在主要客源国的日本、中国的各大城市不定期地开展主题影视旅游宣传活动以吸引旅游者。巧打“名人牌”，聘请有很好知名度的影视明星参加海外旅游营销活动，利用名人的知名度来吸引旅游者。甚至在一些路线中，开出特惠。例如在婚纱摄影游，济州岛的体验游中，中国游客可以免签证入境，如同中国内城市间的轻松航空旅程在营销战略中，注重体

验，更加人性化，旅游的宣传片和网站等充满着时代的气息，很年轻化，更加针对了有消费能力和消费欲望的年轻人群体。而对于扩散市场的美洲市场来说韩国则更多利用了文化的差异性韩国对于欧美市场的宣传融入了更多的亚洲特色，选择了更多的宫殿楼宇、文化博物馆等作为营销点。也针对欧美游客感兴趣的极限运动纳入营销宣传中。

外国游客在韩国喜欢购买的旅游商品越来越多样化，20 世纪 60 年代主要购买人参、陶瓷、漆器、手工艺品、木工艺品等传统工艺品。70 年代，除了基本的传统工艺品之外，紫水晶、玩具、服装等商品引人注目。进入 80 年代，除了传统土特产之外，金银首饰、宝石、食品及其他日用品等都成为外国人购买的对象，到 90 年代，服装、泡菜、食品的位置急剧上升。除了人参之外，其他传统工艺品的位置都已经在 10 位之外。过去，外国人主要在机场免税店和旅游商品店购买商品。后来随着 1978 年的 PATA 大会和 1983 年 ASTA 大会在汉城召开，黎泰院、仁寺洞古董店、南大门市场等开始被世人广为了解，成为外国人在韩旅游中必去的一个购物场所。因为在那里，他们可以体验一种只有在韩国才能体验到的独特的购物经历。

韩国不像中国拥有丰富的自然、人文旅游资源，无论是资源总量还是质量都难以胜过中国。面对这种局面，韩国在发展旅游业的时候逐渐把重点放在旅游购物上，以其丰富的购物旅游资源吸引国内外游客，以弥补其他旅游资源的不足，提高它的世界知名度。韩国在发展旅游购物方面较为明显的特点是政府及民间团体的积极参与，可以说他们对旅游购物的重视和支持对其发展起着非常重要的作用。

（1）政府支持旅游商品设计

韩国文化观光部为了振兴旅游商品，从 1998 年起举办全国旅游商品设计大赛，第一届参赛项目是以民艺品、工艺品为中心。1999 年第二届开始参赛领域扩大为两项：一是民艺品、工艺品、日用品；二是加工食品。到了 2001 年第四届，参赛领域进一步扩大到民艺品、工艺品、日用品、加工食品、通讯制品等四大类（增加了通讯制品）。由此可见，旅游商品设计大赛不仅有利于传统文化产品的挖掘，也有利于开发现代文化产品，从而丰富旅游购物市场。同时，还建立“优秀文化商品开发国库资助”体系，对申请资助的产品策划书进行审查，之后再确定资助项目及金额。目前纳入到这一体系的有地方特色优秀文化商品开发和文化商品海外出口两个领域。为了鼓励优秀旅游商品的开发，政府、民间团体以及行业协会举办了各种展销会或大赛，开辟各种渠道使那些实力较弱但拥有好的纪念品创意的产品或作品能够进入到市场，创造良好的市场环境，积极培育中小企业。

（2）广泛开辟促销渠道

韩国有关部门为尽快提高旅游商品的知名度和市场进入，采取了各种促进销售的措施。如为了让更多的游客了解“全国旅游商品大赛”中获奖的作品，并促进销售，在汉城明洞建立了“韩国观光名品馆”；积极推动旅游商品的电子商务，引导旅游企业在网上发布有关商品信息，开展网上订货；改善导购体系，包括购物指南、导购图、咨询中心等，对此需要的资金由韩国文化观光部、地方团体给予适当的资助，并提供技术、信息等方面的支持。

（3）加强跨产业、跨部门合作

旅游购物的发展涉及众多的行业和部门。在韩国，与旅游购物直接相关的有文化观光部、地方自治团体、韩国观光公社、韩国观光名品馆及“旅游购物振兴中心”。这些部门为了促进旅游购物发展各司其职，积极合作，其中文化观光部和地方自治团体负责政策制定及财政支持，韩国观光公社与韩国观光名品馆负责广告促销活动，韩国观光研究院和“旅游购物振兴中心”负责商品开发及环境改善方面的支持。

韩国的旅游购物除了依靠较发达的韩国经济之外，更重要的是与韩国政府及民间团体对旅游企业的市场引导与强有力的支持政策密切相关。韩国旅游购物的发展经验对中国有很多启示，例如政府对旅游企业的支持政策及有效的市场引导、鼓励旅游企业开发有本民族特色的旅游商品，并把它培育成世界名牌商品等做法是我们可以学习和借鉴的。

4.1.3 法、意乡村生态旅游商品体验营销

4.1.3.1 法国旅游商品体验营销

法国乡村旅游的发展模式是“农户 + 企业 + 协会 + 政府”。农户是主要的乡村旅游经营主体，他们在经营农业的同时利用农业资源开发乡村旅游产品。企业是乡村旅游供给体系的重要组成部分，他们是联系农户与游客的桥梁，也是重要的旅游服务供给者。协会在政府的政策指导下制定乡村旅游的行业规范和质量标准，加强行业自律；另一方面，协会作为联系政府与农户的桥梁，为农户提供咨询培训、网络信息平台、营销服务等。法国涉及乡村旅游的协会有法国农业与渔业协会、全国农民联合会工会、农业商会、全国农民联合会、国际旅游推广协会等。法国政府从宏观政策层面扶持乡村旅游发展。法国农会于 1998 年设立了农业及旅游接待服务处，作为推广农业旅游的中央机构。它联合其它有关社会团体，建立了名为“欢迎莅临农场”的组织网络，还出版了专门的宣传和指导手册，大力促销法国的农业旅游。

1955年法国政府启动了“农村家庭式接待服务微型企业”计划，由政府对经营乡村旅游的农户提供资金资助。政府实施社区为主导的乡村旅游开发模式。政府从政策引导的角度保证乡村旅游经营主体以本地的农户、居民为主，以提高当地居民的收入。

4.1.3.2　多元化、体验性、原真性的乡村旅游产品

法国在乡村旅游产品开发方面十分重视产品的多元化、体验性和原真性。针对不同游客的需求，法国乡村旅游企业创新开发多元化的产品体系。例如休闲农场系列包括农场客栈、农产品市场、点心农场、骑马农场、教学农场、探索农场、狩猎农场、暂住农场、露营农场、家庭农场、教育农场、自然保护区、家庭农园等产品形式。住宿设施系列包括乡村别墅、乡村酒店城堡驿站、露营地、途中驿站、青年旅馆、家庭旅馆等产品形式。体验性的娱乐项目是法国乡村旅游的重要特色。例如农场设有美食品尝、烹饪培训、农产品采摘、园艺培训、动植物观赏等项目；游客通过参观法国的古城堡，学习法国的历史文化、宗教文化、建筑文化、艺术文化等。原真的乡土特色是法国乡村旅游产品重要特点之一。法国农场销售的主要农产品必须是农场生产的新鲜食品，其生产加工程序必须在农场内部进行；为了体现乡村的美食特色，必须使用本地的烹调方法。观光农庄的外观必须与当地的建筑风格保持一致，餐具必须用粗陶、瓷器或其他具有代表性的材质制造。

4.1.3.3　多主体参与的乡村旅游目的地营销

法国乡村旅游企业大多都是小型企业，由于企业规模小，无法独立开展大规模的营销活动。因此，政府专职部门协调多方力量，例如行业协会、会展企业、媒体、社会组织等，实施多主体参与的乡村旅游目的地营销，以宣传法国乡村旅游的整体形象。法国有政府性的旅游部门，例如OT（旅游办公室）、SI（旅游联合会）、CRT（大区旅游委员会）、CDT（省旅游委员会）等负责协调乡村旅游营销工作。政府部门一方面花费巨额资金用于电视、广播、报纸、杂志、户外广告以及主题营销活动等进行乡村市场推广，每年政府用于乡村旅游的专项促销经费约600万欧元；另一方面，通过举办节庆活动、会展活动进行营销，法国政府每年组织乡村旅游博览会，通过节庆营销的方式提高乡村旅游地的知名度。

4.1.4　美国旅游商品体验营销

4.1.4.1　依托优惠政策扶持乡村旅游

美国各级政府出台了一系列的产业扶持政策，极大地刺激了乡村旅游

业的发展。美国政府先后出台了“The National Wildness Preservation System”“The National Wild and Scenic Rivers Act”“National Tourism Act”等法律法规，为保障乡村旅游发展提供了完备的法律框架。美国政府对乡村旅游给予资金的大力支持，向从事乡村旅游的个人和团体提供优惠贷款和补贴；美国农业部设有多项基金，以资助乡村旅游项目。一些非营利的行业组织，例如国家乡村旅游基金（NRTF）、各地的农业协会等，专门为乡村旅游经营者提供项目咨询与指导、资金募集、宣传推广等服务。

4.1.4.2 依托特色资源开发主题产品

目前，美国乡村旅游已经形成农业观光、森林旅游、农场度假、民俗旅游、家庭旅馆等多样化的产品体系。主要有依托农业资源或农牧场产品开发农产品购物、农作物采摘、农业体验、农业教育、乡村休闲等旅游项目。最著名的是根据梵高的名画《向日葵》创作的20英亩的“庄稼画”。依托节事活动开发南瓜节、草莓节、樱桃节、大蒜节、汉堡节等乡村节庆旅游。依托自然资源开发的汽车营地、鸟类观赏、自然探险等旅游项目。依托历史文化资源开发废弃农庄、厂矿、采伐场、内战遗址、名人住址等乡村历史遗迹旅游项目。

4.1.4.3 依托节庆营销塑造旅游形象

美国的农业节庆营销是以节庆活动为载体，将田园风光、农业作物、乡土风情、农耕文化等融入系列节庆活动中，吸引媒体、社会公众和目标市场的兴趣与关注，以提高乡村的知名度、美誉度。旧金山半月湾南瓜艺术节，北卡罗来纳州、田纳西州的草莓节，加州吉洛伊（Gilroy）大蒜节，威斯康星州的西摩（Seymour）汉堡节等是美国农业节庆旅游的典型。每年一些地方政府、农民协会或农场还会举办各种主题节庆活动，如农业博览会、赛马、乡村游行等，以展现乡村的田园景色和民俗风情。农业节庆不仅吸引了大量的游客，推动了乡村的农业、旅游、会展、贸易、广告等行业的发展，而且提高了地方的知名度和美誉度，塑造了品牌形象，有效地拓展了乡村旅游市场。美国在选择节庆营销媒介方面除了花费大量资金用于电视、广播、报纸、橱窗等传统宣传媒介，同时十分重视互联网等高科技营销手段的运用，节庆网站成为美国向全世界宣传节庆活动的重要窗口。旅游者可以通过访问政府或企业开办的节庆网站了解节庆活动的举办时间、地点、活动安排等情况，同时可以了解当地的旅游接待设施情况并获得相关旅游建议。

美国旅行社业发展相对成熟，已进入规范化经营时代。少量实力雄厚的大型旅游批发经营商利用自身人、财、物的优势，将力量集中于产品的开发与设计上，众多的旅游零售商（多为中小型企业）则为批发经营商做代理，实行网络化经营，将销售触角伸向市场需求的每个角落。这种以专业化分工为特征的垂直分工体系，使得旅行社各司其职，有效克服了因缺乏分工而导致的业务交叉覆盖、混乱竞争等弊端，使得整个旅行社的经营显得井然有序（安士伟，刘宁宁河南教育学院学报第 15 卷第 1 期 2006.3）。

4.1.4.4 美国旅游业给我国旅游业的启示

我国旅游资源丰富、历史文化悠久、旅游业发展前景广阔，虽然起步较晚，但国家在大力发展旅游业全方位进行投资建设方面取得了辉煌成就，然而与美国相比仍有不小差距，考察归来对中美旅游业进行对比得到以下几点启示：第一，我国政府不仅要充分认识到旅游业的重要性，而且要引起高度注视，加以大力扶持。美国政府除出资修通高速公路网和机场还出台了许多扶持政策，而我国旅游设施和基础设施落后，国家投资少，“软”“硬”环境。第二，专业开发新产品，拓展新领域，走特色经营之路。目前我国的旅游项目不太丰富，各家旅行社经营的旅游线路大同小异，缺乏特色，常规线路、常规景点是主要销售对象，而美国的旅游项目则是丰富多彩，泛舟、潜水、攀岩等探险旅游很受欢迎，我们的经营也应注意多样化发展。此外，我国旅游产品不实用、制作不精良、产品雷同、缺少个性等弊端需要革除，加快开发旅游商品以诱导游客消费并扩大出口，如美国的旅游商品琳琅满目，各景点所售商品都具有特色。第三，完善旅游设施，优化服务质量。美国的服务设施完善、服务项目多且服务质量高，而长期制约我国旅游业的一大问题就是旅游服务质量问题。旅游作为一种特殊的精神消费，是以达到身心愉悦为目的的，然而，服务质量差是旅游景点内的通病，质量欠佳的服务常常导致旅游商品滞销。

4.1.5 荷兰旅游食品及手工艺品品牌营销

荷兰木鞋作为荷兰的“国粹”，是最具民族特色的工艺品，是民族风俗文化的缩影，也是荷兰旅游商品品牌化发展的典范。目前荷兰还有二十来家木鞋厂，年产量大约在 450 万双，其中三分之一是用来实际穿着的，另外的三分之二则是作为纪念品出售的。这些年来，木鞋为荷兰创汇已逾亿万美金，也已成为馈赠各国元首、政要的珍品。今天，荷兰木鞋的实用价值大减，已少有人穿了。倒是观光客喜爱不已，成了必购的纪念品，因为木鞋的造型很可爱，整个样子像一艘小船，可做装饰品，还可以做花瓶。

注重传统工艺的继承与创新是荷兰木鞋品牌最重要的特征。木鞋取材于荷兰特有的一种坚硬且无花纹的杨树。由于原料便宜，且到处都有，加工起来也不是很困难，所以荷兰人几乎都会制作木鞋，尤其是南部的居民。从前制作木鞋统统是手工完成，既费时又费力，需要大批手艺高超的匠人。那时即使手艺最好的鞋匠也要两三天才能做出一双，制作时稍不留意就会出废品，有时快完工的木鞋，因一刀失利，功亏一篑。木鞋虽是木头制作，却不是木匠的活儿，而是鞋匠的活儿，确切地说更像是雕刻匠的活儿。因为制作木鞋不像制作其他木器那样，可以卯榫、粘接、钉钉、拼装，一只木鞋是在一块完整的木头上镂刻出来的。现在木鞋从设计到制造整个工艺流程完全实现了电脑化和自动化，90% 以上的工序由机器完成。据说电脑里储存近千种鞋样可供销售商选择，而每种鞋样的颜色和鞋面雕刻的花纹可以千变万化，从电脑里能调出成千上万种不同款式、型号、色泽、花饰的木鞋设计图样。现在制作一双木鞋只需十几分钟，只要木料不出问题，制作过程中废品率几乎为零。车间里十几台精密机床都由电脑控制。每制作一双木鞋，需由两台机床来完成。先将两块含有水分的上乘白杨木固定在车床上，然后在电脑里选定所需鞋样，设定好程序后，只需几分钟，一双造型美观、刻有各种图案的木鞋外形就做好了。再将实心儿木鞋固定在镗床上，机器启动后，只见刀头如人手般灵活自如由外向里伸进，像挖地道那样逐渐将鞋内掏空，最后将鞋内表面磨光。制作木鞋最后一道工序上色和刷油，需要人工操作完成。刷好油色，穿上新衣服的木鞋顿时光彩照人。根据不同的用途，荷兰人对木鞋做了很多不同的设计和改进。比如，在传统的木鞋底下增加较大面积的橡胶垫，能够帮助人们更好地在泥泞地里干活；给木鞋配上高高的橡胶套，则能够在草丛密集的地方保护到脚和腿等更多的地方。

4.1.6 日本传统工艺美术产品营销

4.1.6.1 传统手工艺的保护、扶持、发展政策

去过日本的人，在感受现代化的同时所到之处看到最多的是日本的传统工艺品，除去博物馆所展出的，还有在百货商店中与现代商品一并陈列的，或是在旅游景点作为纪念品出售的，以及在日本老百姓的社会生活中仍被使用的，这些散发着工艺文化精神的传统工艺品依然如故地在多个方面默默无言地发挥着作用。这样的现状，与日本朝野长期以来对传统文化保护的努力和悉心呵护是分不开的。日本是一个有着悠久历史的国家，近代以来的明治维新为日本实现工业化奠定了良好的基础，也为日本的现代化和西方化做好

了准备。到了20世纪初，明治维新的“富国强兵”目标已经基本完成，日本逐步走上了现代工业化国家的道路，而日本的传统工艺依然受到了应有的重视。1890年10月，日本政府根据皇室的授意，模仿法国的艺术院（Academy）制度，制定了以保护美术工艺家和奖励艺术品创作为目的的“帝室技艺员”的制度。而活跃在各地区的民间社会生活中的传统工艺仍然保持着原有的面貌，就像柳宗悦先生在《日本手工艺》一书中记述的那样，二次世界大战的爆发，彻底改变了世界。第二次世界大战之后，美国出于全球战略的需要，为日本提供了一系列的帮助和支持，使日本经济很快得到恢复，工业生产开始高速增长。在当时，各种制作粗糙的廉价工业产品充斥市场，西方的生活方式受到推崇，而那些包括传统工艺在内的日本历史文化则逐渐地被边缘化，面对国际国内舆论的压力，日本政府于1950年5月30日颁布了《文化遗产保护法》（昭和25年法律第214号）。这部法律是在1919年的《史迹名胜天然纪念物保护法》（大正8年法律第44号）、1929年的《国宝保存法》（昭和4年法律第17号）和1933年的《重要美术品保护法》（昭和8年法律第43号）的基础上重新制定的，所保护的对象包含有形文化遗产、无形文化遗产、民俗文化遗产、天然纪念物、传统建筑群五种类型的文化遗产。此后，又经过数十次的修改昭和29年（1954年，修订内容主要有设立无形文化遗产的指定制度，强化民俗资料的保护等）、昭和43年（1968年，修订内容主要有废止文化遗产保护委员会、成立文化厅等）以及昭和50年（1975年，修订内容主要有地下文化遗产保护制度的修改，设立传统建筑群保护地区制度，民俗文化遗产制度的修改，设立文化遗产保存技术的保护制度，强化地方公共团体的文化遗产保护行政和财政的体制等）的三次重大修订，使其职责功能和保护范围更为完善。按照日本《文化遗产保护法》的分类，传统工艺作为工艺技术被纳入无形文化遗产进行保护。无形文化遗产是指“在日本历史上，或者在艺术上有着很高价值的戏剧、音乐、工艺技术以及其他的无形文化。”1954年修订的《文化遗产保护法》，确立了无形文化遗产的指定制度，是否被认定为无形文化遗产可根据其自身价值来加以判断。有重要价值的可以由文部科学大臣指定为“重要无形文化遗产”，在此基础上还建立了重要无形文化遗产的“保持者”和“保持团体”的认定和保护的制度。

在经历了近20年的经济高度增长之后，与日本社会同步发展的传统工艺再次受到很大冲击。在当时，传统工艺行业遇到的主要问题有：随着劳动力从农业向工业转移，传统工艺的年轻从业人员严重不足，许多传统工艺种类后继无人；因为工业资源的开发利用，致使传统工艺品生产使用的原材料难以确保；社会经济的高速发展使得工资成本增加，导致传统工艺品的定价过高。同时，由城镇发展所带来的生活西化风气，使得原有的传统生活方式开始崩溃；采用新材料由机器大量生产的日用品，逐渐取代了使用天然原材料以手工生产的传统工艺品；由于旅游业的兴旺，一些地方传统工艺品为了迎合旅客的趣味而改变工艺，更有甚者为了降低成本偷工减料，或是用工业产品来冒充。

4.1.6.2 继承、传播地方特色产品的工艺技术

日本地方政府大力支持本地传统旅游商品的开发生产，例如：为了继承、传播地方土特产品的制造技术，设立工艺馆、民艺馆、展示厅、教育基地等，通过各种教育片和大型活动介绍传统产业的技术、工艺，并为促进土特产品的销售给予行政上的各种支援。日本在20世纪60年代兴起的“一村一品”运动，就是激发地方发展特色手工艺、促进地方旅游发展、解决社会经济发展不平衡的典范。“一村一品”强调当地工艺品开发的内发性，植根于本地居民的日常生活，讲究就地取材持续开发，造就了集旅游、工艺制作、展示、培训、销售、表演、研究于一体。20世纪80年代台湾在其影响下兴起的社区自主营造机制，同样也获得了令人瞩目的成就。

各地方政府大力支持本地方传统旅游商品的开发生产，所给予行政上的各种支援。

（1）技术指导教育。为了传播传统土特产品的生产技术，民间团体或生产企业设立了各种文化馆、资料馆、研究所等。

（2）培养传统工艺师

为了保护和继承传统生产技术，1974年5月，日本政府制定了“关于振兴传统工艺品产业的法律”，地方政府根据此法各自制定相应的条例，并给予生产传统产品的人“传统工艺师”的称呼，鼓励他们发展传统工艺。

（3）实施传统产品认证制度

政府对被评为优秀土特产品的产品授予“传统工艺品”证书和徽章（徽章图案是表示传统产品的“专”字外边有象征日本的红色的圆圈结合起来的）。

4.1.6.3 日本的旅游商品发展

2003年，日本提出了“观光立国”战略，计划用5~10年的时间使赴日本观光旅游的外国游客人数提高到1000万人次，同年7月日本政府召开了“观光立国相关内阁成员会议”，确定了展开以国土交通省为指导机关的官民一体的“访问日本”的宣传运动（VJC计划）。2008年10月，日本观光厅正式成立，观光厅除了主要实施“Visit Japan Campaign”，扩大与海外的旅游

交流外，还积极完善更适于旅游的环境，开发日本国内富有魅力的旅游胜地、提高旅游产业的水平，以满足游客的需求；促进旅游业人才的培养和充分利用；推进国民取得休假以及日本出国游客的安全措施等。

日本政府对旅游业的重视，也使得近年日本的旅游业有了较快的发展，旅游消费对日本经济的贡献度也颇高。

日本的旅游商品种类繁多，从中我们可以看出其旅游商品涉及的范围和营销的宽度。

（1）电器和电子产品，如晶体管收音机、小型电视机、CD 播放机、电脑、摄影机、录放影机、录音机、音响器材、数码时钟收音机、袖珍计算器等用品，在日本全国都能买到。这些产品的高质量和高性能均闻名于世界。光学仪器和手表，如照相机、摄像机以及镜头和附件、望远镜和显微镜等都是品质上乘、价格适中的产品。受欢迎的牌号有精工牌和星辰牌，在饭店的购物商场和首饰商店以及百货公司都有出售。

（2）漆器和陶器，日本的漆器制作精细，具有很强耐久性，送给亲戚朋友，体面又大方。盘子、花瓶和茶具以及高档陶器艺术品都是理想的纪念品。

（3）传统服饰，日本和服是最重要的日本文化遗产之一。制作和服时采用精细的染工技术、刺绣和编织技术。和服是日本的传统服装，一件正宗和服的价钱可以达上万元人民币。这样的和服太贵，而且太臃肿，一样不失风情。日本也是引领亚洲少男少女潮流的一个地方，这里当然会有许多名牌服装啦。还有，日本人生活水平比较高，国际知名品牌也愿意进驻这里，西阵织是在西阵地区织造的高级纺织品。京都的丝绸质量非常高，高超的印染技艺和独创的花纹给人特别的美感。到日本旅游，西阵织的领带、台布、和服腰带等都是馈赠亲友的佳品。

（4）折扇和灯笼，日本的纸制品的品质非常好，人们不由得唏嘘不已。折扇或是纸灯笼若是人工制作的话，价格也是居高不下的。

（5）手工艺品，京都的油纸伞用料十分考究，色彩、图案都极具日本特色。油纸伞是完全手工制作的，两个月才能生产十到二十把，所以价格昂贵。京都手工艺中心是由京都的传统手工艺品行业共同创设的服务中心。馆内经销京偶人、扇子、陶器、染织工艺品、镶嵌等传统工艺品，还有传统艺人当场表演。此外，还设有版画、木纹偶人的体验教室以及为外宾服务的免税店。

长崎的特产手工艺品玳瑁是长崎最具有代表性的手工艺品，女性饰品尤为出众。如：耳环、项链、手镯、发卡等。一般来说，加工繁复、色泽透明者，价格就相应很高。“碧多萝”器皿源于葡萄牙语“VIDRO”。自江户时代起它就是长崎独有的土特产品。“碧多萝”极为昂贵，色彩独特，充满了异国情调。烧云仙烧是用云仙地狱的土石上釉烧制而成的，具有古朴的乡土气息。古贺玩偶类似于中国的泥人，主要是人物和动物的塑像。长崎出产的风筝多种多样，做工精良，尤其是壹岐的“鬼脸风筝”，色彩艳丽，造型独特，在日本非常有名。三川内陶瓷器、波佐见陶瓷器国家指定的传统工艺品，具有400年的传统。波佐见陶瓷器主要是用于餐饮的器具，色彩淡雅，制作精美；三川内陶瓷器的特点之一是用透雕的工艺将产品制作得精细优美，具有很强的装饰效果。另外，独特的纯白和纤细优美的蓝釉花纹也别具特色。在古代，这些陶瓷是献给将军等贵族的贡品。长崎有漫长的海岸线，出产珊瑚和珍珠。经过加工的珊瑚和珍珠华贵而精美，可作装饰品或送人的礼物。长崎是一个繁荣的商业中心。道路两旁是铺天盖地的街头摊点，沸沸扬扬的自由市场，热闹无比的繁华街道。豪斯登堡的PASSAGE商场集各式精品之大成，还有意大利的服装、皮包和饰品等。“乳酪之家”出售从荷兰进口的乳酪，还有乳酪制作过程的示范表演。

日本是世界上经济发达国家，这里有众多的世界名牌，吸引着无数追求名牌的国际旅游者。可以说，日本的购物旅游资源相当丰富。日本除了开发现代购物旅游资源之外，还特别重视传统旅游商品的开发，致力于继承、传播传统工艺、传统技术，为此采取了各种有效的措施。中国在发展旅游购物时也遇到如何继承、发扬传统文化，与现代文化相结合的问题，日本在这一方面的有益探索对我国有重要的借鉴意义。总结起来有以下几点：

（1）贴近生活，注重实用性。随着西方的思想、文化、生活方式不断传入日本，其传统工艺也受到了冲击，但日本优良的传统工艺企业始终贴近人们生活来开发和设计新的产品，无论是京都的和服还是九谷烧，都是贴近人们生活的工艺再造，因此才能在充斥大量高科技产品的市场中经久不衰。

（2）创新技术，改良材质。以上成功的设计案例无疑都是在原有的工艺基础上，对材料或者加工技术进行创新改良。例如日本的“Cuore&Amore”株式会社开发了不刺激婴儿皮肤的布料，HiHil则研发出了140种漆器涂料及68种金属加工材料。这说明传统工艺的传承并不是一成不变的保护，而是不断加入现代科技元素的创新发展。

（3）各领域注重合作，交叉性强。如果一味追求工艺技术的“血源性”，则很难开拓新的市场。九谷烧与江户硝子异业结合，成功跨界设计出令人惊艳的“九谷和”系列；京都日本和服把其部分材质和刺绣工艺应用到生活中的泳装上，这些成功的尝试不仅丰富了传统工艺本身，同时还扩大了市场需求。

（4）注重品牌，开拓市场。在以上传统工艺设计创新的案例中，可以看到有许多独立的自创品牌涌现。他们有自己专属的策划销售团队，拥有独立的logo、网站以及精致的包装，同时积极参与各种国内外展销会来推广自己的品牌理念和设计作品，既宣传了本土传统工艺，又扩大了企业文化影响力。

（5）政策支持，注重人才培养。日本政府不仅制定了“关于振兴传统工艺品产业的法律”保护传统生产工艺技术，同时地方政府也自制定相应的条例，鼓励发展传统工艺。另外，除了给优秀土特产品颁发证书与专用徽章，各民间团体或生产企业还设立了各种文化馆、资料馆、研究所等为了传播传统工艺的生产技术同时也努力培养后备人才。

4.1.7　新加坡旅游商品节日营销

在社会化媒体和网站上，新加坡旅游局为很多目的地打上标签（hashtags），扩展合作伙伴与游客的对话。在与行业合作伙伴和活动组织者交互中，也尽可能多的使用使用相同的标签。由于消费者特征一直都在变化，例如他们旅游的方式、消费媒体的方式，旅游局都持续关注。在2014年，新加坡接待了5000万人次游客，其中75%来自亚洲地区。这写80和90年代的数据大不相同，当时远程游客比例更高。这是一个信号，证明亚洲经济体大量人群开始进入中产阶级，有能力进行国际旅游。亚洲人旅游，新加坡是首选。

4.1.7.1　新加坡旅游业节日营销发展分析

新加坡地理环境优越，气候宜人，交通便利；酒店、会展场馆等设施设备齐全，服务系统完善；旅游等现代服务业发达，旅游形象良好；法律制度完善，政府廉洁高效；多元文化共融，国际开放程度高。

自20世纪80年代新加坡将现代服务业确立为经济发展的重要引擎以来，已经取得了举世瞩目的成就，服务经济已成为新加坡经济的主体。新加坡是世界旅游业最发达的国家之一。新加坡在城市建设中，注重对东西方文化的传承和保护，对具有中西方文化特色的民居加以特别保护和修葺，将其开发成旅游景点。新加坡节日众多，如春节、中秋节、屠妖节、开斋节等传统的节日外，还有许多国际性的现代节日，如3月的时尚节、4月的世界名厨峰会、6月的艺术节等。新加坡注重将这些富有民族特色的文化节庆活动作为保存和展示历史文化的重要手段，并将其与开发旅游、举办会展等活动有机融合，使之成为重要的旅游吸引物。

4.1.7.2 细分市场

新加坡旅游局于 2008 年陆续推出两大市场主题，分别是针对家庭亲子游的“非常家庭·非常新加坡”以及给都市新贵推荐的“带上感觉去旅行”——“非常自我·非常新加坡”，成功地为不同的人群量身打造不同的旅游套餐与路线。围绕“非常新加坡”主题所定制的各种特色游也在这两个大主题下同时进行。为了配合“非常家庭·非常新加坡”这个主题，新加坡旅游局在这个夏天和圣诞节期间，联合了 30 多家新加坡旅游景点与餐馆，特别推出了针对亲子游的特惠计划，让一家大小都能在新加坡尽兴而归。而在“非常自我·非常新加坡”主题下，为旅游达人们度身打造的“非常周末”、带来奢华享受的皇家加勒比游轮“海洋神话号”之行、在阳光下享受艺术生活的太阳节也都一一亮相。

除了主题游，节日游也是推广的主线之一。2010 年 3 月，新加坡旅游局推出了升级品牌“我行由我新加坡”，着重强调以游客为中心的非凡个性之旅。新加坡旅游局向中国的广大游客隆重推荐了分别以“精彩都会”、“心灵花园”、“享乐天堂”为主题的三条精彩非凡的旅行线路。“精彩都会”为商旅游客和偏爱城市中各种国际化高端体验的游客提供了指南。想要亲近自然和艺术，在旅行中沉淀自我的游客则会在“心灵花园”中找到新加坡低调而闪光的细节之美。热衷和朋友家人共同出行，尽情挥洒度假乐趣的游客则最适宜精彩纷呈的“享乐天堂”的路线。

4.1.8 文化产业的政策性发展

（1）解放思想，树立文化产业意识。我国虽然将“文化产业”与“文化事业”进行区分，但仍强调文化经营单位的事业性质及其公益性，忽略了文化的产业性质，给文化产业的发展带来思想障碍。因此，在新形势下，必须解放思想观念，树立文化产业意识，这一点可以借鉴英国、韩国的经验，政府只负责管理和扶持。

（2）制定积极的文化产业政策

作为宏观调控的基本手段之一，中国当前涉及文化产业的政策为数不多。面对急速转型的社会，应制定积极的文化产业政策，构建与 WTO 规则相适应，又符合中国国情的文化管理与文化产业政策，并积极促进文化产业的集群式发展。

（3）拓展文化产业的投融资渠道

国外相关国家由国家性的非营利组织向文化产业提供公共信息平台、研发以及优惠的贷款和免税政策，促进中小文化企业迅速成长，中国可以借鉴这方面的经验，积极拓宽文化企业的融资渠道。

（4）加强法制建设

法律法规是市场经济的保护神。由于我国的文化产业发展水平相对较低，所以专门针对文化产业的法律法规还未出现，因此，中国应该加快法制化步伐，尽早制定专业的旅游产业和旅游商品发展规划和法律法规。

4.2　国内旅游商品营销创新模式分析

旅游营销指旅游产品或旅游服务的生产商在识别旅游者需求的基础上，通过确定其所能提供的目标市场并设计适当的旅游产品服务和项目，以满足这些市场需求的过程，其内容包括旅游市场环境分析旅游者行为分析，市场细分与目标市场选择旅游营销策略制订和营销控制与管理等。本人阅读了旅游营销有关书籍，并通过中国学术期刊全文数据库查阅了大量资料，对这些资料进行整理和归纳，分析旅游营销研究学术动态，以梳理出旅游营销研究的热点问题和主要特点。国内旅游营销研究的学术动态我国在 20 世纪 90 年代开始运用旅游营销旅游营销的关注和研究比国外晚，在中国学术期刊全文数据库以“旅游营销”为主题进行搜索，得出搜索结果 4021 条，其中期刊论文 2328 篇，硕博士论文 783 篇，最早的文献为 1988 年由奥格尼恩·巴基奇、张广瑞、杨冬松合著的《旅游供给计划中旅游营销活动的协调》而后至 2000 年间发表的文献数为 185 篇，2000 年至今的文献数为 3836 篇。由于旅游营销内容广泛，因此仅以“旅游营销”为主题进行搜索还不够，在中国期刊网以“旅游营销策略”为主题得出 596 条记录，以“旅行者行为”为主题得出 1842 条记录，以“旅游形象和旅游品牌”为主题得出 2600 条记录。以“旅游市场定位”为主题得出 97 条记录，以“旅游营销各理念”为主题得出 467 条记录，对旅游营销的研究还是不少的，研究方向也多样化，这和我国旅游业近年来的飞速发展是相适应的。

4.2.1　研究热点问题综述

从搜索结果看，国内旅游营销的研究热点为旅游者行为、旅游营销策略、旅游营销理念、旅游形象与品牌和旅游市场定位旅游者行为的研究该领域，研究主要集中于游客空间流动与目的地选择、旅游动机与行为；陈健昌、保继刚指出旅游者决策行为决定于感知环境和追求最大旅游效益，不同尺度地域上的旅游者行为特征不同。聂献忠等人指出旅游者的行为属性特征，如年龄、文化程度、职业、收入和偏好等，对其所获取的感知印象行为机与决策、实际行为在目的地的时空分布格局有决定性意义。此领域研究还包括某目的地旅游者行为和某类特定人群旅游行为特征。如李培祥、崔凤军、万先进、赵荣分别对青岛、泰山、武汉、西安游客行为进行了研究；李舟通过问卷调查，对深圳华侨城游客群体、旅游满意度及需求进行了分析；陆林、晏杰、丁健等通过调查研究，对特定消费群体或特定旅游目的地旅游者的旅游偏好、旅游满意度、出游力等进行了研究分析；许秋红、李丽梅、余颖、陈乾康分别对女性旅游者、大学生旅游者、老年旅游者、自驾车旅游者旅游行为进行了研究，以有助于市场开发策略的制订。

4.2.2 旅游营销策略的研究

对旅游营销策略的研究一直保持增长趋势，这方面的研究特点在于学者们比较注重实证研究，且多建立在角度进行分析。研究的范围涉及多种旅游类型，如森林旅游、生态旅游、文化旅游、红色游、宗教旅游等。丁松刚、宫敏丽、马林分别对湖南、青海、大连旅游营销策略进行了探讨。陈德林、朱海敏、蔡结分别探讨了乡村旅游、红色旅游、会展旅游下的旅游营销策略。陈鹏在《区域旅游市场营销策略发展趋势研究》中从市场角度分析了21世纪旅游市场的发展趋势及其特征，提出了21世纪世界旅游市场营销策略。陈水波从创新旅游营销观念、创新旅游营销内容与创新旅游营销方式三个方面提出新的旅游营销策略。旅游形象与品牌的研究、旅游形象和品牌是营销两大法宝，旅游形象能给旅游者留下深刻印象，品牌则侧重旅游产品的突出个性。马勇和舒伯阳对区域主题形象定位特征、形成过程、塑造及传播策略作了一定分析。李蕾蕾从景观生态学角度探讨了旅游地形象形成规律及操作实践。吴必虎在《区域旅游规划原理》中对区域旅游形象塑造和旅游产品开发进行了一系列研究。郭英之认为成功的旅游品牌营销应具备科技力、想象力、扩展力三方面特征，品牌营销要强调整合营销与体验营销市场同轴与市场辐射、广告推介与品牌形象相结合。邓衡阐述了国外旅游品牌和旅游目的地品牌化进程，以及旅游品牌战略等内容，并且介绍了各类旅游目的地品牌化的案例研究情况，最后提出旅游品牌研究需在品牌战略、品牌资产、定量分析三大方面进行深入研究。

4.2.3　旅游营销理念的研究

随着近年来旅游市场的不断变化，学者们提出各种新理念，其中热点问题为整合营销、体验营销、品牌营销，研究新方向为定制营销、水平营销、

（1）整合营销。整合营销理论是由美国学者舒尔兹等人 1992 年提出，目前在中国旅游业中的应用不多，旅游整合营销的理论框架和体系还没有建立起来，国内旅游营销界对整合营销的应用仍停留在区域旅游资源的整合 # 旅游形象的整合等宏观层面和初级阶段 $ 齐义山以徐州区域为依托讨论了旅游产品整合 # 旅游形象整合，以及营销资源 # 方式整合 $ 邝金丽以河南和中原城市群为依托对旅游整合营销理论进行了研究。朱孔山指出旅游整合营销体系不仅包括营销传播，还应包括旅游目的地公共营销组织整合 # 旅游行业部门优化整合、旅游产品开发整合、旅游品牌形象整合与旅游营销区域整合等。

（2）体验营销

肖升、王悦在中国市场学会 4..3 年年会上分析了我国引入旅游体验营销的必要性，提出我国旅游业进行体验营销的一些可供参考的策略。白翠玲描述了体验营销的特点，并提出旅游业体验营销模型。陈利民从旅游者心理的视角来分析旅游消费的体验性特点，探讨旅游者心理与营销策略之间的密切关系，提出旅游体验营销策略。此外，汪嘉彬、游艳芬、张丽华从乡村旅游角度探讨了旅游营销的模式；王星、张传洋、张超分别对寻龙山、山峡库区、庐山旅游体验营销进行了探讨。

（3）品牌营销

品牌营销是企业通过利用消费者的品牌需求，创作品牌价值，最终形成品牌效益的营销策略和过程。国内对这方面的研究有孙厚琴、徐颖提出将品牌营销作为旅游产品标准化和个性化的营销切入点的观点。谭小军、黄勋从我国旅游市场特点出发，揭示了旅游品牌营销的重要意义，并对我国旅游企业实施品牌营销提出相关建议。王海莉、江春发、费振家分别针对丽水市、武功山、武当山旅游的品牌营销进行了研究。

（4）定制营销

旅游定制营销是以个性化需求为基础的全新营销理念和方式，国内对这方面的研究很少江林、刘蓓指出了旅游定制营销的特点，强调定制营销需要运用现代化信息和网络技术 $ 胡旺盛分析了旅游定制营销的运作步骤

及运作难点。白文宇、罗寿枚认为旅游企业在新世纪应树立定制营销的理念，并提出了网络时代的旅游定制营销策略。刘英琴、乌兰敖登分别就旅游企业如何开展定制营销提出了相关建议。张丽拉、蔡亮分别探讨了奖励旅游的定制营销策略。

（5）水平营销

水平营销是营销大师菲利普·科特勒2005年提出来的营销新理念。水平营销在我国旅游业中的运用研究，有顾晓艳、胡焱的旅游景区水平营销探讨，以及洪宇的浅谈水平营销对中国旅游业的影响与应用。总体来说，国内水平营销在旅游业的运用研究相当之少，理论体系不完善，是研究的薄弱环节。中国进行旅游客源市场定位的研究。

4.2.4 旅游市场定位的研究

20世纪90年代，邹统钎认为，旅游度假区市场定位是通过市场营销组合，让旅游地在目标市场的游客心目中建立并维持一个区别于竞争对手的独特的位置。李坚认为，所谓旅游市场定位，就是指确定目标市场与市场范围。杨振之等将产品的特色定位视为旅游资源开发关键中的关键。刘蓬春对旅游产品市场定位进行了思考，王莉华认为，旅游市场定位就是根据目标市场和旅游产品等各方面因素为旅游企业和旅游产品创造能在消费者心中形成特殊偏好的特点。总体来说，旅游市场定位研究的基本范畴仍不清晰，需要进一步探究。

4.2.1 北京、南京传统工艺美术商品营销

4.2.1.1 北京地区传统工艺美术商品营销

北京是举世闻名的文化古都，由于得天独厚的社会环境，北京传统工艺美术行业名师荟萃，巧匠云集，以历史悠久、风格独特、品种繁多、技艺精湛、典雅名贵而享誉中外。北京传统工艺美术代表了我国传统工艺美术技艺的最高水平，同时它作为中国传统民族文化精髓的一部分，比较集中地体现了我国民族工艺的优秀传统，是中华民族文化遗产中不可缺少的组成部分，是中华民族的瑰宝和骄傲。北京传统工艺美术行业种类繁多，细分有一百多种，其中主要有“玉器、珐琅、象牙雕刻、雕漆、石刻、木刻、骨刻、金漆镶嵌、刺绣、戳纱、挑补花、地毯、花丝、料器、银蓝、烧瓷、铜锡器、宫灯、铁花、壁画、绒绢纸花、花炮、面人、内画壶、脸谱等25种。”最具特色的是被称为北京特艺“四大名旦”的玉器、象牙雕刻、珐琅、雕漆，它们最具代表性。

北京作为传统工艺美术的聚集地之一，旅游商品仍以传统工艺品为主。根据统计局的数据，去年北京景区商品收入仅占总收入的2%。而旅游发达国家购物收入已占旅游总收入的40%~60%，在中国香港，这一比例高达70%。售卖的旅游商品以传统挂链、毛绒玩具为主。20年前看到的熊猫玩具，如今摆在商店里的熊猫玩具还是20年前的造型，不吸引人。业内人士指出，目前北京旅游商品多数设计陈旧，缺乏亮点，尤其是都市工业品和与人们生活相关的有品牌知名度的商品在北京旅游商品市场中缺位。管理者对旅游商品的概念还过于传统和保守，跟不上时代潮流，经销的产品仍以传统工艺品为主，采用现代工艺的产品很少，具有现代科技功能的产品更少。近年来，通过延续多种形式的比赛、博览会等进行“北京礼物”的宣传和店面设置，但销售情况却不尽如人意。

4.2.1.2　南京地区传统工艺美术商品营销

南京云锦作为中国传统丝绸工艺中的巅峰之作，其木机妆花工艺是我国三千年织锦史上唯一流传至今尚无法用现代机器生产代替的传统手工织造工艺，已被国务院列入“第一批国家非物质文化遗产名录”，并于2002年、2004年两次列入向联合国教科文组织推荐的“世界人类口头与非物质文化遗产”候选项目清单，目前南京云锦正处于第三次申遗的关键时期。南京云锦既是民族丝绸文化辉煌历史的记忆，也是人类共同精神财富的认证，温家宝总理说它“是非物质文化遗产的非物质性和物质性的完美结合”。

吴梅村有诗描绘南京云锦：“江南好，机杼夺天工。孔雀妆花云锦灿，冰蚕吐凤雾消空，新样小团龙。”云锦是产于南京地区的一种丝织工艺品，始于元而盛于明清。南京云锦与广西壮锦、苏州宋锦、成都蜀锦并称为四大名锦。云锦的保护与开发创新，有助于扩大南京的知名度，推广南京特色地域文化。因此，随着南京旅游业的发展，云锦旅游商品的设计开发可以挖掘南京文化，同时带动南京相关产业的发展。并且，在新的时代条件下，对南京云锦旅游商品推陈出新，传承旧工艺，提出设计新理念，开发新种类，设计出具有浓郁南京地域文化特色的新时代的云锦旅游商品，对完善南京旅游商品市场，弘扬南京地域文化特色，以及拉动南京旅游业经济发展都有积极意义。

中华人民共和国成立后，南京云锦迎来了新的发展机遇，在党和人民政府的支持与关心下，成立了以南京云锦博物馆，对云锦传工艺进行系统整理、研究、复制、创新，使得云锦工艺得以延续。与此同时对云锦文化做了大量的宣传工作，并开发了一些新产品，使人们对云锦又有了进一步的认识。云锦旅游商品的创新设计发展，对云锦工艺、文化内涵及丰富南京旅游商品、扩大南京地域文化影响方面都起到了一定的促进作用，同时，对于弘扬中华传统文化、保护人类非物质文化遗产做出了巨大的贡献。如今云锦已逐渐被广大消费者所了解并被接收，现代云锦设计已能将云锦数百年来所形成的传统的艺术形式、织造工艺包括材料选择都原汁原味的表现出来，许多优秀的传统纹样被发掘和整理的基础上发展和演变，不但非常精美，而且大多有着美好的吉祥含义和喻意；云锦设计应用范围也逐渐扩大。

但就目前云锦市场情况调查了解，市场却也存在着各商家、景区的云锦生意难做，游客亦无法买到心仪的云锦旅游商品的现状，这反映出南京云锦旅游商品市场设计开发与生产亦存在不足：①小作坊林立，行业生产不规范，劣质产品充斥市场；②产品品种单一，开发落后，雷同率高，缺乏地域性特征及纪念意义；③缺少情感化设计，与购买者无法产生共鸣感；④包装低劣，不便携带；⑤价格参差不齐，缺乏顾客认同感；⑥传承人流失，后备人才不足。

4.2.1.2.1　南京云锦外部营销环境分析

南京云锦历史可追溯到三国东吴时期，织造工艺精湛高超，织物雍容华贵，金碧辉煌，在元、明、清时期被选为皇室御用贡品。随着历史变迁，南京云锦失去了服务对象和传统的销售市场，逐渐衰落。直至 20 世纪 80 年代中期，南京云锦研究所成立，肩负云锦研究试验和生产销售双重使命，并注册“吉祥牌”商标，欲通过市场价值开发，使昔日辉煌得以传承与发扬。而现今人们的消费观念和审美意识发生了很大变化，使传统古老的云锦陷入了困境，云锦的保护和发展，正面临着改革、人才和资金等方面诸多困难。如何发展，使中国传统文化得以更好的延续，成为目前亟待解决的问题。

南京云锦的营销环境分析云锦营销环境是进行市场开发的基础，是提升云锦市场价值和发展必须考虑的关键。课题组通过调研，对云锦面临的外部和内部环境进行了深入分析。南京云锦的外部营销环境从云锦营销的外部宏观和微观环境分析。云锦面临的宏观营销环境具有开发其市场价值的希望：

（1）中国奢侈品市场发展势头良好，昭示云锦的市场潜力。据国家统计局数据显示，2005 年中国经济增长率为 9.9%，国内生产总值达到 18.2 万亿元。中国经济保持快速成长，奢侈品消费大幅增加，大大促进了中国奢侈品市场发展，潜在成长空间巨大。2005 年 9 月 13 日，安永发布报告指出，中国奢侈品市场年销售额为 20 多亿美元。

（2）南京旅游业发展前景可观，有利扩大云锦市场容量。南京是我国四大古都之一，历史悠久，文化深厚，旅游业得天独厚。2004 年旅游总收入达320亿元，同比增长31.1%；接待国内游客2800万人次，同比增长26.9%；接待海外游客72万人次，同比增长39.8%。以云锦制成的旅游商品一直深受旅游者青睐，其销售收入占云锦总销售额的绝大部分，南京旅游业的良好发展潜力，为云锦销售带来更多商机。

（3）互联网普及，电子商务的发展为云锦提升商誉价值、降低交易成本带来契机。近十年，中国的计算机和上网用户数量飞速上升，电子商务方便、快捷，为云锦把握市场机会，积极开展宣传与销售创造了条件。云锦面临的微观竞争环境，根据其在市场上所处行业内部的竞争。由于南京云锦研究所并未注册“南京云锦”，一些企业便借云锦之名的产品泛滥于市。产品做工粗糙，用材低档，造型也不及真品端庄大方；一副真品价格高达上千元，而仿品只需几十元。这对优质的吉祥牌南京云锦造成了很大的市场冲击，同时极大地影响了云锦的市场声誉。

4.2.1.2.2　南京云锦的内部营销环境分析

南京云锦的外部营销环境总体来看是利大于弊，然而就其内部环境分析，目前市场价值开发陷入困境的原因是：

（1）资金不足。南京云锦研究所并不属于中国文博单位系统，已归属于轻工产业集团，所以国家拨款仅限于云锦研究和复制。最近的“申遗”计划，所有资金均由云锦研究所自行负责；虽然也得到一些社会友人资助，但资金匮乏仍得不到彻底解决。再加上云锦织造缓慢，导致其产量与销售额都十分有限，使得云锦研究所的销售收入仅能勉强维持现在简单的运营。

（2）市场意识淡薄。目前，南京云锦研究所的工作重点，还是放在云锦研究与复制上。对于销售，只是其附带开发的一个分支，并没有专门的销售人员，只是由研究所原有研发工作人员兼职。

（3）销售对象的局限性。“我们的顾客不是二十几岁的小姑娘，而是有年纪有地位的女性。”故步自封限制销售对象和毫无变化、缺乏灵活的市场目标，只会让云锦产品的开拓之路越走越狭窄。

（4）创意设计匮乏。在南京云锦为数不多的几个销售点中，品种也极其有限。据研究所所长透露，他们目前主要想开拓云锦的服装市场，但云锦本身的质地却给这一想法带来了很多困难。例如，由于云锦要使用大量的金银线，如果用整块匹料制衣，会导致服装过硬，没有舒适感，而且成本过高。如果采用点缀的方法，缝在其他柔软衣料上的云锦显得极不服帖，会影响服饰的美观。

（5）人才培养断层。南京云锦目前还面临如何培养后继人才的难题。南京工艺美术公司曾经开设过一个云锦织造培训班，以普及云锦文化知识并发掘后备人才，现已停办。目前，云锦研究所里专门的研发人员已经断层，保留的制造花样得不到进一步开发，仅凭现有的人力和纯粹劳力的织工，是不可能推陈出新以适应市场变化的。

4.2.1.2.3 基于南京云锦的旅游商品创意设计方法及设计实践

南京云锦在其继承与创新发展中面临着严峻的挑战，甚至处于逐渐消失的困境，面对于此，我们应采取必要措施加以保护传承，并使之适应时代要求。云锦旅游商品的设计开发可以挖掘南京本土文化，传承旧工艺，提出新的设计理念，完善南京旅游商品市场，弘扬南京地域文化特色，拉动南京旅游业经济发展。因此做了如下举措归纳及设计实践：

（1）在对云锦进行原生态的继承与保护的同时要赋予其时代特征，使得云锦艺术真正融入当今生活，渗透在生活的方方面面，如服饰、建筑、日常用品等，并拥有广泛消费群体。将云锦花纹图案运用于眼镜盒设计，圆月造型搭配蓝白传统大花，有婉约大气之美。

（2）从云锦独特的艺术特点及艺术风格入手，进行元素提取，精简纹案，保留原创部分，加以新意，使之呈现出传统风貌与现代设计手法相结合的效果。实现产品创新性嫁接转换。提取云锦传统纹样在手提袋中进行纹样再设计，使得普通的手提袋提升了档次，同时将云锦图案运用的恰到好处。

（3）以本土化为切入点，深度发掘云锦文化内涵，在产品设计中恰如好处加入的中国传统元素，在中国传统审美心理结构的基础上，产生民族文化认同感与设计共鸣。将云锦运用在其设计中，搭配中国传统云纹、盘扣等的手法，使得云锦也充满了时代感。

（4）在设计具有南京地域特色的云锦旅游商品时，要突出南京地域文化特色与其产品品位、格调，可将风景及人文特点题材进行云锦产品创新，独树一帜，提高认同感。将地域文化与云锦结合，提升了云锦在当今社会的运用层次。

（5）云锦艺术应该直接面向现代人的生活，丰富其材料及艺术表现形式，满足现代社会要求，形成材料、工艺多元化发展。例如与现代纤维等结合进行设计设计。同时，增加云锦旅游商品的附加值，改良云锦产品外包装，增加游客购买欲望。要树立品牌，开拓营销方式，培养云锦工艺后备人员，加强对知识产权的保护和劳动者权益的保护。

4.2.2 重庆旅游商品研发与营销

2009 年 8 月，重庆市旅游局设立旅游商品促进处，专门负责组织指导全市旅游商品的策划、规划和推介，组织指导旅游商品研发机构与旅游商品生产经营企业开展研发、生产、推介及营销。重庆旅游商品展销中心正式开业。该中心主要针对赴渝旅游的中外旅游团队、自助旅游散客和商务游客，兼顾市内旅游消费者和各级政府部门的礼品销售。该展销中心的建成开业标志着重庆旅游商品的专卖市场得以建立，旅游购物环境得到改善。此外，重庆市还从旅游结构调整资金中安排一部分资金专门用于发展旅游商品，如旅游商品研发、宣传促销、市场拓展、旅游博览会展览和专利保护等。

4.2.2.1　重庆旅游商品研发与营销现状

（1）旅游商品产销协调。重庆旅游商品的资源优势转变为市场优势，是重庆旅游商品产业发展的一个亮点。近年来，重庆先后成立旅游商品研发中心和研发联盟、旅游商品促进处，建立旅游商品营销中心，不断探索重庆旅游商品的产业化、规模化、品牌化之路。早在2003年，重庆市政府就成立专门的旅游商品产销协调小组，促进传统民间工艺产品和特色旅游商品的开发和利用。目前，重庆拥有旅游商品企业300余家，主要涉及旅游商品和工艺品、旅游食品、旅游日用品和旅游保健品四大类，其中旅游商品、工艺品和旅游食品占旅游商品的90%以上。重庆旅游商品资源丰富，有荣昌夏布、梁平竹帘画、城口山神明珠漆器、綦江农民版画、垫江牛角饰品、大足佛像系列、蜀绣等旅游商品、工艺品，有根雕、微刻、羽毛画、笋壳画等民间艺人作品，有三峡地区的莼菜、灵芝、天麻等绿色食品和药材等。变资源优势为市场优势如何打破桎梏，变资源优势为市场优势，让重庆旅游商品顺利走向全国市场呢？近几年，重庆做了大量有益的探索。2008年年底，重庆旅游商品研发中心和研发联盟在重庆四川美术学院成立，一个依托四川美院的学科、人才优势，联合重庆市诸高校力量的研发联盟开始形成。该中心的成立为旅游商品市场提供了一个集旅游商品开发设计、制作、生产、营销和学术研讨于一体的综合性开发平台，有助于全面提升重庆旅游商品研发水平和创新能力。

（2）政府搭台拓展市场

为方便国内外游客了解重庆的旅游商品，重庆市旅游局还从全市上千件旅游商品中筛选出具有重庆特色的旅游商品，并制作成重庆旅游商品宣传册，宣传册收集的旅游商品种类丰富，价格从十几元到上万元。重庆还积极引导旅游商品生产企业拓展国内市场。近年来，重庆市旅游局组织全市多家旅游商品生产企业，参加中国国际旅游商品博览会、三峡库区旅游商品展等多场大型旅游商品展销会。根据重庆旅游规划，该市将从 4 个方面着手，把旅游商品打造成支撑全市旅游业发展的重要元素。

①依托本地名优特新商品，打造全市及各区县标志性旅游购物商品，积极发挥旅游业对工农业商品的营销功能。做大做强传统民间工艺品牌，加大地方特色工艺品、纪念品、宣传品等研发力度，构建差异化旅游商品体系，努力实现“一个区县一个品牌”。

②积极建设旅游商品产业园区、交易中心和研发中心，大力发展旅游商品特色街或特色集贸市场，推动旅游商品研发、生产、营销一体化。在主城区及有条件的区县打造一批各具特色的旅游商品生产和销售基地。进一步规范旅游购物市场秩序，逐步建立起适应市场需求的产销体系。

（3）旅游商品品牌化运营

旅游商品产业应采用怎样的商业模式？如何打通整体产业链？将旅游商品设计商、制造商、通路商以及零售商有效整合起来？如何规划旅游商品产业未来的发展方向？如何塑造旅游商品整体品牌，占领游客心智并提升整体品牌形象？如何深度挖掘特色文化遗产，打造经典旅游商品，构建系列化商品线？如何构建产业管理组织，有效管理品牌并提升品牌资产？是旅游商品品牌化运营之路的必然思考。

旅游商品开发，除了存在品种单一、档次少的情况外，更重要的是缺乏自身特色。很多产品都不能说是自己的，因为它们没有自己景区的文化内涵和特点，没有自己景区的烙印，也就没有品牌效应。良好的品牌有助于消费者建立起消费偏好，有助于经营者促销手段的实施。要进行品牌创造，最基本的目的是要使旅游者能够分辨出各种旅游商品的不同之处，以利于企业占领自己的目标市场。为了使旅游者容易识别，经营者要充分利用自己景区文化的独特性和垄断性，注意突出自己产品的文化特色，在了解市场竞争状况的前提下，注意产品品种和档次的更新，力求适应当时的文化氛围和流行时尚。

首先，在颜色和造型方面要有专业的设计人员下功夫深入研究，既要保持民族特色，又要有所创新。样式既可以创新也可以复古，比如过去曾经很流行的那种心型、周边缠丝线的书签其实也很漂亮，不知是什么原因，现在就没有人生产了。镇纸也不要只有长方形，因为镇纸不仅仅用于练书法，还可以用于看书时压书，除了长方形以外，还可以有椭圆形、动物造型或其他比较别致的形状。其次，产品材料要多种多样。比如针对教师和学生的书签，不仅可以用香木、景泰蓝作材料，丝质品例如绢、绸等也都可以做书签，铜、铁、不锈钢等材料还可以做那种类似景泰蓝的可以夹住书的书签。成都武侯祠博物馆和川旅游文化商品开发公司联合开发的铁质的三国人物像，在材料上就有所创新，很受学生的欢迎。镇纸也一样，不仅可以用石、玉，也可以开发竹、木、铁、铜、陶瓷、不锈钢、有机玻璃等材质的产品。第三，内容方面，书签不仅可以有脸谱，还可以有少儿最喜欢的卡通人物和动物（至今尚少有卡通人物或动物书签），以及自己景区的风景、历史名人、文物图案等。这样才能突出自己的特点，才能说明这些纪念品都是藏书票、台历、明信片、门票、景点说明书等印刷品的创新空间就更大了。内容方面，除了本景区的风景外，还可以有当地名人、民俗、楹联、著名书法、字画、文物、篆刻的照片。明信片不要老是风景照片，还可以开发国画、剪纸、油画、版画、漫画、粘贴画等，如成都草堂博物馆开发的杜甫明信片就是国画的，很有文化品位，也很受群众尤其是中小学学生的欢迎。或许由于笔者眼界狭窄，至今尚未发现使用漫画制作的书签和明信片。事实上，漫画的表现力很强，也很受学生甚至成人的欢迎。还可以用本景区的文物图案做装饰，为专门节日如情人节、母亲节、五一节、六一儿童节、国庆节、端午节、中秋节等设计专门的贺卡和明信片。现在市场上只有邮政部门生产的新年贺卡、圣诞卡和生日贺卡，而没有专门针对其他节日的贺卡，所以，这一类产品开发的空间和余地还很大。重要的是，不管哪一个档次的产品，都应遵循一个原则，就是必须注重品牌效应，必须要有自己景区独特的文化标志，不是邮政部门或它任何景点的；还必须精美，要把欣赏价值、收藏价值和使用价值很好地结合起来。不要因为这些是大路货，就心存怠慢，不注意质量。要知道，热爱旅游的人，一般都具有较高的审美情趣，不美的东西是很难打动他们的。大陆货面对的是大顾客，尤其不能怠慢。

4.2.2.2　重庆旅游商品存在问题

近几年来我国旅游业持续稳定地发展，重庆旅游业也不例外，游客量和旅游收入呈逐年攀升之势。但重庆旅游商品的发展却徘徊不前，与重庆整体旅游业的发展不协调，滞后于旅游业的发展，成了重庆旅游发展中的薄弱环节。

（1）商品生产与需求不匹配。在强大的需求面前，为何旅游商品得不到认可，其中原因除了重庆旅游商品本身吸引力、旅游产品自身创新不够的原因之外，也有企业品牌意识淡薄销售网点布局不合理等方面的原因。

重庆旅游商品以传统旅游商品居多。重庆旅游商品品种齐全。主要有旅游商品及工艺品、旅游保健品、旅游日用品和旅游食品四大类数百个品种，显示出重庆旅游商品发展的巨大潜力。精美的北碚雕花玻璃、细腻的兆峰陶瓷产品、高雅的南方景泰蓝、生动的大足紫袍玉佛像系列、典雅的漆器作品，以及仿铜仿木的重庆景点看盘系列，展现出重庆旅游商品的独特魅力。但是重庆的旅游商品和工艺品以玻璃、陶瓷为主，体积较大不便携带和保管。所以重庆的旅游商品以传统的食品和调味品居多。从对重庆旅游商品的市场调查中显示，旅游者对重庆的旅游商品印象仍然和十年前一样，认为的特色商品有合川桃片、油酥米花糖等旅游食品。由于旅游商品缺乏新意、缺乏纪念意义，让旅游者对购物失去兴趣。

（2）旅游商品品牌档次不高、知名度不够。从总体来看，重庆旅游商品虽品种繁多但大陆货也较多，缺少能在全国叫得响的精品和名牌。众多的旅游商品中，依托本地土特产进行粗加工和简单包装的旅游食品类占了较大比重。当前这类商品大多开发粗放，且未形成系列，附加值不高。如在重庆具有很高知名度的白市驿板鸭在外地旅游者眼里却没有任何购买价值；农民走亲戚选的米花糖在旅游商品中还唱主角，其产品档次并不理想。缺少品牌支撑成了制约旅游商品市场发展的重要因素。而能够突出本地特色文化的旅游商品和工艺品数量有限且大多处在较低的开发层次上。许多旅游商品也是普通居民的日常消费品，旅游商品的纪念意义不大。

（3）购物网点少、销售环节不健全。重庆旅游商品市场当前存在着服务少、生产规模小、经营水平低、地方特色差、宣传促销弱等问题。当前的旅游商品销售还处在以小摊点销售和其他部门代售为主的销售方式上，大型旅游商品购物中心目前只有一个。重庆的旅游商品销售方式主要以摆摊设点为主，缺少如代客打包、托运、退货自由等必要的售后服务，游客购物十分不便。更有甚者，由于销售网络的不健全，游摊小贩的劣质假冒商品代替了正规商品的销售，破坏了消费者的购物热情，也破坏了重庆旅游资源形象。

4.2.2.3　旅游商品在重庆旅游业发展中的重要意义及发展可行性

世界旅游业较发达国家或地区的成功经验表明，旅游业要想获得最佳产业效益并保持持续稳定的增长，其中，旅游购物举足轻重。旅游购物及其所依托的旅游商品生产与销售已成为现代旅游经济的重要支撑点。旅游商品作为旅游产业的一个重要组成部分，它与旅游吸引物、旅游服务设施、旅游交通共同构成了旅游产业的四大支柱。而相关研究证明，只有旅游商品占到旅游收入的 40% 至 60%，才预示着旅游业是健康的发展。

（1）旅游购物是提高重庆旅游业整体经济效益的重要途径。购物和娱乐被视为旅游所带来的附加业务，富有消费弹性。而购物还是公认的弹性最大，最有潜力可挖的项目。依照重庆 2004 年 8000 万的旅游收入水平来算，在旅游商品上就应还有五百万的上升空间。因此，在客源量稳定的情况下，要提高旅游业的收入，发展旅游商品对重庆就具有特别重要的意义。

（2）解决重庆市劳动力富余问题，增加当地居民收入。重庆是个工业城市，随着第三产业的兴起，在城市中“下岗”职工较多；在农村则因为耕地少，农村富余劳动力也较多。而旅游商品的生产和销售环节所在行业属于劳动密集型行业，对劳动力的容纳量大，发展重庆市的旅游商品市场就可解决这些富余劳动力的就业问题，对社会的安定起积极作用。而旅游者在旅游地具有流动性和随意性的特点，可使旅游商品市场空间更大，方便重庆当地居民的农副特产品的销售，增加当地居民的收入。如重庆奉节白帝城的白桃，武隆仙女山景区的野山梅就成了游客的抢手货。

（3）有利于传播重庆市传统的优秀文化艺术，树立美好形象，是重庆各旅游目的地的活广告。好的旅游商品是一个地方的文化艺术、工艺技巧和物质资源相结合的产物。优秀的旅游商品无论是作为陈设还是被使用，都会唤起旅游者对已发生过的旅游活动的美好回忆，是旅游享受的延续。在这种享受延续中，旅游者经过鉴赏品评，能加深对重庆的了解，从而在无形中传播了重庆市传统的优秀文化艺术，树立起美好的形象。如绣有“重庆市枇杷山夜景图”的荣昌折扇就很受游客的青睐。在这个工艺品中，旅游者不仅感受到重庆艺人高超的折扇制作工艺，而且认识了重庆最著名的夜晚景色。重庆有不少旅游商品是实用性、艺术性和纪念性的完美结合，体现了重庆各旅游目的地的文化意味和地域特色，很好体现了重庆市旅游景点形象，是重庆市旅游目的地的活广告，使得旅游目的地的形象通过旅游商品走到更远的地方。

4.2.2.4 重庆旅游商品营销对策

（1）增强企业的市场观念、重视市场调研。重庆的旅游商品生产企业必须具备比较强的市场观念，重视市场调研，以市场需求为导向，将旅游商品目标市场细分化，观察市场环境的发展变化，识别市场可利用的机会，充分利用自身的资源，掌握消费者的特点及爱好，了解他们的购买习惯、购买心态和愿望，从满足目标市场的需求出发，对旅游商品进行正确的市场定位和价格定位，以及旅游商品的开发，这样的旅游商品才具有市场吸引力。

（2）发展具有重庆特色的旅游商品

在旅游商品开发上下功夫，重庆不乏能体现地方特色的旅游精品，我们应大力扶持做工精美、地方特色浓郁的旅游商品和工艺品。如重点扶持万州工艺木梳、大足石刻工艺、铜梁工艺龙、城口漆器、北碚刻花玻璃、江津手编艺术壁挂等旅游商品。建立一批集研发、生产、销售于一体的旅游商品基地。重庆市应形成以旅游日用品、传统工艺品和地方土特产为主体的具有巴渝文化特色的旅游商品体系。对能很好反映重庆风情、地方文化的旅游商品要着重发展。

（3）打造重庆旅游商品品牌

重庆市的老牌旅游商品要在商品的宣传、促销方面下功夫，让消费者对其品牌有充分的了解，塑造良好的口碑；对新兴的旅游商品则要完善产品系列，提高品位，强化深度。同时两者都要求商品生产企业在加工工艺、选材、设计和品种等方面多下功夫，使商品品牌做到观赏性、创造性、地域代表性、携带性及包装精美性相结合。

（4）针对不同旅游商品采取不同的售卖方式，促进创新旅游商品的市场转化率。

由于重庆旅游商品的多样性，要求我们在销售渠道和销售形式上都应有所差别。对农产品和食品类宜就地消费；工艺品采取前店后厂式现场制作展示性销售，让旅游者参观和制作的参与旅游购物发展模式很值得重庆借鉴。例如，重庆荣昌折扇在历史上和苏杭扇齐名，为我国三大名扇之一。折扇厂商就可让旅客观赏折扇的制作工艺，激起其购物的欲望；对服装等采取示范性消费。对后两类旅游商品尤其注意其销售的地域限制。

从2001年开始，重庆市每年都举行旅游商品设计大赛，每当在大赛中有精品出现，从中有所选择地发展市场潜力大、有地方特色、有纪念意义、文化附加值大、科技含量高的旅游商品，无疑可以大大提高重庆市旅游商品的创新力度。所以政府应该采取一系列措施，从政策、资金、设备、人才等方面进行大力扶持。同时，坚持定期地举办参赛作品拍卖会，将作品推荐给旅游商品的生产商、销售者或是投资者，促进旅游商品设计、生产和销售的紧密结合，提高参赛和获奖作品的转化率。

同时，加强政府扶持旅游商品的发展。旅游商品的发展涉及旅游商品的设计开发、旅游商品的工艺保护、旅游商品生产企业的管理、旅游商品推介、商业网点市场建设、市场开拓促销等诸多方面，需要各相关部门的配合。因此旅游商品的发展应由政府主导，部门配合，明确责任，共同促进旅游商品的发展。

4.2.2.5　重庆市旅游商品市场营销策略

集中力量重点建设一批世界级旅游精品、加快培育一批特色鲜明的旅游新品。形成山城都市、长江三峡、大足石刻三大世界级旅游精品为龙头，主题鲜明、竞争力强、互促互补的旅游产品体系，以建设立体山水园林城市景观、营造动感的现代化大都市氛围、挖掘丰富的抗战历史遗迹和浓郁的巴渝文化为核心的山城都市旅游中心，辐射带动近郊温泉、湖泊度假休闲旅游和远郊特色旅游的发展。合理利用价格策略来促进旅游的发展，价格的制定与其企业自身产品特性及其所处市场的营销环境相关，而旅游景点的价格策略同样与其景点的品质和资源的特性而定，好的价格策略则会促进景区的发展。例如：针对旅游散客，实行票房挂牌价、恰当把握社会团体的优惠价格、实行差别旅游团队价格。实施网络营销扩大销售渠道，随着网络与电子商务的迅速发展，旅游业市场竞争日益激烈和营销策略的多样化，使得网络营销成了当前最为便捷的营销渠道之一。各景区应该开展网上售票服务，及相关预定事宜，使广大游客轻松便捷地做出旅游计划。同时应及时搜集网民的反馈意见，创造满足旅游者与旅游产品销售者之间的交易。大力宣传拓展旅游客源市场，形成政府主导、部门配合、企业联动的整体宣传促销格局，加大旅游市场宣传促销，运用影视、歌曲、广告等多种宣传促销形式。一些以重庆为背景的电视剧的播放将会提高宣传促销的影响力，增强促销实效。要精心制作一系列的旅游宣传品，设立重庆旅游形象的大型促销宣传牌，大力宣传重庆旅游。

4.2.3　香港旅游商品营销

世界权威市场调查机构欧睿国际最新公布的数据显示，香港连续六年蝉联最受欢迎旅游城市榜首，英国伦敦超越泰国曼谷和新加坡跃居第二。香港旅游购物商店林立，货品齐全，提供了世界上最好的购物环境。除大酒店内所设商店外，还有无数的购物中心、超级市场、百货公司、精品商店、购物长廊、小杂货店和路摊。多处现代化程度很高的购物中心和星罗棋布的商店群是“购物天堂”的缩影。围绕游客的购物消费活动，除了在中环、尖沙咀等地形成高消费的游客商业区外，目前还在一些游览胜地和商业地带，如太平山的摩罗街中心的古董文物、广东道的玉器首饰市场、尖沙咀新港中心地库的亚洲电脑广场等地形成一些陈列、展览、销售集于一体，专供海外游客光顾的专业市场。事实上，逛街购物是香港人最热爱的休闲活动之一。所以，购物地点多不胜数，大多位于交通方便的市区。这里有各式各样的购物场地，大型百货公司有中资的、日资的、欧美的，出售不同类型的进口货品。主要的旅游商业区内有多家装饰高雅、空间偌大的高级购物中心。每个地区通常有一个主要购物商场，多是多层的综合式大楼，集购物、饮食和娱乐于一身，是一般家庭假日的消费好去处。此外，商场内或街上还有不少个体式或家庭式经营的商店。港、九各处多个特色的露天市集，给游客带来难忘的购物乐趣。

4.2.3.1 香港旅游商品营销形式分析

平时购买日用品，甚至短期旅行或出访到一些高消费国家的邻近地区人士，也专门到香港大量购置各种日用消费品。此外，旅居世界各地的华侨回国探亲人士以及台湾同胞也大多以香港为赠送亲友礼品的购物中心，一则便宜，二则方便。香港是中国的南大门，是一个经济特区，随着大陆开放、香港回归，大陆旅游者的购物消费对港岛商界来说无疑是个大福音。

（1）优质服务及信誉保障制度。支付手段先进是香港金融业一大特点，这就大大方便了到港游客，尤其欧美国家旅游者的购物消费。在香港以信用卡购物的方式广泛通行，大部分商户均接受美国运通卡、Vias 卡、万事达卡、大来信用证和 JCB 卡等，方便游客购物。在购物方式上，更有“香港购买付款，内地提货”及提供保修的购物，备受大陆同胞和侨胞的欢迎。此外，为了让游客尽享消费乐趣，香港旅游业界携手合作提出购物保障措施。一是“优质旅游服务”保障。香港旅游发展局为确保游客享受称心满意的服务，于 1999 年特别推出“优质旅游服务”计划，提倡食肆、零售以及和旅游业相关的店铺，向游客提供优良服务。“优质旅游服务”计划是一项表扬优质服务的认证计划，申请商户必须通过严格的评审，达到指定的服务水平之后，才可获颁发及张贴“优质旅游服务”标志。目前，已有 2732 间商店经过评审后加入此计划，游客在这些商户可以享有多项顾客权益，包括优质服务保证、商品明码实价、多元化的商品选择、售后服务等。为了让更多的游客了解这些商户，还设服务热线 28062823，网站游客亦可向香港旅游发展局或中环、尖沙咀及香港国际机场的旅客咨询及服务中心免费索取《优质商户指南》。二是百分百退款保障。香港旅游业议会属下所有旅行社会员均承诺参与“百分百退款计划”，游客在旅行团安排的购物活动中消费，如果购货后感到不满，可先通过导游处理，或于购货日起计 14 天内向议会投诉，并将货品完整退回，即可办理全数退款手续。

（2）促销得力

为刺激访港游客的购物，香港旅游局及有关部门十分重视强化“购物天堂”的形象，采取了许多有效措施，把这一信息传递给市场。一是举办大型购物推广活动。2002 年 6 月至 8 月，作为“动感之都，就是香港”这一全港性大型旅游推广计划的五项大型活动之一，推出一项名为“汇丰香港新世纪劲买”的香港历来最盛大的购物推广活动，推广活动包括四大购物主题：衣饰及美容、珠宝钟表、电子消费品、中国传统。推广活动期间，全港各大零售商摄影器材、家具杂物、日用百货、时装、靴鞋、化妆品、纸制品、办公用品以及日用食品中的各种饮料、海鲜干货、水果、糖果、西药以至食用大米等绝大部分来自日本、美国、欧洲及东南亚等 17 多个国家和地区的最有竞争力的商品。这些进口商品质高价格低，包装精美、款式时尚、使用简单、购买方便。从整体上，香港市场本身就是一个国际时尚商品的展销场，也是各国商人的竞销市场。

（3）价格优势

香港是世界著名的自由港。据 2001 年 4 月《2001 年世界经济自由年报》报道，香港被评选为全球经济最自由体系，国际多家享负盛名的研究机构亦评选香港为世界最具竞争力经商环境之一。在香港，商品来自世界各地，由于大部分物品不收关税，香港的商品价格相对较低，而且这里每年都有许多换季大减价的促销活动，能为游客带来真正的实惠。香港在世界贸易中之所以一直保持自由港地位，是由香港所处的特殊环境和多种因素所决定的。一是香港仅为一弹丸之地，食品包括粮食、肉类、食水、水果、蔬菜以及其他日用品绝大部分或部分需依靠进口，如果征收进口税，则影响社会民生；二是香港的能源和其他工业原材料大多依赖进口，如果征收进口税，则增加本地产品出口的成本负担，不利于在海外展开竞争；三是转口贸易向来是本地经济发展的支柱，是维持经济繁荣所不可缺少的重要环节，如果征税就会打击转口贸易来源；四是外资的注入香港经济发展的一个重要因素，如果对于进口资本货物和产品征税，就不利于吸引海外投资；五是香港在资源缺乏、高度依赖对外贸易出口和供应的条件下，“有形贸易逆差”必须通过“无形贸易顺差”来维持国际收支平衡，因此高度开放的自由港贸易，包括货物、人员和资金的自由往来，也是维持香港生存与发展的必要条件。由于上述原因，当局从开埠以来就一直重视香港自由港的建设与发展。20 世纪 70 年代以来，香港当局除了继续维持免税和低税率制以外，还支持“不干预主义”的自由经济政策，黄金外汇出入自由，继续简化各种出入口贸易手续，使香港逐步成为全球最自由、高度开放、功能齐全的自由港。

（4）区位优势

弹丸之地的香港，旅游业竟能如此兴旺发达，其主要原因是香港地处中国南大门，以及它作为远东交通枢纽的地位，使它既成为西方国家的游客到中国进行旅游、商务和参加会议等活动的中转站，又是他们前往东南亚一带的必经之路。作为一个海外侨胞、外国游客进入内地的桥梁，香港也进一步发挥其国际购物中心的优势。对西方游客来说，由于这里各种舶来品的市场竞争激烈，不少同类产品之间价格时起时落，常常给消费者带来不少额外的收益。到日本或到邻近地区的游客或商务人员大多会到此一游，一方面饱览具有东方色彩的香港发展旅游购物的优势香港发展购物旅游，有得天独厚的条件。香港“购物天堂”的美称，一是指价廉，二是指物美，三是购物方便省时，四是货源充足、品种齐备，五是购物、观光、饮食、休息集于一市。

（5）商品优势

香港是自由港，没有大多数国家或地区的进口关税，世界名牌产品集中，具有“万国市场”的特点。香港市场上各种消费品供应，除了一小部分为港产外，绝大部分是来自世界各地的舶来品以及内地的供港出口。目前香港市场上销售量最大的汽车、家用电器、钻石金户及购物商场将联合削价倾销，提供各式折扣优惠，令游客在香港的消费更物超所值。二是组织购物比赛，广发购物奖券，赠送购物照片。如为了进一步推动抵港游客的购物活动，于1984年底和1985年初，香港首次举行了香港旅游协会主办、国泰航空公司及半岛集团赞助的“国际精打细算购物比赛”活动，通过来自10个国家的比赛代表和各国记者的比赛采访活动，进一步强化香港购物中心的形象。

4.2.3.2 香港旅游商品营销经验

香港成为亚洲及世界的“购物天堂”，有它的特殊背景和发展轨道，我们不可能全盘照搬，但其中不乏我们值得借鉴的宝贵的经验。

（1）重视优质商品开发。香港企业为了保障多样化产品，在市场调查和需求分析基础上通过坚持不懈的技术革新进行产品设计和开发。如果没有当地土特产品，从各国进口各种各样商品，尤其是各国的名牌商品。此外，政府当局与民间合作生产和销售游客能信任的商品，并对优质商品给予积极的支持，如保护、生产资金支援、开拓销售、宣传等。

（2）保证价格竞争优势

旅游购物作为旅游者的非基本消费，旅游者对商品价格相当敏感。香港旅游商品的一大优势就在于物美价廉。当然其中一个最主要原因是外国商品可以免税价或低价格出售，除此之外，也与香港企业为提高竞争力，降低成本，通过流通体系改造和价格改革制定低价格有很大关系。

（3）强化消费者权益保护

为了更好地方便旅游者购物，香港当局按不同商品种类进行购物区域管理，即设立不同购物街，使外国人可以根据自己需要选择购物街，针对性地购物。为了保障旅游者权益，建立品质保证制度，实施全面品质管理，封锁一切劣质商品的根源。在世界旅游发展和旅游购物发展史上，香港的发展模式非常引人注目。首先，香港旅游购物的发展得益于其发达的社会经济。香港之所以能成为亚洲乃至世界的"购物天堂"，是因为它是亚太地区的金融中心、世界贸易中心，这里商品品种齐全，拥有多类型零售商店、处于世界领先水平的通讯、邮政、电讯服务，有便利旅游者购买商品的商贸制度和出入境手续等，这些营造出了良好的购物环境和购物氛围。可以说，发达的香港经济造就了丰富的购物旅游资源，直接推动了旅游购物的发展。其次，香港旅游购物的吸引力来自于丰富的世界名牌商品、发达的零售业和各具特色的购物设施，以及完善的商业服务三者的完美结合。在这里，旅游者可以自由接触世界最新、最时尚的商品，沉浸在国际大都市的商海中，感受着现代文化、时尚文化，这对访港游客是一次难得的购物体验。

4.2.4　贵州民俗旅游商品营销

4.2.4.1　民族民间旅游商品发展现状

民族旅游商品指的是在少数民族地区就地取材，主要是靠手工制作的，有比较鲜明的民族特色、能体现少数民族风俗和历史文化的各种手工艺品、生活用品、服饰、节日用品和土特产品。

前人对民族旅游商品的开发意义、开发的必要性、资源概况、商品开发设计和商品营销研究的基础情况。姚蔚蔚认为贵州具有特色的旅游商品，并且还有着开发民族旅游商品的资源优势。民族旅游商品的开发，既可以促进民族经济的发展，又可以繁荣旅游购物市场[1]。梁玉华认为贵州民族旅游商品的开发对贵州旅游经济的增长起着极其重要的作用。民族旅游商品因其所蕴含的淳朴、原始、多姿多彩的民族文化而被国外人士十分看重，特别是有鲜明特色的，民族性的旅游商品最是让他们喜爱有加。在游览之余带回一些有民族文化的民族旅游商品是他们必不可少所要购买的旅游商品[2]。刘筱筱认为我国少数民族地区开发推广旅游商品具有得天独厚的优势条件和极其重要的现实意义。她认为在创新开发民族旅游商品的时候，必须要以保护和弘扬民族文化为主线，另外分别从旅游商品的设计、生产、销售和保障机制等这些方面去着手开发，提出我国民族地区旅游商品的创新开发模式[3]。光映炯与和灿芬认为民族旅游地区的旅游商品开发与民族旅游地形象息息相关，而且还影响到当地的旅游收入，同时影响着与旅游相关产业的发展。以结合民族艺术的提炼和创新为前提，以旅游市场的需求为导向，最终实现旅游商品的品牌化开发和旅游商品的营销理念。师瑞娟认为开发与扩展民族旅游商品不仅能推进民族地区旅游业的发展，而且还能够提高民族地区经济整体的发展水平。最重要的是，能不能最大程度上的去吸引旅游者购物已成为衡量一个地区旅游业发达情况的重要标志之一。于萍和朱岚岚认为民族旅游商品作为一种特殊的旅游商品，它在其制作者、销售者和购买者之间，交换和分配的不仅是商品的价值和利益，并且互惠着商品的价值以及使用价值的受益各方，更使其蕴含的民族文化在各方之间传递和传承。同时他们还认为发展民族旅游商品是一项花钱少、效益高、影响大的事业，并且这已成为经济学家共识，是新时代滋生的新经济增长点。而对于商品的营销还应该积极开展品牌营销、事件营销、网络营销和销售服务要配套[6]。

综上所述，前人对民族旅游商品的开发研究主要在商品意义，必要性，和营销等方面进行研究。但是对于融入特色民族文化旅游商品的开发研究还是过于缺乏。

由于它们具有旅游者购买后用作纪念、馈赠和收藏的价值，并蕴含丰富的民族特色，因此被称为民族旅游商品。其在各旅游地区的代表就是各种旅游商品和工艺品。具体分类如表 4–1。

表 4–1　贵州民族地区旅游商品分类略表

序号	名称	包含	西江代表商品
1	旅游商品	土特产品：名烟名酒，各地土产，中药材。 旅游食品：特色小吃，名菜。	米酒，苗医苗药，长桌宴，酸汤鱼等。
2	旅游工艺品	绘画类：国画，民间画，剪纸。 雕塑类：雕刻工艺品，造型工艺品，塑造工艺品。 编制类：芦笙，草帽，中国结。 金属类：银饰，铁器。 织绣类：蜡染，刺绣。	雕刻名牌，竹藤编织品，芦笙，草帽，银饰，苗服，蜡染刺绣。
3	旅游日用品	游览、携带、漱洗和旅居用品。	苗服，草帽等。

由表4–1可看出旅游商品中民族旅游商品在这之中占据着很大的一部分，并且西江苗寨的各种旅游商品在其中都有着标志性的代表，是民族旅游商品的形象展示。

“民族文化商品化是民族文化保护的有效方式，旅游工艺品是民族文化商品化的最佳载体之一”。少数民族手工业产品需要走旅游商品化的道路。但是，存在一些因素阻碍了少数民族手工业产品的旅游商品化，而学界对此缺乏足够的关注，本文对这些阻碍因素进行了分析，民族文化以其独特的异质性成为我国重要的旅游资源。随着旅游业的发展，民族文化商品化问题日益成为学界普遍关注的问题。如何在文化商品化和文化内涵化过程中实现本土民族文化的传承，已经引起广泛重视与争论。学者宗晓莲认为民族文化商品化是指“旅游使目的地社会关系深受市场交换规则的影响，一切吸引旅游者的东西都可以标上价格，在市场上买卖”。而学者马晓京则认为民族文化商品化与民族文化旅游资源商品化是不同的，旅游开发中的民族文化商品化往往停留在文化表象价值的商品化，是民族文化旅游资源商品化，民族文化一旦出现在旅游市场上，它就不再是民族文化的原生形态，而成为一种新的、有偿有价的民族旅游文化商品的再生形态。由此，深入研究旅游开发中民族文化的商品化问题，具有重要的理论与现实意义。

4.2.4.2　民族民间文化何以商品化

民族文化是某一民族所创造的不同形态特质的复合体，包括物质文化、制度文化和精神文化。民族文化中的物质文化层面主要指民族文化中的物质创造部分，如工具、服饰、建筑等，处于民族文化的表层；制度文化是指一个民族共有的习惯性偏好、行为或一个民族遵循的风俗、制度及各种社会关系的总和，处于中间层；精神文化主要包括民族意识、价值观念、宗教信仰等，是民族文化的深层结构。正如部分学者的观点，民族文化作为一种客观存在的文化资源，要成为旅游者前来观光、欣赏和体验的吸引物，必须经过所谓商品化的过程。需要按照旅游市场的要求，将民族文化要素如民族饮食、服饰、建筑、工艺品、歌舞、风俗节日等作为旅游产品在旅游市场上进行交易，旅游者在消费这些旅游产品中获得文化享受，并为此支付费用。目前，旅游开发中民族文化的商品化主要包括以下几项内容：

一是饮食文化的商品化。独具风格的饮食文化常常成为民族文化的重要特征之一。随着旅游业的发展，民族饮食已经成为民族旅游中最受旅游者期盼和欢迎的吸引物之一，因而加快了民族饮食的商品化进程。民族饮食的商品化，不仅可以吸引发达地区的财富向少数民族地区转移，也可以让旅游者在享受少数民族饮食的同时，更真实而深刻地体验到民族饮食文化。尤其是民族文化旅游地的农家乐，如西双版纳傣族园、迪庆香格里拉霞给藏族文化生态村等，通过民族饮食文化的商品化，可以让旅游者拥有多元复合的饮食体验，满足个体从追求愉悦到寻求文化意义的不同体验需求。

二是服饰文化的商品化。民族服饰是民族文化的载体，也是民族文化的直观表现，在支撑整个民族地区文化和推动民族旅游发展方面具有重要作用。一方面，民族服饰近年来越来越受到旅游者的青睐，许多旅游者常常将民族服饰当作艺术品进行购买和收藏，扩大了民族服饰的市场需求；另一方面，随着旅游目的地民族服饰制作工艺者的逐渐老龄化，而年轻人对古老的手工技艺又不再感兴趣，他们更愿意拿出积蓄来购买一套民族服饰，从而“自然促成民族服饰的商品化”。民族服饰的商品化显然成为一种发展趋势，也只有当民族服饰实现商品化并成为旅游业的重要元素时，民族地区的旅游业才能激发出生命力。

三是节庆文化的商品化。民族节庆以其文化独特、主题鲜明、内容丰富、场地灵活、参与广泛以及产品的民族性而日渐赢得旅游者的喜爱，影响力也越来越大。如苗族的踩花山、仫佬族的走坡、傣族的泼水节、彝族的插花会等节庆活动，旅游者参与其中，不仅可以体验节庆的喜悦氛围，与当地居民结下美好情谊，而且可以更加深入透彻地理解民族文化的深刻内涵。目前，国内很多地方大多通过举办各种节庆活动来弥补旅游淡季带来的影响，以扩大旅游宣传来营销旅游产品已成为普遍共识。

四是工艺品的商品化。民族工艺品是旅游文化艺术产品中的重要组成部分，也是旅游者认识和理解民族文化精神的重要途径，具有浓厚文化底蕴的民族工艺品也成为旅游者认知民族文化与历史的重要载体。民族工艺品的商品化被认为是民族文化商品化最直接、最可行和最具特点的表现形式之一，能够将民族的建筑、文字、宗教、传说、习俗等有形的文化形态，通过旅游者的购买行为实现其传播与发展。某种意义上来说，民族文化旅游的本质属于一种经济活动，民族文化旅游资源以商品的形式进行出售从而导致了民族文化的商品化。在这种大众性的文化消费过程中，旅游者以购买旅游产品的形式完成对民族文化的体验与欣赏。民族文化无论是有形的还是无形的，都可以作为吸引物进行旅游开发，使民族文化的商品化成为一种必然趋势。

影响民族文化商品化的因素众多，主要原因有以下几点：

第一，旅游从业者对于经济利益的追求。旅游在本质上是一种商业活动，虽然旅游者是为了内在的需要而旅行，但旅游目的地却往往是为了经济效益才发展旅游的。随着人们文化需求的逐渐增强与文化旅游的兴起，民族文化作为一种具有丰富物质外显和精神蕴涵的特色文化，越来越受到青睐。民族文化不仅对旅游者极具吸引力，更能为旅游经营者带来巨大的经济利益，旅游从业者往往通过多种途径对民族文化进行精心发掘、提炼、加工和包装，使之成为能销售给旅游者的旅游商品。民族文化作为以往在经济价值和经济交换之外的东西，已变成了可以买卖的商品，成为旅游开发中的重点对象。

第二，旅游者对于文化体验的需要。“旅游是人类行为的一部分”，“它包含有许多表述性的文化内容，如仪式、艺术、运动、民俗。这些东西与日常生活不同，从而使得生命变得有意义”。民族文化作为极富民族特色和文化蕴涵的文化形式对旅游者具有较强的吸引力，随着旅游活动走向特色化和个性化，旅游者希望分享和体验民族地区的真实生活，感受到淳朴的民风、民俗。由此，旅游目的地为吸引更多的旅游者，便通过展示、表演、出售工艺品等方式销售给旅游者，让旅游者参与文化互动并亲身体验到民族文化，加快了民族文化商品化的过程。旅游者对文化体验的需要成为旅游开发中民族文化商品化的重要原因之一。

第三，旅游地居民对于本土文化的推销。虽然传统文化内生于共同体中，每一种传统文化始终要扎根在生成该传统的共同体的土壤中才能“存活”，但文化的传承和延续离不开同外来异质文化的交流和采借。旅游开发使得旅游地居民对本民族的文化产生关注并对民族传统产生自豪感，由此会增强民族文化的价值感，唤醒与外界交流的愿望，并促使其努力从生活环境中寻找可以带来经济效益的事物。于是，就会出现将过去看似无用的“传统”进行挖掘、加工、销售。旅游地居民对本土文化的推销助推了民族文化商品化的发展。

第四，政府的相关政策导向与扶持。旅游业是一种劳动密集型的产业，对于劳动技能要求低的经营单位最适合不过。另外，旅游业还是一种发展手段，特别适宜那些不发达的边远地区。总体而言，少数民族聚集地区大多属经济欠发达地区，通过发展旅游业带动整个地方经济的发展无疑是重要选择。在各级政府“发展民族旅游，脱贫致富”和“发展民族经济，旅游先行”等政策导向与各种扶持下，民族地区纷纷加大了旅游开发的力度，旨在将地区的文化、环境资源优势转变为经济发展的动力，从而加快了民族文化的商品化过程。

4.2.4.3 民族民间旅游商品的营销发展现状

贵州民族手工艺旅游商品品牌建设与产业化发展初见成效，但是品牌缺乏，市场狭小，交易平台有限，产业化发展水平不高，发展模式可持续性不强，以人为中心的自主能力培育还需加强等一系列问题仍然存在。从民族手工艺旅游商品的生产、设计、基于网络营销关键技术的开发等方面入手，可以探索贵州民族手工艺旅游商品品牌建设与产业化发展模式。

第一，贵州文化遗产型的旅游资源厚重丰富，各种民族语言、文字、歌舞、服饰、体育、民族、风情、建筑工艺交相辉映，是一座鲜活的“自然与历史文化生态博物馆”。截至目前，贵州已经初步形成了银饰银器、蜡染蜡画、民族刺绣等10多个大类1000多个品种的旅游商品体系，全省扶持民族手工艺品加工类微企1123户，产业化发展初见雏形。但是其还存在一系列问题。

第二，最为关键的问题表现在：品牌缺乏，国际性品牌屈指可数，市场狭小，带动性不强，难以与手工艺旅游商品市场实现无缝连接，民族手工艺品难以从“地方土特产品”向知名品牌跨越，传统生产方式没有很好地向现代化生产方式转变和转型等。研究贵州民族手工艺旅游商品品牌建设与产业化发展，探索民族手工艺生产性保护方法和渠道，有利于贵州民族手工艺旅游商品的可持产品生产、设计及销售。由于产品的生产多为纯手工，制作费高昂，难以实现产业化。产品的设计均为手工艺大师们的独创，虽然体现了手工艺品的原生性，但是没有结合市场的需求，产品特色不够，文化挖掘不深，缺乏创新性，传统和时尚没有得到有效的整合。实体销售和网络销售结合，其中实体店的销售占主导方式。贵州黔艺宝、铜仁松桃苗绣有限公司等代表性手工艺企业的产品销售主要以实体店销售为主，实体店销售额占到其收入的主要部分；网络在线销售方面，联合搭建了淘宝网“多彩贵州旅游馆”，在网上销售民族手工艺旅游商品的品牌有：黔香阁手工银饰、贵州屯堡民艺坊、多彩贵州服饰、多彩贵州蜡染巷、味蕾坊多彩贵州民族风等。总的来说，销售覆盖范围小，渠道狭窄。

就贵州目前手工艺品现状来看，贵州拥有的手工艺产品门类较多，但是其在国内外的知名度不高，品牌缺乏。国际知名品牌更是凤毛麟角，多为一些地方性的小品牌。尽管贵州省拥有丰富的民族工艺品资源和背景材料，但开发滞后，很难适应市场需求。较为知名的品牌主要有“林雪飞”牌“民族时尚装系列”、“严小妮”牌木人系列、黔艺宝、松桃苗绣、丹寨宁航蜡染、丹寨石桥古法造纸等。其他像“晓晴”牌民族娃娃、黔东南州玉芬民族工艺银饰制品、贵州名创“重彩真丝蜡染”系列产品、锦绣图腾工艺品等正在努力树立品牌（表4–2）。

表4–2　贵州民族手工艺旅游商品品牌

品牌	经营项目
林雪飞	民族时尚装系列、民族礼服系列及马尾绣品系列
严小妮	主要产品为“严小妮”品牌原创木偶娃
黔艺宝	苗族手工装框银饰、苗族银冠系列、珐琅银饰系列、刺绣系列、蜡染系列、银饰系列，图腾花瓶、挂钟、台历、杯垫等系列产品
松桃苗绣	成花鼓刺绣系列、鸽子花刺绣系列、梵净山风光刺绣系列、鱼龙图腾刺绣系列、生活习俗和民间故事刺绣等六大系列，获得9001：2008国际质量体系认证，成为外交部指定外交礼品
丹寨宁航蜡染	亚麻蜡染台布系列、全棉蜡染围巾系列、麻棉蜡染床上系列、亚麻蜡染窗帘系列、蜡画及壁挂系列、个性化高级蜡染馈赠礼品系列
丹寨石桥古法造纸	墙纸、灯罩、挂历等多种文化创意产品

第三，品牌化意识不强，产业化发展模式可持续性差。目前，贵州具有标志性的民族手工艺品牌严重缺乏，尤其是国际性的品牌。林雪飞系列产品、松桃苗绣系列虽然在国际上具一定影响力，但还是非常弱小。贵州民族手工艺旅游商品的开发文化挖掘不够，特色不突出，产品形式单一，缺乏创新，消费者的评价不高，知名度不高，竞争力不强，没有形成标志性的品牌。产业化发展模式可持续性不强政府举办大型展销会，对贵州手工艺推广发挥了重要作用，但是对于手工艺的产业化来说，贵州还难以形成产业化，展销会形式固然对手工艺的推广起到了一定作用，但是贵州还需找一个可持续的，推动传统手工艺产业化的模式，加大对旅游商品生产企业的扶持力度，加大对旅游商品营销体系的建设力度，打造旅游品牌商品，搭建交易平台，完善旅游产业体系，延伸旅游产业链，进一步加快我省旅游商品精品化、产业化、集约化发展的步伐。

第四，产品与市场的对接受工艺技术制约。民族民间手工艺品在国际时尚潮流市场中影响力较小，交易平台有限。贵州到目前为止，还缺乏一个广大的手工艺交易平台提供给消费者、手工艺大师们。举办国际国内展销会，无疑为贵州手工艺旅游商品提供了平台，例如旅游商品两赛一会连续举办了8年，挖掘出了众多的贵州明创，培育了手工艺大师，带动了中小型企业的发展。但是其提供的交易平台是有限的，没有与手工艺市场进行良好的连接，贵州的手工艺产品的品牌化和产业化还需探索出一个更为合理的发展模式。产品设计不能有效结合市场，市场是手工艺产业化的重要组成部分，根据需求来打造手工艺是贵州应该走的道路。贵州手工艺的品牌化需要独特的产品来塑造，需要消费者和设计师们一起协作，中高端市场的消费者大多追求新颖独特的东西，这与消费者的需求是息息相关的。因此，贵州手工艺的设计应该是设计大师和消费者共同努力的结果。

4.2.4.4 贵州民族旅游商品营销策略

（1）对贵州民族手工技艺等进行元素式的挖掘、分类与整理例如从技术、艺术、人文等层面对纺织、刺绣、蜡染三大手工技艺进行了梳理，将三大技艺解构到了“元素”一级，以“元素”作为定位，将贵州民族手工技艺分类、整理，有利于对文化深层次的挖掘，树立品牌形象。保留、保护贵州手工艺旅游商品的设计与制作，要打造具有标志性的本民族旅游工艺品并使其成为品牌，就必须找出当地独具的民族文化、地域特色和民族风情的手工艺旅游商品，深挖民族文化，采用传统工艺和天然原料；注重和手工艺人的联系，无论是生产者还是消费者，为这些群体打造沟通交流的平台；着力于设计，特别是基于现代需求，又结合手工艺个性制作技术的产品。

（2）贵州民族手工艺旅游商品村民自主发展的能力培训。贵州民族手工艺旅游商品品牌化和产业化的过程中，人力资源是关键问题。开展针对留守在乡村中的妇女和城市低收入妇女的传统手工技艺如刺绣、纺织、蜡染的培训。例如，提高民族手艺制作品质的培训、营销方式的培训，如网络、订单等实践，树立民族手工艺知识产权保护、差异化品牌意识、对传承手工艺、改善生活品质具有现实意义。打造政府、企业、高校、公益组织、乡村、设计师、消费者共同循环扶持的新模式平台，培养相关人才，为贵州民族手工艺旅游商品品牌化和产业化奠定基础建立了与手工艺人及公益组织的合作，最大程度保护手工艺人的权利及利益，确保手工艺人的生活，为设计师、销售商、消费者等紧密联合和沟通提供交流平台。这有利于促进手工艺品的生产和改良，更加贴近市场需求。例如与公益组织合作，最大程度保护手工艺人的权力及利益，确保手工艺人的生活；与高校合作，培养学生及青年教师，利于手工艺的传承；建立民族传统手工艺旅游商品的研发与培训基地等。

（3）基于网络的营销和宣传推广关键技术研发建立广大的网络交易平台，例如美国万村、ETSY网站，实现手工艺旅游商品与市场的无缝对接，为手工艺旅游商品的销售提供了广大的平台，在塑造品牌的同时提高产业化发展水平；开发手机APP应用软件，拓宽手工艺品的营销渠道，增强其覆盖范围，试验在移动终端设备中投放使用。

4.2.5　云南民族民间旅游商品营销

4.2.5.1　云南民族民间旅游商品营销的制约因素

（1）挖掘利用不深入。受经济等条件的制约，云南省包括民俗文化旅游资源在内的许多旅游资源至今尚未得到很好的开发利用。对民族风情开发不但存在种类开发不够的问题，也存在着地域范围不够广泛的情况。如丽江地区，目前的民族民间文化开发主要集中在古城区和宁蒗的泸沽湖地区，其他几个县则相对滞后，导致资源利用的不平衡和不全面。

（2）对已有的产品开发深度不够，至今仍停留在表面。层次不够深入，对蕴含其中的深刻内涵和重大价值挖掘不深、不全，导致产品结构简单，品种单一。如昆明市内的民族村，虽然开发良好，但也存在只简单重复各民族习俗，而对其文化和历史挖掘不够的情况。另外，民俗旅游产品开发联动不够。已有产品，如司岗里文化节、孔子节、火把节等，各自策划展开，没有整合到旅游线路的整体规划中来，不能发挥联动效应。

（3）宣传营销不充分。从旅游开发的实践来看，云南对自身民俗文化的宣传还做得不够。缺乏明确的市场战略和品牌战略。在民俗文化旅游方面，不仅缺乏名气大，影响力强的民族文化品牌。即使有相应的品牌，由于没有形成强有力的宣传推广与营销执行渠道、宣传推广不到位而得不到外界的迅速认可与接纳，影响云南民俗文化旅游资源知名度的扩大与提高。目前，云南省政府每年对旅游宣传的专项资金投入只有500万元左右，这对云南这样的旅游大省来说是一个很大的制约。

（4）行业发展水平低。云南文化旅游起步晚，底子薄，虽然近年来发展快，但总体的来说还比较低。这不但表现在前面叙及的保护措施难落实，资源开发不充分、市场拓展不到位等方面，也体现在行业管理水平差，人力资源缺乏、旅游企业经营方式落后等问题上。具体表现为，云南的许多旅游酒店和旅行社至今还在沿用传统的小作坊式的经营方式，单位分散，手段落后，难以适应旅游业个性化、多样化、规模化发展的需求；在资源利用上缺乏对民俗文化资源动态、持续地调研和深度发掘；对已有资源的管理存在缺位和错位，缺乏明确的、操作性强的行业规划和指导；在人才的培养方面面临着教育机构和师资力量不足等瓶颈的制约。

4.2.5.2 云南民族民间旅游商品营销重点

（1）营造良好的消费环境。创造条件争取省内外甚至国外企业来云南投资开发、生产特色旅游商品，鼓励他们与地方企业合作办厂开店、联合经营，从而拓展云南旅游商品开发生产及经营的规模和档次。还要根据旅游消费者购物的行为特点，去帮助和指导旅游商品开发生产的个人和企业调整产品结构、营销策略和销售重点，集中力量，有的放矢，以适应旅游购物市场可能出现的变化。这些年来，民族民间工艺品的散落流失，民间工艺人的外出和手艺失传，应当引起我们重视。两赛以后，应能借机筛选出一批能工巧匠，争取组建一支能独立操作和表演展示的能工巧匠队伍，建立能工巧匠数据库。借势组织各地加大力度挖掘、传承和提升民间工匠、艺人在传统手工艺品、民族民间商品、土特产品、纪念品制作开发等方面的能力，尤其要对具有独特传统民族民间工艺的抢救，避免和防止它们的失传。同时要教育他们尊重自身民族传统，爱护珍惜祖宗遗存，懂得非物质文化遗产价值，努力推陈出新，创造民族工艺精品。旅游商品的销售应植根旅游目的地，与旅游交通、餐饮、住宿、娱乐、游玩融为一体。在有条件的旅游中心城市，选址规划、招商建设融旅游商品设计开发、生产加工、产品展示、交易集散、旅游观光、休闲娱乐等多功能为一体的特色旅游商品经济园区。

在景区内建立一支旅游警察分队，可身穿警服，佩带武器，佩戴统一旅游警察的标志。闲时进行良好的职业教育和专业体能训练，在关键时刻可起到巨大的作用。这支队伍不仅能让游客在旅游购物的时候感觉很强的安全感，还使景区的整体质量和素质得到极大的提升。一是营销没有形成合力。没有统一的广告、统一的形象。二是政府或相关部门推形象的时候企业没跟上去。国外成功的经验是政府搭台，举办展销会、推介会，推介会上旅游企业的人在发传单、卖产品，企业在唱戏，这是我们的短板。到客源地区推销的时候，不但要有对公众展销、推销，还应该设计企业和企业之间的对接，对此国外已经有非常成功的经验了，一个展销会后边会跟着十个甚至几十个酒店业、旅行社行业、景区的部门和当地的客源市场，还有媒体、旅游行业协会等具体企业之间的推销、谈判、结合，这会大大地增加市场营销投入、广告投入的效益，我觉得这是非常好的，值得研究的问题。三是缺乏市场营销方面的人才。不管你卖产品也好，营销也好，得靠专业的队伍。其实我省不乏这样的人，比如20世纪80年代到90年代，我们到欧美市场、日本市场去营销就很成功的。当年的那些老战士们有的退到高校、有的退休回家了，我们完全可以把这些人请出来，专门搞培训班，不但要培训旅游公司的人，还要培训决策者，让决策者有先进的市场营销理念，让中层的管理者有先进的市场营销的技术。如果我们利用这些资源，把营销队伍搞上去了，那么很多具体营销的战略和方法自然就有了。

（2）更新商品营销模式，政府牵线搭桥，建立生产商和营销商的对接；建立设计创新和市场策划专家与生产商和经营商的对接。在商业步行街的各商家可采用“前店后场”的营销模式。旅游商品销售店面与商品的生产相连，如游客想购买银质饰品，可先到制作坊参观，想好要设计成型的模样，店家可直接为其打制。让游客在购买商品的同时直接了解旅游商品的全部制作过程，游客既增长了见识，购买兴趣也大大提高。应当鼓励现有高等院校设计专业、工艺美术与工业设计研究院所、旅游商品设计、生产、经营等单位建立产、学、研一体化的全面合作，形成集开发、生产、销售、信息反馈为一体、适应市场机制的旅游商品生产链，加强我省旅游商品开发、生产和更新换代的能力。政府还应帮助指导企业创造条件举办有关旅游商品策划、设计创新开发、市场经营等方面的培训班，从根本上整体提高旅游商品行业的核心竞争能力。旅游商品的发展应借助于行业自身的努力，组建旅游商品行业协会，整合我省旅游商品设计生产和营销能动。

（3）开发多样的销售渠道。

第一，实行一家商铺一种产品的策略。建立的商业步行街上的每一户商家制造出一种既传统又富有民族特色，更能让现代社会接受的产品。因为苗寨的各村民都擅于手工制作，或银器或木雕或蜡染，所以可设计如银饰品，蜡染小服饰，木质工艺品或手工编织物等。

第二，举办购物节活动，云南有许多具有民族特色的节日，既然有这么多的节日，何不以此为基础，在苗寨举办购物节。例如吃新节，姊妹节，鼓藏节和苗年等，还可以不同节日的习俗或食物作为这一购物节主要内容，或举办类似重要活动。如姊妹节就可以推出各种色彩的乌米饭，情侣木偶，情侣服饰，情侣银制手镯等。还可进行游方活动。

第三，加强宣传导购加强对旅游者的宣传导购，注重对民族文化的理解。对游客的宣传导购除了利用好宣传手册，媒体广告，网络宣传等多种手段去引导旅游者购物外，更重要的还应高度重视导游的作用。通过导游对景区特色、民风民俗和历史文化的讲解，游客可以在感受文化熏陶的同时，欣赏精湛的民间制作工艺。并且游客在购物的同时，既开阔的眼界，又增长了文化见识，得到了物质与精神的双重满足。

第 5 章　旅游商品营销创新研究

5.1　旅游商品营销中普遍存在的问题

（1）商品营销中存在盲目削价竞争问题

许多旅行社把降价作为主要竞争手段。旅游商品在营销的过程当中必然会面临各种各样的问题，这些问题严重制约着旅游商品的发展与壮大，只有真正认识并解决，才能让旅游商品的市场越来越大。

（2）忽视售后服务问题

现代旅游市场营销中，旅游产品是包含核心产品、有形产品和附加产品的整体概念。它不仅要求给予旅游者生理上、物质上的满足，而且给予旅游者心理上、精神上的满足。这就要求旅游企业把游客视作“上帝”并为之服务，否则必将被市场所淘汰。现在绝大部分旅游企业没有一个较好的旅游产品售后服务体系，许多旅游企业认为根本没有必要。

（3）法制意识淡薄问题

有的旅游企业认为旅游者提供虚假服务信息。以贿赂手段拉拢顾客，诋毁其他旅游企业的声誉，有的甚至冒用其他旅游企业的品牌等等。这种做法严重扰乱了旅游市场秩序，损坏了旅游企业形象，破坏了国家的法制，使旅游市场商品供需双方都受到损害。许多旅游企业除酒店行业外大都采用的是承包经营的运作方式，特别是旅行社经营。许多经营者只顾眼前经济利益而忽视法制化经营，结果造成因旅游合同未能履行而发生大量纠纷和旅游投诉。加强法制观念，用法律规范旅游市场商品营销中的行为，是我国旅游企业应注意的问题之一。从长远来看，依法办事是保护旅游企业和旅游消费者双方合法权益的必然选择。为了眼前利益而置国家的法律法规于不顾，最终只会使双方受损，并且会破坏旅游企业的外观形象，严重阻碍我国旅游业的健康发展。

（4）科技含量低的问题

系统性不强，没有把网络技术的优势充分运用到旅游市场营销中去。

缺乏高质量、高品位的旅游营销策略。没有高科技的旅游营销支持，会制约旅游业的规范化、智能化、信息化和全球经济一体化的发展趋势。许多旅游企业在经营运用的过程中，手工劳动较多，缺乏对高科技、新技能的运用。以旅行社日常业务为例，大都停留在对电话、传真的使用上，在信息化高度发展的今天，这样的营运模式显然是跟不上时代发展的需要的。

（5）追求短期销售目标问题

中国很多旅游企业追求的是短期的销售目标，而不是长期的营销目标。没有几个部门或旅游企业在年初即拥有自己完整的《年度营销计划书》，更别提近、中、长期旅游营销规划了。他们不熟悉旅游产品策略、旅游价格策略、旅游营销渠道策略、旅游产品促销策略之间微妙复杂的关系，不太关注根据消费者需求心理去选择适合的推广策略，促销载体。旅游商品营销战略与营销计划尚停留在初级阶段，不能深度挖掘，更不用谈什么旅游市场营销计划控制、旅游商品营销成本利润控制、旅游商品信誉控制和战略控制。即便是对于推动作用较大的节事活动与公关活动的策划设计和执行也是如此。一个好的节事活动或公关活动的策划能带来巨大的直接效益和间接效益，然而，很多地方却并不深谙市场和商品运作的妙处，或者抄袭照搬别人的模式，或者在自己管辖的地盘里“鼓吹”一番，结果劳民伤财，达不到促销的真正目的。

（6）忽视旅游形象的问题

旅游形象问题已成为各地一个较为头痛的问题，而营销的主要诉求又是要将充分反映实际特色的旅游形象提炼出来，通过有效的营销手段传播给目标受众。但近几年国内在大力推销自身的形象特色时，由于没有认真分析旅游目的文脉与地脉，不能充分根据市场需求来科学设计具有鲜明特色和吸引力的旅游形象，以致促销经费花了不少，游客量却不见增长，所以打造旅游品牌的口号也就是空谈罢了。

5.2 旅游商品整合营销

5.2.1 基于旅游商品属性的 4P、4C、4R 营销组合策略

5.2.1.1 旅游商品的 4P 营销组合策略

（1）旅游产品营销策略（Product）。它是旅行社营销战略中的首要因素，旅行社必须营销消费者市场所需要的旅游产品，企业才能求得生存和

发展。旅游市场营销组合中产品是最重要的因素。

①旅游产品的基本概念。众所周知，旅游产品是旅游经营者提供的为满足旅游者旅游消费所需要的旅游设施、旅游服务以及具有吸引力的旅游项目和线路，是食、住、行、游、购、导、娱等要素的载体组合，由实物和服务构成，属于服务性产品。对旅游者来说，就是旅行经历或旅游体验。旅游产品作为一种组合型服务产品，具有综合性、无形性、不可移动性、非贮存性、生产与消费的同步性等特点，有别于物理形态表现出来的具体劳动产品。

②旅游产品的构成。鉴于旅游消费的综合性和多样性，相应要求旅游产品同样具有结构的多元组合性，实际构成内容也是如此。其形态构成既包括实物形式的有形产品，如旅游汽车、旅游饭店、旅游购买品等，也包括服务形式的无形产品，如导游服务，购物服务、餐饮服务等接待服务产品；按其功能划分，可包括观光旅游产品、度假旅游产品、专项旅游产品、特种旅游产品等。

③旅游产品营销。随着旅游业的深入发展，旅游者文化素质的提高，对一些观光产品大路货已不感兴趣，因此，应实施观光旅游产品的精品战略、品牌经营。可以预见，21 世纪将是中国观光旅游产品的精品世纪。同时，随着“休闲时代”的来临、中国人民的生活由“温饱”型进入“小康”型的现实，为大众化的休闲度假产品发展创造了条件。因此，家庭休闲度假，城郊休闲度假、乡村休闲度假、海滨休闲度假、节假日和双休日休闲度假乃至出境休闲度假产品都将有广阔市场。

（2）旅游企业营销价格策略（Price）：旅游产品的买卖过程，实际就是消费者（旅游者）实现时空范围的自由移动、高水平服务的购买与享受的过程，这些都是市场经济的活动，必须按照市场规律、经济原则实行等价交换。掌握旅游产品价格的形成过程与产品定价的方法，灵活运用各种定价策略是旅游管理和组织者进行市场营销活动的主要手段。

（3）旅行企业营销渠道策略（Place）：市场营销渠道决策是旅游企业的重要决策之一。客户网络是重要的外部资源，通常多年才能建立起来，它和旅游企业的重要内部资源，如导游、营销队伍等可以相提并论。旅游产业逐渐呈现规模发展态势，因此营销渠道以及与之相适应的配销系统的建立是必要的。不能忽略的是，网络经济的发展使得消费者和营销者之间可以更直接和快捷地建立营销渠道，甚至省略了以往传统的营销渠道和环节，这就要求我们的营销队伍、营销体系完整、高效，体系统一、办公环境的网络化智能化程度高。

（4）旅游企业组合促销策略（Promotion）：旅游企业市场营销不仅是开发旅游产品，制定出合乎市场需求的价格占领市场，还必须同现实的、潜在的消费者进行沟通，承担起沟通与促销的职责。保证沟通信息有效的是关键沟通的内容、对象和频率。配置完整的市场营销沟通系统是十分必要的。旅游企业必须同关联企业、消费者及各类上下游企业、政府相关部门、行业协会、甚至企业内部员工进行彻底的沟通。各个群体的沟通均给企业以反馈。旅游企业制定销售计划、培训营销人员、设计优秀的广告、开展各种促销活动，就是市场营销沟通组合——促销组合运作的内容。促销组合由四个工具：广告、销售促进、推广、人员销售构成。

5.2.1.2 旅游商品的 4C 营销组合策略

1990 年美国的劳特朋教授提出了 4C 理论：把产品搁置一边，研究消费者的需求与欲望（Consumer wants and needs），不要再卖你所生产的产品，而要卖别人想购买的产品；暂时忘掉定价策略，快去了解消费者满足其欲望所想付出的成本（Cost）；忘掉通路策略，应当思考如何给消费者方便（Convenience）以购得商品；最后忘掉销售促进，90 年代正确的词汇是沟通（Communications）。4C 理论同样适用于旅游产品的营销。

顾客（Consumer）：旅行社开发了新的线路，选定了新的市场和产品，不要急于考虑推销给客户，而是先了解自己的客户需要什么样的旅游产品，他们的购买力如何等，再去为他们寻找到适合的推介。

成本（Cost）：了解你的顾客内在需要后，先不要考虑用什么样的价格策略确定投资回报率，而要先计算提供给顾客的产品需要付出多大的成本，然后结合了解到的顾客想为这次旅游付出的成本，决定价格策略和利润目标。

便利性（Convenience）：忘掉固定的销售渠道，选择更能让消费者接近的销售方式，包括选线、组团方式、交通方式、付款方式、办理途中各种入住、接待手续、实施旅游服务等使客户轻松满意。

沟通（Communications）：最后忘掉促销，用服务和产品与顾客沟通，使顾客得到充分、真实的信息，做出满意的决策，最终建立顾客与企业的高度忠诚关系。

5.2.1.3 旅游商品的 4R 营销组合策略

美国学者舒尔茨（DonE. Schultz）提出了营销组合的最新理论“4R 营销组合理论”，即市场营销包含的 4 个要素：关联（Related）：在竞争的环境中，厂商、经营商、零售商都必须时刻关注顾客的需求及变化，提高顾客的满意度和忠诚度，同时必须注意与上游企业形成一个卓越的价值让渡系统或战略网，提高整个战略网的竞争力。反应速度（Response speed）：企业应在顾客的需求变化时，甚至在变化前做出适当的反应，以便与顾客的需求变化相适应。关系营销（Relation）：企业应当与顾客建立长期、稳定、密切的关系，降低顾客流失率，建立顾客数据库，开展数据库营销，从而降低营销费用。回报（Return）：企业营销的真正动机在于为企业带来短期的利润回报和长期的价值回报，这是营销的根本出发点。

4R 理论使企业清醒地认识到营销的战略是以为客户服务为中心的发展战略。4R 理论根据市场不断成熟和竞争日趋激烈的形势，着眼于企业与客户互动双赢，不仅积极地适应客户的需求，而且主动地创造需求，运用优化和系统的思想去整合营销，通过关联、关系、反应、回报等形式与客户形成独特的关系，把企业与客户联系在一起，形成竞争优势。4R 理论是新世纪营销理论的创新与发展，也必将对旅游企业的营销产生积极而重要的影响。

关联（Related）：旅游市场需求主体转向以个人为主，旅游企业（旅行社）需要尽快转变观念，为旅游者提供全方位的服务，与之建立关联，形成一种互动、互求、互需的关系，提高顾客满意度，进而培养顾客忠诚度，把客户与企业紧密联系在一起。此外旅行社不能再把酒店、景区、交通部门等视为成本中心，而要与他们联盟，制定互利战略，构筑顾客价值让渡系统。

反应速度（Response speed）：面对迅速变化、复合发展的旅游市场，谁能快速回应市场或者提前洞察到市场的变化趋势，开发出符合顾客需求的产品，谁就会成为市场竞争中胜利者。最成功的项目或服务往往都是最先推出的、具有特色的、迎合了市场需求的项目。目前，为适应并满足国际、国内旅游多种层次旅游者的需求，那些主题明确，旅游者偏好突出，兴奋点集中，寻求更高层次自我满足和自我实现的专项旅游产品如生态旅游、节庆旅游、会议会展旅游、宗教旅游、修学旅游、购物旅游等将受到旅游者们的青睐。在回归自然、绿色消费的时代潮流推动下，绿色旅游、环保旅游等生态旅游，将会有更广阔市场和更大发展。尤其是休闲观光农业、乡村休闲旅游、森林公园和自然保护区等生态旅游产品将会进入一个新时代。具有参与性、探险性或竞技性都很强的如探险、科学考察和体育竞赛等特种项目，也将以其艰难性、风险性和刺激性而可以产生社会轰动效应和创造较高的经济附加值。

关系营销（Relation）：关系在旅游企业营销中的作用比其他行业都

更为重要。因为旅游产品具有综合性、无形性、不可移动性、非贮存性、生产与消费的同步性等特点，消费者只有旅游结束后才能完成对此次购买的评价。因此旅游企业营销的核心就是要处理好与顾客的关系，把质量、服务、营销有机结合起来，从交易变成责任，从单纯客户变为关系，从管理营销变成管理与客户的互动关系，与客户建立起稳定友好的关系。

回报（Return）：回报是营销的源泉，也是市场营销的价值所在。一方面回报是营销发展的动力，另一方面回报是维持市场关系的必要条件。企业要满足客户需要，为客户提供价值，但不能只做“奉献”，包括旅游企业在内的一切营销活动都必须以为客户、股东、社会创造价值为目的。

5.2.2 基于新兴营销理念的旅游商品营销导向

在旅游商品营销不断发展的过程当中，新的经济形式、营销模式和营销方式不断涌现出来，这里我们就对一些新营销理念的旅游商品进行分析。

5.2.2.1 体验经济与体验营销

（1）体验营销是在1970年由美国著名未来学家阿尔文·托夫勒就提出了体验经济的理念，但直至1998年，美国战略地平线LLP公司的两位创始人约瑟夫·派恩和詹姆斯·吉尔摩在《哈佛商业评论》上发表了《欢迎进入体验经济》一文：1999年他们在哈佛商学院出版社出版了《体验经济》一书，这时体验经济的理论才得以受到人们的关注。

至今，体验营销也没有一个较权威的定义。在笔者所搜集的资料当中，有以下几种提法。

①体验营销就是企业以消费者为中心，通过对事件和情景的安排和特定体验过程韵设计，让消费者在沉浸予体验过程中，引爆他们心中的欲望，产生美妙而深刻的印象，并获得最大程度上的精神满足的过程。

②体验营销就是把消费者的感官、情感、思考、行动、联想等要素融为一体，作为设计、生产产品或提供服务的主要依据，注重消费者在消费前、消费时和消费后对“大营销”过程的全程参与，以充分响应消费者的诉求，不断推出满足消费者个性化需求的营销模式。

③体验营销是以互动的方式满足消费者体验需求的营销活动，和传统营销方式一样，体验营销的关键是使消费者需求在体验中得到满意。

④体验营销是以创造、引导并满足消费者的体验需求为目标，以服务产品为舞台，以有形产品为载体，通过整合各种营销方式进行促进销售。

而今，体验经济在有关旅游营销的研究文献中，有一些学者曾提出要倡导个性化服务，例如开展“当一天农民”等旅游活动；还有一些学者提出了情感营销、定制营销、“一对一”营销理论，这些策略和理论其实都是体验营销的内容。但它们又不能完全涵盖体验营销，其依据只是顾客的个性化、多样化需求，而并未深层次地考虑到顾客的体验需求。这样，就使得该理论的发展由于缺乏实践的检验而发展缓慢。另一方面，体验营销策略由于缺乏系统理论的指导而得不到更好的应用。将体验营销理论导入旅游业研究领域，明确界定旅游产品、体验营销等相关概念，丰富了体验营销的理论体系，为旅游产品的营销提供了新的指导理念，并在此基础上提出了旅游产品实施体验营销的具体策略。

（2）体验营销的战略基础——战略体验模块（strategic experiential module）。体验虽然复杂多样，但可以分成不同的形式，且都有自己所固有而又独特的结构和过程。这些体验形式是经由特定的体验媒介所创造出来的，能达到有效的营销目的。伯恩德·施密特在他所写的《体验式营销》（ExperientialMarketing）一书中将这些不同的体验形式定义为感官（Sense）、情感（Feel）、思考（Think）、行动（Act）、关联（Relate）五个方面，称之为战略体验模块（strategic experiential modules，SEMs），以此来形成体验式营销的构架。

①感觉。感觉营销的目的是要在感觉战略（如认知的连续性、不同感官）里融合感官成分（如基本特征、风格和主题），以引发顾客的美感和兴奋。这是针对企业目标市场上不同消费群体、包装、树立本位与文化，从而达到营销目的。消费者对产品产生什么样的感觉。在很大程度上源于对产品的第一印象。因此企业在产品的设计、包装与品牌上应注入更多的“感觉”成分，求打动消费者，并使其对本产品保持长期的偏好首都经济贸易大学硕士学位论文《旅游产品的体验营销研究》。

②感受。感受营销的目的是在感受战略（在消费或交流时）里使用情感刺激物（活动、催化物和物体），以影响顾客的情绪和情感。一个很好的关于感受营销的实例就是哈根达斯，哈根达斯曾推出过一系列浪漫主题的冰淇淋蛋糕，如“华尔兹的浪漫”、“心中心”、“真诚的深深的疯狂的”以及“幸福相聚”等。在世界各地的哈根达斯店里，经常可见一对对恋人沉浸在哈根达斯所塑造的浪漫气氛中。所以，伯德·施密特先生在提到哈根达斯时，认为她推销的是浪漫的感觉，而非冰淇淋。

③思维。思维营销的目的在于利用混合了惊讶、计策和启发的指导性和联想性思维方法，引发顾客的创造性思维。运用思维营销的案例也很多，

例如体验小熊商店让顾客自己选择材料制作小熊玩具并装扮小熊，通过顾客获得自己设计制作的小熊后的成就感来启发顾客的创造性思维。这一体验型设计理念使得这家商店在3年内就由一家店铺扩展到了全球70家店铺，并在网上掀起了装扮小熊工作室的热潮。

④行动。行动营销的目的在于为顾客提供与其身体和生活、行为方式以及人际关系等密切相关的经历，也可以说是提供“行为”体验。体验营销的典范，星巴克咖啡的成功可以说就源于其体现了一个消费群的生活方式。

⑤关系。关系营销的目的是把顾客个体与某品牌所体现出的广泛的社会和文化背景相联系，从而创造顾客的社会性身份。例如，哈雷戴维森（Harley-Davidson）摩托车是美国自由精神的偶像，吸引着成千上万热爱摩托车的人每个周末在全国各地举办各种竞赛。哈雷品牌唤起了车迷们强烈的意识，以至于车主们把它的标志文在自己的身上。该品牌显然为顾客创造了一种社会性身份。体验营销的五种体验形式并不是割裂开的，通常体验营销策略都包含着多种体验形式，它们只有相互结合、共同发挥作用，才能为顾客塑造完美的实际体验。

满足旅游者需求的体验营销

（1）旅游者对旅游商品的需求可以分为四个层次。

①基本需求。在旅游过程中对旅游商品的需求比普通商品的要求更高。它包括生理需求、生活需求、安全需求和旅游用品需求，这是进行旅游的前提。

②探新求异的需求。就是人们暂时变换原来熟悉的生活环境和生活内容而追求新的生活环境和生活内容。在购买旅游商品上，一是品味尝鲜的需要，品尝异地的特色食品、购买当地的土特产，或带回家让亲朋好友品尝；二是体验异国他乡的商品消费方式和氛围，各地商品消费的习俗和环境是有差异的，体验新的消费方式和氛围以满足旅游者好奇心和对新事物的渴望；三是追求奇特商品的需求，求新、求奇、求特是人们出外旅游的共同心理。

③纪念收藏的需求。旅游者购买具有特定文化内涵和纪念意义的商品进行收藏，其中一个重要动机就是为了让自己的旅游经历通过旅游商品进行物化，以便事后能够引起美好的回忆。

④社交需求。旅游者离开自己的社交圈进行旅游后，有将旅游过程中的感受与社交圈进行沟通，购买旅游商品作为礼品赠送给亲朋好友以共同体验

异地文化的欲望。

（2）基于旅游者对商品需求的理论。

①双因素理论。20 世纪 50 年代末，美国心理学家赫茨伯格首先提出了激励——保健因素理论，简称“双因素理论”。赫兹伯格认为，使职工感到不满意的因素往往是由外界环境引起的，如公司政策、工作条件、人际关系等，这些因素改善了，只能消除职工的不满、怠工与对抗，但不能使职工变得非常满意，也不能激发他们工作的积极性，这一类因素称为保健因素。而使职工感到满意的原因有工作富有成就感、工作成绩能得到认可、在职业上能得到发展等，这类因素的改善，能激励职工的工作热情，从而提高生产率；如果处理不好，也会引起职工不满，但影响不大，这类因素就称为激励因素（见图 5–1）。借用双因素理论，旅游的六要素“吃、住、行、游、购、娱”也可以划分为保健因素与激励因素。旅游者对吃、住、行、游的需求是最基本的需求，也是旅游经营商有责任为旅游者提供的基本内容，所以如果其中任何一个没有得到满足，或者没有达到合同约定的标准，都会招致旅游者强烈的不满。因此，对吃、住、行、游的需求处于保健因素的地位。然而，对购物和娱乐的需要则处于较高层次的需求，它并不是旅游合同中所约定的项目，不易受外界因素的影响。感情型购买行为是指旅游者根据情感的反应进行旅游产品的购买行为，又称想象型购买行为。这类旅游者在购买旅游产品时容易心血来潮，衡量旅游产品时易受感情左右。他们不善于思考与推理，购买目标不执着，注意力容易发生转移，兴趣容易发生变化。若处于情绪抑制状态，会产生消极情绪而中断购买。经济型购买行为它是指旅游者对旅游产品的价格十分敏感的购买行为，又称价格型购买行为。这类旅游者特别重视旅游产品的价格。他们倾向于选择价格较为低廉的旅游产品，他们善于发现别人不易觉察到的旅游产品的价格差异，并愿意花较多的精力去了解旅游产品的价格及相关信息，希望能买到物美价廉的旅游产品。

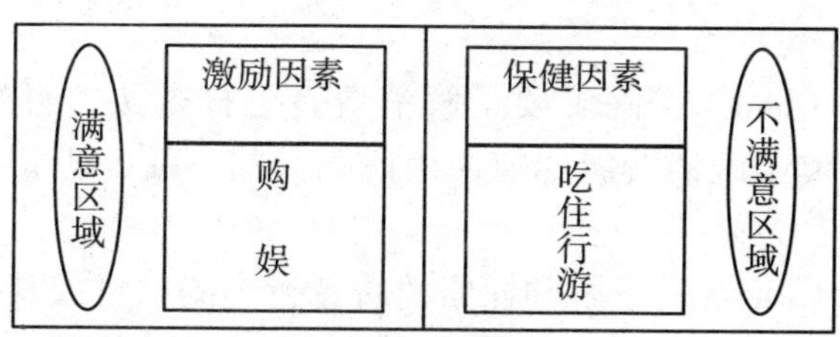

图 5–1　旅游双因素模式

②需求层次理论需求层次理论是美国心理学家马斯洛提出的一种研究人的需要结构的激励理论，他将人类的需要分为生理需要、安全需要、社交需要、尊重需要及自我实现需要五个层次（图 5-2）。这五种需要之间存在递进规律。

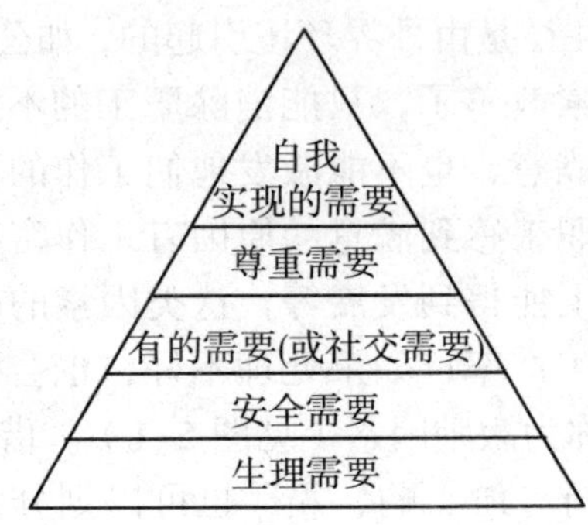

图 5-2 需求层次

一般而言，生存和安全需要属于较低层次的、物质方面的需要；社交需求，这类需求若满足了，会让旅游者留下更加美好的回忆，会使行程更完整。反之，如果没能得到满足，也不会招致旅游者的不满，只是会留下一些遗憾。因此，从理论上说，对“购、娱”两个方面需求处于“激励因素”的地位，能使旅游行程更丰富。

③暗箱理论。暗箱理论是指消费者心理如同暗箱，别人只能看到消费者购买的外界条件（如产品信息、价格信息和促销信息）和最终选择的结果。它是研究消费者购买行为的基本内容，即 5W1H 理论：

购买什么（what）：了解消费者购买什么，研究的是购买对象（objects）。

谁参与购买行为（who）：既要了解消费产品的是哪些人，又要弄清购买行为中的“购买角色”，研究的是购买者（occupants）。

何时购买（when）：了解消费者的购买行为发生的具体时间甚至具体时点，研究的是购买时间（occasions）。

何地购买（where）：了解消费者在哪里购买、在哪里使用，研究的是购买地点（outlets）。

怎样购买（how）：除了要了解消费者怎样购买、喜欢什么样的促销方式外，还要了解消费者如何使用所购买的商品，研究的是购买行为（operations）。

为何购买（why）：了解和探索消费者行为的动机或其购买行为的影响因素，研究的是购买目的（objectives）。前五个问题是消费者行为公开的一面，可以借助于观察、询问获得较明确的答案，而最后一个问题却是隐蔽的，错综复杂、难以捉摸，这种情况对营销者来讲，就像面对照相器材的暗箱一样，所以称为暗箱理论。

（3）基于旅游者需求的体验营销策略。从体验营销的构成要素出发设计体验营销策略。这里试图从游客需求的角度考虑制订体验营销策略，也就是要在游客头脑中寻找缝隙，为游客创造各种体验。游客的体验需求是多样化的。对于旅游企业来说，要创造出令顾客难忘的旅游体验，企业必须深入研究顾客的体验需求，制定和实施有针对性的营销策略。所以，旅游企业体验营销策略的选择和制定与旅游者的体验需求密切相关，而旅游者的体验需求则来源于其旅游动机。罗伯特·W.麦金托什将旅游动机分为四种类型：身体方面的动机，文化方面的动机，人际、社会关系方面的动机，地位和声望方面的动机。由上述分类可以看出，针对游客动机制定的体验营销策略应该是多样的。本文只能概括地将旅游体验类型及相应的营销策略分为以下几种：娱乐营销、审美营销、文化营销。

①娱乐营销。娱乐营销以概括的娱乐体验为诉求，通过愉悦顾客而有效地达成营销目标。随着经济社会的不断发展，人们的需求层次逐渐提高，人们在进行消费时不但注重产品提供的物质享受，更注重其中所带来的精神享受，精神享受主要来自于消费者的消费购买过程，因此消费者不管买什么，都在其中寻求娱乐的成分。这种通过消费或购买过程的娱乐成分能享受到乐趣的消费便被美国娱乐业顾问、经济学家沃尔夫称之为“乐趣导向消费”。在这种“乐趣导向消费”的趋势下，市场上的产品和服务必须相应地提供娱乐功能或与娱乐活动相结合，这成为未来多数产业成功的关键。许多对营销手段运用娴熟、关注消费者需求变化的企业，纷纷在营销活动中导入娱乐的成分，成为营销发展的新趋势。将娱乐元素导入营销将娱乐概念引入产品设计，使产品符合人性的需求。顾客购买某一种产品，并不单纯购买它的物理功能，顾客希望的是这种产品能够带来轻松休闲的享受。因此产品设计者必须站在消费者的立场，紧跟“乐趣导向消费”的趋势，以娱乐的眼光来考虑产品的功能设计，使产品更加人性化。在旅游商品的营销竞争中，商家不仅要面临外商质优价廉商品的竞争，更为严峻的是要面临其处处洋溢着娱乐性功能的优质服务的竞争。例如柯达和富士的摄影大赛，可口可乐和百事可乐频繁的抽奖活动，各种世界性品牌赞助的体育赛事、文艺演出……这一切都是利用娱乐功能来吸引消费者的体现。因此，充分认识娱乐经济发展的趋势和规律，高度重视娱乐经济在现代经

济中的作用，自觉地以发展娱乐经济为手段参与市场竞争，是旅游市场吸引消费者参与的重要手段。

②文化营销。文化营销以顾客的文化体验为诉求，针对企业的产品（服务）和顾客的消费心理，利用一种传统文化或一种现代文化，使之形成一种文化气氛，有效地影响顾客的消费观念，进而导致顾客自觉地接近与文化相关的产品或服务，促进消费行为的发生，甚至形成一种消费习惯，一种消费传统。由于人们的旅游动机中包括探新求异以及求知的成分，这就决定了旅游与文化之间存在着密切的联系，旅游企业如能把握住这种联系，将文化体验寓于旅游活动中，则能迎合旅游者的消费需求，取得良好的经营业绩。在市场需求方面，渴望了解异地文化，并从中获取知识的动机，越来越成为引发人们旅游需求的主要动机之一，文化型旅游产品的市场也随之逐渐扩大。在产品可持续发展方面，传统的文化旅游是建立在单纯的观光基础之上的，对文化具有较强的破坏性；而体验型的文化旅游是建立在体验和学习的基础之上的，既注重文化的展示性，又注重文化的参与性，旅游企业可以在旅游者参与文化体验的过程中，对其施加以保护文化的教育，达到文化可持续发展的目的。在产品开发方面，由于旅游企业在文化产品的开发中加入了体验的成分，这就给企业开发产品带来了广阔的发展空间。所以，旅游企业应抓住机遇，及时地调整营销策略，将文化营销策略运用在企业的整个营销管理过程中，增强企业竞争力。为游客创造文化体验一般需要结合地域特色挖掘，其目标游客比较明确。如以酒文化为例，从贵州赤水河到四川宜宾、泸州的狭长地带，积聚了茅台、五粮液、董酒、泸州老窖、习酒、郎酒等酒业大亨，是一条名副其实的最具代表性的中国"酒文化长廊"。茅台、五粮液这些名酒所蕴含的悠久历史沉淀；植根于布依、侗族、瑶族等少数民族生活中的"酒歌""酒舞""酒俗"；赤水河两岸"家家皆酒肆，人人酒专家"所蕴含的巨大酒文化旅游价值；这些再配上这一带艳丽的丹霞地貌和碧绿的桫椤竹海，一幅独一无二的酒文化旅游风光就浑然天成。其实很多地方都有自己的特色文化，如果开发得当，一定会吸引众多具有文化体验需求的"文化旅游者"。

③审美营销。审美营销是以人们的审美情趣为诉求，经由知觉刺激，提供给顾客以美的愉悦、兴奋、享受与满足。美是人们生活中一种重要的价值尺度。因每个人的生活环境与背景不同，对于美的要求也不同，这种不同的要求也反映在消费行为中。旅游消费行为中求美的动机主要表现为：产品本身存在客观的美的价值，如九寨沟的美丽景色对旅游者

所形成的视觉上的冲击，敦煌壁画给人们带来的艺术美感等。对于景色美丽的自然景区以及艺术水平较高的历史文化古迹来说，这类旅游产品能给旅游者带来美的享受和愉悦。

5.2.2.2　以广告为核心的大众传媒营销策略

旅游广告作为旅游企业投资发布的、推动旅游产品销售的一种重要手段。旅游广告主要是指由旅游企业出资，通过各种媒介进行有关旅游产品、旅游服务和旅游信息的有偿的、有组织的、综合的、劝服性的、非人员的（non-personal）信息传播活动。旅游广告就是通过运用各种媒体手段，广泛宣传和推广旅游产品，有效地推动旅游产品的销售，从而帮助旅游企业获得经济利益。

旅游广告要求广告制作人掌握广告宣传的特点与方法，并紧密结合旅游产品的特点和特性，通过有形的视觉效果或劝服性的宣传途径，以迎合旅游者的消费行为与消费心理为目的，有效地把旅游产品推广出去。在形象地表现旅游产品的同时，如何突出旅游产品中隐含的无形服务的价值，如何展现旅游产品中的文化渊源和形象内涵，如何诱发起受众的旅游需求并促进其最终采取行动，应成为旅游广告人重点考虑的内容。

（1）旅游产品的高卷入性要求广告传播的高互动性（interactivity）。传播学上的“互动性”是发生在双方或者多方之间的智能的、复杂的、多向的、动态的特性。Heeter 指出，互动的核心概念就是“信息的控制”，也就是信息接收方对信息的控制。Steuer（1992）提出“媒体互动性的水平分类界定”，提出媒体互动性的两个最主要的定义方法：人际互动（human-human interaction）和人信互动（human-message interaction）。人际互动是指信息发送者与信息接受者之间的双向沟通，也就是传播的高互动性。根据人际互动和人信互动这两个维度，Chang-Hoan Cho 等人将广告的互动性归纳为：人们通过与广告信息和广告主互动的形式对广告活动的参与程度。广告互动的本质就是受众对广告信息的控制程度。Chang-Hoan Cho 等通过实验测定，首次提出广告互动性与消费卷入程度的关系，产品购买的卷入程度越高，消费者与广告主进行信息交流的要求越高，沟通也越顺畅，广告的互动性越强。

营销学之父菲利普·科特勒在其著名的《市场营销管理》中指出，“较为复杂和花钱多的决策往往凝结着购买者的反复衡量，而且还包含许多购买决策的参与者。”毫无疑问，旅游产品是高卷入性的产品，尤其是当前我国旅游消费还远没有成为人们日常生的必需品。旅游者在旅游决策之前，需要经过反复地信息收集、整理、比较、筛选和决策，出行前也要进行诸多准备。此外，旅游活动的异地性和跨文化性，以及异地性所带来的陌生感和不安全感，会增强旅游者对目的地的信息、旅游企业以及有过相关体验的其他旅游者信息交流的需求。旅游广告主如针对这种消费心理，能提供高互动性的传播与信息交流平台，帮助旅游者加深对其旅游产品的认知和记忆，更好地帮助旅游者做出旅游决策，享受旅游体验。

（2）旅游产品的综合性决定广告信息高度的立体化

旅游产品既包括旅游地有形的各种景点特色和接待设施，更主要的是以接待设施为载体的无形服务，涉及旅游组织者和旅游地的接待部门以及方方面面服务的人员。旅游产品的综合性，决定了旅游产品广告推广中信息量含量极高，要求广告主能够提供立体化的信息资源，既包括旅游地的景区、交通、餐饮住宿、购物等接待设施的横向信息，还必须通过不同形式的纵向信息，向旅游者提供诸如旅游常识、景区优势特色、审美鉴赏、历史文化、应变求生等相关知识，丰富旅游者或潜在旅游者的知识，帮助旅游者更好地达到旅游审美和愉悦的效果。此外，旅游广告以“信息”的面目出现，也起到模糊广告界限的作用，能够更好地拉近旅游企业与消费者的距离。

（3）旅游产品产销的时空统一性决定广告表现形式的多元化

旅游产品本质特征是生产与销售在时空上具有统一性。旅游产品的生产过程即旅游者消费产品的过程，旅游者实质上是参与了旅游产品的生产过程。因此，在这个过程中如何更好地引导和控制旅游者的参与行动，是旅游活动得以顺利进行的关键所在。所以，在旅游活动开始前、进行中以及结束后对旅游者的导向、教育以及审美、文化的熏陶，也是旅游企业进行旅游广告重点考虑的内容之一。除了提供立体化的旅游信息外，旅游广告主还要通过电视、报纸、杂志、互联网、公益活动等各种形式，多元化、多层次地整合具体的旅游产品广告，才能达到对旅游者进行市场培养和推广旅游产品的目的。

（4）旅游广告在旅游产品推广中的应用分析

我国旅游市场的发展，旅游活动增多，旅游市场竞争加大，媒体广告在旅游推广中作用日益增强。根据不同的广告媒体的特点与优劣势，应针对不同目的、内容、规格、受众对其进行选择。目前，旅游广告对媒体的选择和运用及其效果，主要有以下几种方式。

①报纸广告是旅游线路、旅游交通等产品信息传播的主要渠道。报纸广告的受众面主要集中在城市集镇，读者群稳定，主要受众正是旅游产

品主要的消费者或潜在消费者。报纸具有消息性、时效性的特点，更新快，传播速度快，更容易获得受众的信赖感。报纸广告以文字为主要表现形式，广告信息容量大，广告费用较低，能够更全面、准确、详细得对旅游产品进行广告宣传，而且还具有一定的保存性。目前的广告主主要是旅行社用以发布旅游项目、旅游线路及旅游交通的广告，以及旅游行业的通告。但由于报纸广告印刷与版面的限制，广告的表现力不够强，内容不够丰富，受众的目的性不够明确，不适合旅游产品形象性的整合宣传。

②电视广告是旅游地形象宣传推广的重要表现形式

电视广告色彩绚丽，声情并茂，形象生动地表现产品，具有广泛的覆盖范围。电视广告通过运用不同的拍摄手法和广告创意，在较短的时间内形成情节性的片断，具有较强的感染力，更容易为受众所接受和记忆，是旅游地形象宣传的最佳表现形式。目前，在旅游推广中较多地运用电视广告的是对旅游目的地进行概括性的形象宣传，通过一般片长在 30 ~ 60 秒左右的电视广告片，从视觉上生动地展现旅游地形象和旅游概念。如在诸多省级电视台发布的“登泰山，保平安”“人间天堂、山东烟台”“梦西子，中国杭州”等旅游地形象广告。旅游专题片、旅游专题节目、旅游电视杂志等是比较流行的电视广告形式。这种广告通过节目主持人或参与者的亲身体验，向受众展现旅游地的“食住行游娱购”，形象地将游记与旅游文化相结合，模糊传统电视广告劝服性特点，在一定程度上达到旅游广告的互动效果。在这一方面比较突出的是香港康泰旅行社的“康泰旅游电视杂志”和香港永安旅游的“永安旅游电视杂志”。现在从中央电视台到各地的地方电视台，都纷纷推出各种形式的旅游节目或电视广告。但是电视广告的保存性较差，加上制作、发布费用昂贵，受众目标市场不明确等因素，旅游企业应慎重考虑。结合旅游产品的级别、档次和在市场中的前景考虑广告的制作与投入以及选择广告媒体的级别等。

③新媒介助力旅游商品营销

互联网是最佳的旅游广告形式和发展趋势。1967 年，美国 CBS 技术研究所所长 P · Goldmark 首次使用了“新媒体”（new media）一词，由此机激发了新媒体广告的研究和流行。新媒体主要是指以网络技术、光纤技术为基础开发的具有双向沟通的国际互联网、图文电视、卫星电视等。互联网作为最具代表性的新媒体，在国际上得到了最广泛的应用。新媒体的传播具有双向性、信息立体化、表现形式多样化以及信息传播的无边界性、多向分散性的特点，是传统大众传播媒介所不能具备的优势（rafaeli and sudweeks，1997；morris and ogan，1996；pavlik，1996）。新媒体的互动性已经成为 B2C（business to customer）市场概念的最好执行者（peppers and rogers，1993）。而这种新型的传播媒体天生具备的优势，恰恰符合了旅游广告传播的突出特点，因此，互联网必将成为旅游广告应用的最佳媒体及未来发展趋势。

1994 年美国 at&t 公司在 hotwired 上发布了世界上第一个互联网广告，从而揭开了广告发布的新篇章，网络广告作为一种广告形式迅速发展，遍及世界各国。网络广告的传播模式及时互动、双向沟通，“一对一”交流、用户驱动等性质和特点，使网络广告在形式上和发布上都逐渐模糊了信息与广告的界限，更进一步地实现了广告主与广告受众的互动，向用户提供了丰富的、立体化的、直接的信息，有效地满足了不同受众不同的需要和习惯，实现了广告的个性化和碎片化。网络广告的这些优势和特点，完全符合了旅游广告信息和旅游市场教育的诸多要求，必将成为旅游广告的最佳发布形式。此外，网络中存在各种虚拟社区。虚拟社区是一个通过网络以在线的方式供人们围绕某种兴趣或需求集中进行交流的虚拟空间，具有共征性、能动性和分散性地特点（陈刚等，2002）。相比与传统媒体，虚拟社区为旅游广告的发布提供了梦寐以求的受众资源。网络社区的人们一般都有着共同的兴趣或相似的需求与交流平等，信息传播方式近似人际传播，信息交流不存在绝对的权威或功利形式的传播者，更容易在人们之间形成信赖感，从而大幅度地增加了信息的说服力。虚拟社区的共征性能提高广告的针对性和广告信息对目标受众的到达程度，使广告主与受众之间的信息交流更及时更顺畅，有利于旅游企业建立更为详细的客户资料数据库，了解旅游者心理，把握市场动向。

总而言之，网络广告的特点及优势是传统传播媒介所难以比拟的。针对旅游产品和旅游广告的特点，网络将成为旅游企业发布广告宣传的最佳媒体，旅游网络广告结合不同形式的旅游介绍、旅游常识、游记等辅助信息，将使旅游广告更加丰满更加立体化。显然，当前互联网发展的瓶颈现象也在一定程度上制约了网络广告的发展；但是，随着网络建设和网络信用平台等相关设施和政策的完善，网络广告将成为一种强有力的广告媒体，成为旅游推广的最佳选择。

④杂志是旅游企业形象和产品形象宣传的得力媒体。

杂志广告虽与报纸广告同为平面广告，但其在设计、制作、印刷和发布上，比报纸广告更加讲究艺术性和专业性，有较强的表现力，能够更加突出所宣传的产品。杂志广告的受众明确，有比较明显的指向性和专业性，具有保存价值。杂志广告通过广告创意将产品图片与版面设计、广告文案结合起来，形象地展现旅游产品的概貌，对旅游产品进行全貌性、形象性的宣传。目前广泛使用杂志广告的旅游产品，主要是对旅游饭店、旅游景点等旅游产品具像的形象宣传。但是，由于杂志广告的传播范围有限，广告成本较高，时效性不强，不适合进行重复性高、时效性强的旅游信息的发布，对于进行旅游地的整合形象宣传有一定的局限。

（5）以新媒介为支撑做活旅游营销

古有圣贤仰观宇宙之大，今有来者游目畅怀极视听之娱。旅游自古有之，但真正成为一个行业、一个产业始自 20 世纪 90 年代中期。旅游业在提升城市形象、拉动消费、扩大就业等方面的作用显而易见。因此，游客资源争夺战经常是“你方唱罢我登场”。近年来，各地政府部门不断推动旅游业发展，旅游业总收入占 GDP 比重稳步提升。旅游业“蛋糕”的做大，离不开旅游产品的不断丰富、重点旅游项目的推进、旅游基础设施的完善，更离不开旅游营销这个“吆喝的嗓子”。这些年，旅游目的地城市普遍通过节庆营销、整合营销等方式提升城市形象，扩大城市影响力，极力争取游客资源。不过，“圈地做项目、重金砸项目”的思维仍禁锢着一些人的思维，旅游营销的地位重要却不被重视。事实上，旅游营销做得好，往往能起到事半功倍的效果。一些颇具创新思维的目的提出了“以市场为导向”的概念，旅游营销正在由“我推出什么产品和服务”向“游客需求什么产品和服务”的转变。举个简单的例子，最初是“酒香不怕巷子深”，现在是“酒香也怕巷子深”，因此要主动推广，今后可能就是专门针对爱“酒”之人以合适的方式推广合适的酒品。

①新媒介营销的概念。媒体的“新”与“旧”是相对而言的。一般地，新媒体是相对于传统意义上的报刊、广播、电视这些大众传播媒体而言的，是指由 Web20 技术构建，通过社会化网络服务进行信息传播的新型媒体，包括网络社区（含 BBS、博客等）、社交网络（SNS）、网络视频（播客）、微博等应用形式。新媒体营销是网络营销的最新发展阶段，它颠覆了传统媒体传播者与受众之间的严格界限，变单向传播为个人化的双向交流，给予了传者与受众转换角色的自由。它们通过标签、分类等方式创造虚拟的社群环境，使具有特殊个人喜好或者共同用户体验的顾客群体建立起某种经常性的联系。社群内的成员共同分享用户体验，相互传递信息，影响群体成员的消费选择和消费倾向。新媒体营销借助新媒体的受众广泛且深入的信息发布，让他们卷入具体的营销活动中。比如说，利用博客所完成的话题讨论：请博客作者们就某一个话题展开讨论，从而扩大企业想要推广的主题或品牌的影响范围。新媒体受众庞大，截至 2011 年 12 月底，中国

网民数达 5.13 亿，其中有 48.7% 的网民使用微博，中国微博用户数达 2.5 亿户，在线视频用户量达 3.94 亿人，营销价值巨大。

②新媒体的特点。相对于传统媒体，新媒体在很多方面都极具优势，适合大多数企业或产品的营销推广。

A. 营销方式方便快捷。新媒体与传统的电视、报纸等媒体相比，它具备无时间限制，可以随时加工发布品牌信息的特点，使得信息传播的速度和广度发生了翻天覆地的变化。这样方便快捷的营销方式与现今的网络信息时代高速发展更为匹配，在满足广告商短时间大量宣传品牌的同时，也满足了受众群体对信息多样化的需要。

B. 信息传播精准有效。艾瑞咨询的调研数据显示，2010 年中国新媒体用户年龄分布主要集中于 18 ~ 30 岁，占用户总数七成以上。其中 25 ~ 30 岁用户占比最多，达 39.5%，18 ~ 24 岁用户占比达到 34.4%。调研机构 CR 尼尔森在对优酷网热播剧《我的青春谁做主》的调查显示，收看该剧的用户中 18 ~ 30 岁占 85%。其中，大学以上学历 65.5%，平均个人收入 2453 元。这些数据显示，新媒体的用户群特征明显，对于他们进行营销推广，精准性不言而喻。此外，新媒体可以根据季度品牌推广活动性质和媒体的传播特性进行有针对性的投放，针对不同的受众群体可以使资源达到更合理的配置，增加媒体推广的有效性。

C. 受众群体广泛。随着互联网普遍的进入人们的日常生活，越来越多的消费者逐渐摆脱对传统大众媒体的依赖。据统计，截至 2011 年 12 月底，中国的网民已经达到 5.13 亿。新型媒体在体现它广泛受众群体的同时，还表现出了与受众群体极强的互动性与参与性，他们不再只是被动地接受信息，而是可以充分发挥他们的积极性，实现了一对一传播的模式，比如在微博营销中，粉丝在了解品牌的同时还可以对其提出质疑并与其互动，在这种互动体现中可以让受众群体对品牌形成更深刻的认知。

D. 情感渗透。新媒体营销的基点在于关系。你跟我有关系，你才愿意接收我的信息、观念、产品。媒体与用户建立“关系”才能够触发他们的行动，触发行动是人们对于营销的反馈，是对营销效果判断的一个标准。情感是建立并维护“关系”的一个重要手段。新媒体营销中常常会发现“情感渗透”。《新周刊》杂志通过建立“机构微博”与其读者建立联系并营销内容与刊物。在微博上，它每天早、晚都会发一条励志的话语，再加上“早安朋友”“晚安朋友”之类的问候语，有效地帮助《新周刊》与网友建立情感链接，增进用户对其品牌及其举办活动的认知，很好地延伸并拓展了自我价值。

③旅游市场营销的新媒体策略

Web2.0 技术的兴起以及新媒体的出现，使营销学中“以客户为中心”的理念得到了技术上的支持，定制化营销真正成为可能。在旅游市场“散客化”趋势越来越明显的今天，旅游演艺市场也必须扭转营销观念，开展新媒体营销。

A. 微电影。近段时间，微电影凭着更具吸引力、更具亲和力、更具可看性、更具传播力的优势，一经推出便受到了投资商的青睐，并吸引了众多消费者。2012 年 4 月 10 日，澳大利亚旅游局协同亚洲人气巨星罗志祥、杨丞琳在北京举行新闻发布会，宣布澳大利亚首部旅游微电影《再一次心跳》，于 4 月 12 日在中国内地及香港正式上线。该片将澳大利亚的人文风光以浪漫唯美的微电影形式呈现，并由此拉开微电影数字营销的序幕，借助名人号召力及网络宣传推广吸引更多大中华地区的消费者赴澳旅游。《再一次心跳》微电影第一支预告片于 3 月 28 日在土豆网活动专区首播后，其浏览次数迄今已突破 160 万，新浪及腾讯微博转发评论量累计超过 35000 条。微电影在宣传上避免广告这样生硬的宣传方式，而是采用了一种更加柔和的、将品牌信息融入到故事情节中的方式，使观众在潜移默化中接受企业品牌。

B. 微博。现今，除了新颖的微电影，火热的微博也是很多企业所青睐的营销方式。微博即“微型博客”，是一种可以即时发布信息的迷你型博客，它方便快捷、传播广泛、分享及时，如今相当风靡。微博营销是一种低成本拓展和主动管理目标客户的全新营销方式，已经成为很多旅游机构关注的领域，艺龙、芒果、真旅网前仆后继开通微博平台。据观察，许多旅行社在微博中的内容更新几乎都是当月行程的最新报价。极富煽动性话语，每月不定期推出的优惠活动，让足不出户的网友快速知道旅游资讯，节省了大笔的平面媒体宣传费用。

C. 微信。微博营销方兴未艾，微信营销一夜之间已是巅峰重转，气象万千。2012 年 8 月 18 日微信公众平台上线，首次允许媒体、品牌商及名人进行账户认证，并给认证用户更多的手段向粉丝们推送信息。微信，腾讯旗下的一款语音产品，是当前比较火爆的手机通信软件，支持发送语音短信、视频、图片和文字，可以群聊。例如，当用户添加“星巴克”为好友后，用微信表情表达心情，星巴克就会根据用户发送的心情，用《自然醒》专辑中的音乐回应用户。根据 2011 年 11 月微信团队宣布的官方数据，在 5000 万的用户中有活跃用户 2000 万，而 25 ~ 30 岁用户估计超 50%；主要分布在一线大城市，最多的用户职业是白领（超过 24%）。

IOS/Android/Symbian 平台上用户分别占 25%、25%、50%，而大部分微信用户都是从腾讯旗下各种产品过渡而来的。

D. SNS 网站营销。SNS，全称 Social Networking Services，即社会性网络服务，专指旨在帮助人们建立社会性网络的互联网应用服务。SNS 营销是随着网络社区化而兴起的营销方式。SNS 社区在中国快速发展时间并不长，但是 SNS 现在已经成为备受广大用户欢迎的一种网络交际模式。SNS 网站作为社交平台，拥有庞大的人际关系网络，集聚了大量人气，同时，国内的 SNS 用户又以学生、白领人群为主，网购意识非常强烈。如果能够通过 SNS 网站进行旅游产品的推广，将起到事半功倍的效果。SNS 营销可以满足企业不同的营销策略，有效降低企业的营销成本，实现目标用户的精准营销，是真正符合网络用户需求的营销方式。

这是一个营销多元与变革的时代，各种各样的营销模式充斥着市场，而这一切都离不开新媒体技术的飞速发展，新技术对媒体的改变是基因性的、革命性的。旅游演艺市场要充分利用各种新媒体营销策略，更加注重消费者人文层面、情感层面的感受，在满足消费者需求的条件下，为自己创造更大的效益。同时，企业应该看到，在新媒体时代营销没有定式，创新没有止境。

5.2.2.3 知识经济时代的旅游商品营销

①知识经济时代要求更新旅游营销观念。

A. 工业经济向知识经济转型的实质是人观念的转变，反映在旅游营销观念上就是摒弃传统的市场营销组合理论，即 4P 理论（Product 产品、Price 价格、Place 分销、Promotion 促销），树立整合营销传播理论，即增加 2P 理论（Politics 政治、Public opinion 公众观点）。在大营销中，政府要充分做足新增加的 2P 理论的文章。近年来，国际投资日益看好中国，访华的政府高层代表团名单中，企业界人士越来越多；大的投资、贸易项目往往有政府在其中斡旋、协调。

B. 知识经济时代要求旅游营销内容多样化。知识经济是一种以市场知识人士为主导，以人力资本和企业家才能相结合，重在改造生产、服务、营销和管理，实现跳跃发展的新型经济，旅游营销内容也需要加以丰富。著名的管理学家彼得·德鲁克指出：“在企业经营中，产品可以被竞争者模仿，而服务则具有特性化，不容易被模仿取代。”因此，要使服务成为行之有效的营销战略，就要求旅游企业在产品的售前、售中、售后为产品生命周期的各个时期采取相应的服务措施，以服务营销质量为中心，施以全方位、全过程的控制。

C. 重视旅游目的地整体宣传促销。一方面来说，目的地将成为当今旅游时尚的附属，越来越多的消费者在选择旅游目的地时，会将目的地是否有名当作一个基本的标准，知名度对目的地就更加重要了。另一方面，游客最想去的地方并不是有五星级酒店的地方，那些旅游刚刚起步，但有高品位资源的地方完全可以取代最流行的目的地。既要充分认识并发挥自身优势以继续占领市场，又要不断地采取措施克服自己劣势。销售中要遵循可持续发展原则，注重宣传目的地文化、艺术、旅游资源及对象。旅游地的整体形象在旅游者心中地位的高低，决定各旅游地的客源市场的形成与发展。如为了迎接前来观光的内地球迷，香港方面还邀请中国国家足球队赴港踢球。香港旅游协会为招徕春节客源，支出广告费 600 万元港币。

D. 旅游产品 3E 概念。未来的产品开发与市场营销目标越来越明确，主题越来越鲜明，适应新一代“经历型的旅游者”的需求，旅游产品的内涵将更加注重 3E：欢快娱乐（Entertainment）、激动人心（Excitement）、学有所得（Education）。旅游管理部门要引导企业增强可持续发展的意识，在不降低产品质量的前提下开发经济上可行又能被社会接受的产品。

E. 知识经济时代要求更新营销手段。旅游业与因特网联系日益紧密，因特网已被越来越多的旅游企业作为营销手段。旅游业是特别适合于网络运作形式的产业，旅游活动对信息的高度依赖，充分发挥网络的特性。据报道，2002 年美国网上旅游销售收入占旅游销售总额的 24.4%。目前，尽管我国旅游企业运用因特网技术，纷纷建立自己的网站或网页，开展网上营销，但许多网站或网页的信息量小，内容单一，仅提供信息发布、咨询和预订等少数服务功能。网上营销也大多虚有其表，难以真正吸引广大旅游者。随着信息技术的飞速发展、市场竞争的日益激烈和旅游者的日益成熟，旅游企业必须勇敢地面对新技术的挑战，利用网络技术来开展有效的市场营销，才能在全球化背景下面临国际国内旅游市场竞争时站稳脚跟，并不断发展壮大。运用互联网技术有效开展一对一营销，是旅游企业和旅游者实现双赢局面的最佳途径。

②知识经济时代的旅游营销策略。

A. 旅游发展的可持续战略与绿色营销的生态化结合。由于旅游业的规模化发展，旅游者以空前的规模和速度影响和破坏着自然和生态环境；另一方面旅游者的环保意识越来越强，对目的地环境与保护越来越敏感。在旅游公众的心目中，社会环境的意识与旅游消费的对峙日益尖锐。为实现旅游业的可持续发展，旅游企业和政府旅游管理部门，必须不断改善旅游环境质量，提高环境意识，开展绿色旅游，把企业、政府、旅游者、环境等方面利益协调起来，实现可持续发展。随着旅游者绿色意识的觉醒，绿色需求的兴起，人们对良好旅游环境、无污染的旅游产品迫切要求，人们越来越多地开始追求绿色生态旅游，绿色旅游营销必将成为21世纪旅游可持续发展的市场营销主流。同时在营销策略上注重“绿色情怀”，重视“绿色包装”，提供“绿色服务”，做到天人合一。

B. 旅游趋势的信息化与知识营销的网络化结合。21世纪的旅游营销重心将是信息化和网络化。知识经济时代要求现代旅游企业和政府机构的营销重心在于决策，决策基础在于信息化。市场调研、营销战略的可行性研究、营销决策的制定等营销活动的进行，都必须占有大量信息，并具有整理分析这些信息以及相应的掌控决策信息反馈与控制系统的能力。高新技术将成为影响产品分销的最有利因素，旅游企业为了自身利益一定要使用新技术。旅游供给已经没有国界，供应商在网上既可以提供优惠的住房、机票以至旅游产品，吸引大众消费；又可以通过电子资料库为细分市场量身定制产品或服务，吸引个性消费。新世纪的旅游营销主题将是信息化、情感化、自动化的旅游操作流程和快捷的运输系统。信息传输技术的发展及互联网的普及，将使旅游定制营销、旅游知识营销占主导地位。

C. 旅游产品的创新与营销对象的多样化结合。随着旅游市场需求的多样化和广泛性，旅游企业和政府、旅游机构不仅要大力重新包装原有的旅游产品，更要注意跟踪旅游消费需求的微妙变化，拾遗补阙，勇于创新，不断开发出有益于旅游者身心健康、旅游舒适、方便节时和经济适用的旅游新产品。旅游市场细分是现代市场营销的必然产物。按性别、年龄、收入等因素可划分的儿童旅游市场、女青年旅游市场、老人旅游市场、新婚旅游市场、修学旅游市场、奖励旅游市场、购物旅游市场、农村旅游市场、城镇旅游市场等，创造出适应不同层次旅游者心理的多样性旅游产品。

D. 营销手段的主体化与营销策略的柔性化结合。主体化是指旅游企业在具体实施各种营销手段时，依据营销对象提供产品或服务，通过营销人才、资金实力、法律限制等各方面因素来决定营销手段的组合。旅游企业应以经营柔性化策略为根本，即不搞单一产品、主导产品，而是搞多角度、全方位、多联合的旅游产品，这样才能适应旅游者需求欲望和需求心理的转换，适应多变市场环境。目前旅游产品开发普遍存在重传统生产工艺技术，轻技术设备开发，生产水平落后，缺少有特色的创新系统的状况，致使许多刚开发的纪念性、特色性旅游商品呈现出新产品老模式的状况，且旅游产品的品种单一，旅游产品的开发主要停留在一般性景观开发，休闲性旅游产品比较短缺。因此旅游企业必须重视对旅游产品的深层次开发，依据自身实力、旅游产品特点等因素，以动态的营销观点建立一整套市场信息调研、信息分析、营销决策和控制系统，推行适应当今旅游特点的定制营销。

E. 旅游营销内涵的提升文化与区域化相结合。旅游活动的运行过程就是文化的商品过程和创意再造过程，人类文化的发展程度与人类旅游和文化交流范围大小成正比关系。因此，文化营销必不可少。所谓文化营销，就是针对不同区域内的旅游文化、风俗、宗教信仰存在的巨大差异而进行的市场营销策略设计。对于我国大部分地区来讲，虽然文化资源极为丰富，品味独特，但在文化营销方面显得滞后，从而拉大了与发达国家之间的距离。

未来营销规划中，要树立超前营销思维和意识，大力挖掘旅游产品的文化内涵，提升旅游产品品牌、价值和品位，依据文化旅游资源的结构特点、区位条件、消费市场及变化等，确定开发主体的开发序位，设计文化旅游之旅。根据区域内特有的民族风情文化、饮食文化、遗迹文化、怀旧文化、雕塑文化等，在食、住、行、游、购、娱等方面突出区域文化特色，从而拓展旅游产品营销市场。

F. 游客满意营销和企业诚信营销相结合。游客满意是指游客在消费旅游产品以后感到需求满足的状态。旅游满意营销的中心是旅游者，要通过努力达到游客满意的目标，就要求有一系列的战略计划，如衡量创造价值的游客、培养游客品牌忠诚、追踪游客满意度等。诚信就是诚实信用，一要诚实，即坦诚，二要讲信用，即可靠，守信不违约。中国民族素有这种“言必信，行必果”的传统美德，要求旅游企业在经营中讲求诚信经营，以诚为本，以诚信获取市场，赢得顾客满意。今后旅游市场的竞争是比信誉、比服务、比管理。要求旅游企业注意提高管理水平，培养和引进优秀人才，提升自己的服务水平，塑造自身形象，树立自己的产品品牌，形成企业形象和产品品牌的良性互动。

第 6 章　旅游商品产业政策

2009 年，国务院 41 号文件提出了发展旅游购物，提高旅游购物在旅游收入中比重的要求。国家旅游局也连续 7 年举办了中国国际旅游商品博览会、中国旅游商品大赛、中国旅游商品论坛等活动，为旅游商品的发展起到了示范和推动作用。从 2009 年至今，中国的旅游商品进入了政府引导的发展期。中国的旅游商品也逐渐从旅游商品、工艺品、农副产品的小圈子，逐步向旅游工业品等更广阔的旅游商品领域迈进。2014 年 8 月，国务院 31 号文件将扩大旅游购物消费，列为旅游业发展改革的一项重要工作，中国的旅游商品终于走进了快速发展时期。

（1）中国旅游产业政策分析。“十二五”期间，我国旅游业进入大众化的全面发展阶段，面临更加有利的发展环境和发展条件。

第一，随着我国经济社会的发展和增长方式的调整，民生基础更加稳固，国际国内旅游市场的消费需求和消费能力更加稳固，这便为旅游商品市场的繁荣打下了经济基础。近年来我国旅游法制化进程加快，与时俱进，颁布实施及修改一系列旅游法律条文，有效促进了旅游产业的规范性，为旅游商品市场的发展打下了法制基础；在一系列好政策的影响下，政府和社会各界发展旅游的积极性将更加高涨，为旅游商品市场发展打下了坚实的群众基础。

第二，资源和要素短缺的矛盾将得到有效的缓解，城市化进程的加快、高速交通体系的完善、信息化在旅游业的普及应用等，这都使游客的旅行、居住和相关消费变得更加方便，为旅游商品市场的发展打下了社会基础。

第三，《国务院关于加快发展旅游业的意见》、“十二五”规划对于旅游业的部署，加之新颁布的“国民旅游休闲纲要”，这无疑为新时期旅游商品市场的发展带来的政策基础；不断加强的商业模式的创新和国际合作的深化等，也都为旅游强国建设目标的实现提供有力的支撑，进而促进旅游商品市场的发展。与此同时，旅游产业对环境的变化很敏感。在今后的五年，我国旅游既要努力解决人民群众持续增长且不断变化的旅游休闲需求与相对滞后的旅游生产力之间的基本矛盾，也面临后金融危机的世界经济不稳定、全球气候变化等中长期挑战，以及各种可能出现的自然灾害、经济危机、公共卫生等不利事件对旅游业的阶段性冲击，这些问题的应对及解决又将影响到旅游商品市场的发展。可以说，“十三五”期间旅游业发展所面临的机遇是战略性的，所面临的矛盾和挑战也是空前的。

（2）国内旅游业发展机遇。《国务院关于加快发展旅游业的意见》以及各省市区根据《意见》精神出台的加快旅游业发展的政策性文件为“十二五”期间我国旅游业发展营造了前所未有的良好环境。从宏观上说，“十二五”时期我国将坚持扩大国内需求特别是消费需求的方针，促进经济增长由主要依靠投资、出口拉动向依靠消费、投资、出口协调拉动，由主要依靠第二产业带动向依靠第一、第二、第三产业协同带动转变。我国将努力提高居民收入在国民收入分配中的比重，有利于进一步扩大中产阶层的绝对规模和相对比重，为旅游业的持续快速发展提供重要支撑。未来一段时期是我国城镇化加快发展的时期，城镇化有利于国民消费结构的升级，将为旅游消费提供新的增长空间。“十二五”期间，政府支出中用于改善民生和社会事业的比重将进一步增加，社会保障制度覆盖面将进一步扩大，这也将有利于居民消费预期的形成，促进旅游消费需求的增长。高速交通体系的建设、公共服务体系的健全等配套支撑体系不断完善，将提供更加稳固的发展基础。以信息化为代表的科技进步以及现代商业模式的创新，将推动旅游业转型升级。

从行业自身来说，我国旅游业的开放水平也不断提高。我国与其他国家和地区、国际组织的旅游交流合作蓬勃发展，我国已提前兑现“入世”关于旅游业的各项承诺，目前国际上著名旅游集团几乎全部进入中国，外资进入中国旅游业呈加速态势，并向二三线城市纵深发展。与此同时，我国出境旅游持续快速增长，也将推动我国旅游企业更快地“走出去”，使得中国旅游业越来越融入全球化发展的大格局当中。

（3）旅游商品发展趋势。调整发展结构是“十二五”时期旅游业发展面临的最大挑战。而“十三五”转变发展方式对旅游业发展提出了更高的要求。旅游业发展要走内涵式道路，深化改革开放，加强科技支撑，进一步促进就业，提高游客满意度，促进资源节约和环境保护，提高产业发展的质量和效益。金融危机对全球经济的影响非常深远，目前虽然有复苏的迹象，但是何时全面恢复增长仍然存在一些不确定性。全球气候变化对旅游业发展也具有多方面的影响。各类危机和隐患始终使旅游业发展面临挑战，许多因素可能对旅游业发展产生冲击，需要建立一个常态化的应对机制。

随着社会、经济、科技的发展，以及人们旅游习惯和旅游观念的转变，中国的旅游商品发展呈现出六大主要趋势。

趋势一：向大旅游商品品牌发展。

挖掘具有区域城市历史文化特色、自然景观特色的旅游商品。在开发此类商品时，应选择有实力的大公司，让旅游商品形成品牌，具有一定的技术含量。商品不仅仅要有纪念性，还应有实用性。在商品的包装上，既要携带方便，又要精美大方。同时，旅游商品的销售应该形成集中式管理，可建设大型的旅游商品集散中心。旅游商品开发出来后，除了在本地推广外，还应积极向国内其他地方和国外推广。以黄山为例，通过组织旅游商品生产企业参加全国旅游商品博览会以及各种旅游商品设计大赛等活动，对商品品牌的推广起到很大推动作用。

中国的旅游商品在很长一段时期发展缓慢，其主要原因是人们对旅游商品的狭隘理解。由于种种原因，人们误把纪念品、工艺品、农副产品理解为全部旅游商品，而人们生活所需的生活类工业品没有被纳入到旅游商品中，以至于各地开设的旅游商品店主要是旅游商品店、工艺品店和农副产品店。在调研中笔者发现，旅游商品在旅游商品中的比重逐年下降。旅游工艺品在旅游商品中的比重也属于雷声大雨点小。在一些工业落后地区，旅游工艺品在旅游商品中的占比稍高一些；而在一些大城市和工业发达地区，旅游工艺品在旅游商品中的占比越来越低。游客对“华而不实”的工艺品的兴趣是逐渐降低的，其购买量也逐年下降。尤其在出境游比例扩大后，游客在欧美等发达国家购买的旅游商品、工艺品在旅游购物中占比微乎其微。这些出境游客主要购买的是生活类工业品，包括化妆品、服装、鞋、包、电子产品等。近年来，在国内的旅游商品销售中，生活类工业品在高速增加，在旅游购物中所占的比重也在逐年上升。在一些经济发达地区旅游时，游客购买的生活类工业品在旅游购物中的比重已高达80%。为了和过去以旅游商品、工艺品、农副产品为主的传统旅游商品相区别，我们把包含了生活类工业品等的旅游商品称为大旅游商品。事实上，在大旅游商品做得好的地区，旅游购物在旅游收入中的比重和旅游购物绝对值都是巨大的。为了满足游客的需求，向全品类的大旅游商品发展成为旅游商品发展的必然趋势。

趋势二：向生活化方向发展。

很长一段时间，在旅游商品的开发上主要强调文化、科技特征。经营者多从文化、科技角度去设计、研发、销售旅游商品，形成了旅游商品市场上貌似新产品很多，但游客购买量却不大的“叫好不叫座”的现象。片面强调文化，结果造成印有景区图案、标志或者著名景观造型的商品比比皆是，而商品的功能反而被忽视。

反观国外的旅游商品，普遍没有明显的文化符号。无论在电子产品上还是在服装、鞋、帽、箱包等上面，很少看到文化符号、景区的名字、图案等。没有文化特征为什么游客喜欢？有人说是因为国外的商品有品牌。在调研中笔者发现，国外没有品牌的、能提高生活品质的商品也被游客大量购买。

为提高生活品质而开发旅游商品，是一个必然的趋势，也是中国旅游商品能够实现快速发展的必然趋势，甚至是中国原创商品能够走出去的必然趋势。

趋势三：各类旅游商品同步发展并相互促进。

无论是传统的旅游商品、工艺品、农副产品，还是新型的生活类工业品，它们既有各自的发展方向，又互相促进，不断创新。目前，旅游商品、旅游工艺品的开发在向实用化、生活化方向发展。与此同时，那些冷冰冰的工业品也借鉴了很多传统工艺品的图案、纹饰、造型等，使工业品在保留实用性的同时，更有艺术性、观赏性，也易于受到游客的喜爱。不同类别的产品，包括农副产品，它们的包装也有很大变化，已不再是简单的传统纸盒、粗布布袋、印有花纹的传统纹饰的包装材料，而是一种新型的包装材料，既简洁又生动，又有实用性，还具有安全性。

趋势四：旅游商品销售与“游”深度结合。

长期以来，旅游商品销售主要是在专门的旅游购物店或普通商店的自然销售。大多数商店与旅游关联不大，更没有主动与旅游相结合。现在很多商店已经开始与旅游结合来销售旅游商品，包括商店位置的选择，建设特色商业街、特色购物街，针对游客宣传促销等。这些都有力促进了旅游商品的销售，使人们在旅游的时候得到方便轻松的购物享受。尤其是商业街和商店内外旅游吸引物的出现，使旅游购物店、旅游商业街、旅游购物街呈现景点化趋势。

趋势五：旅游商品与旅游目的地建设同步发展。

人们一讲到旅游商品销售的地点就谈到景区。其实旅游商品的主要购物地点不是在景区，景区只是旅游目的地中的一部分。旅游商品销售主要在特色商业街、特色购物街和商场、商店，包括工厂店、免税店、保税店等。

很长一段时间，旅游目的地建设很少被提及，人们主要重视旅游酒店和旅游景区的建设，甚至把景区当成了旅游目的地。景区的主要作用是供游客游览。人们在景区里面主要目的是“游”。旅游目的地的主要作用则包括了旅游的六要素：吃、住、行、游、购、娱的服务。旅游目的地是包括旅游景区的一个完整的旅游服务系统，让游客不光是游，还要留下来，在这里住，在这里吃，在这里玩，在这里娱乐，在这里购物，而旅游购物所买到的商品就是旅游商品。所以旅游目的地建设的好坏与旅游购物密切相关。像香港、新加坡等地都是比较成功的旅游目的地。它们将旅游中的各要素融合在一起，让游客在旅游的同时又享受了购物的乐趣。现在旅游目的地的建设逐渐被人们重视，突出旅游目的地特色的旅游商品也大量出现。旅游目的地也越来越重视旅游商品的销售，旅游商品与旅游目的地建设同步发展的趋势也越来越明显。

趋势六：旅游购物店与互联网融合。

传统的旅游购物店都是一些实体店。互联网出现之后，实体店主要是利用互联网做一些宣传，更深的融合比较少。而利用互联网电商开店，直接就能把货物卖给所有人。这些人中的大多数不是在旅游中购买商品，因此也很难把电商的销售计算为旅游购物或旅游商品销售。

现在出现的线上与线下融合的模式，也就是O2O模式，人们在线上浏览选择商品，并在旅游中寻着途径到线下的实体店里确认选择，并在线上付费。这种新的模式对旅游商品的销售将起到很大的促进作用。随着互联网的发展，出现的微店等也在尝试进行旅游商品的销售。但是，无论哪种利用互联网的旅游商品销售模式，都要考虑到旅游的特点，游客的需求。有人提出未来互联网将取代实体店，旅游购物将不存在，这是非常荒唐的。游客在旅游中逛实体店本身就有游的感觉，是一种享受。旅游购物店与互联网不会互相取代，而是融合发展，并成为一种趋势。

旅游商品产业是旅游业中涉及面最广的一个产业，也是旅游业中潜力最大的一个产业，更是一个关乎经济发展的重要产业，对扩大内需、扩大消费有着举足轻重的作用。只有顺应旅游商品的发展趋势，认真地、勇敢地、实事求是地面对，中国的旅游购物在旅游总收入中的占比才能赶上旅游发达国家水平，中国的旅游业才能成为国民经济的战略性支柱产业。

（4）小结

（1）策划先行：旅游商品品牌策划与管理。

（2）设计主导：塑造地域文化符号传播体系。

（3）营销联动：打造旅游商品营销生态系统。

下篇　旅游商品设计思维与方法研究

第 7 章　旅游商品设计概述

7.1　旅游商品设计

7.1.1　旅游商品设计的内涵

设计是一种人类的造物艺术和文化呈现，无论是普通商品还是旅游商品，设计始终是一种文化的产物，具有一种独特的文化品质。[1] 简单说来，旅游商品设计就是以旅游商品为对象的设计行为。[2] 以设计文化论的视角审视旅游商品设计，不难看到：作为一种以旅游为文化消费取向的商品，旅游商品设计是一种旅游文化的创造性活动，其目的是为旅游商品以及它在整个生命周期中构成的系统建立起多方面的品质。这种设计既是以旅游为核心目标的创新技术、人性化的重要因素，也是旅游经济、文化交流的关键因素。旅游商品设计致力于赋予旅游商品服务和系统以表现性的形式（美学）并与它们的内涵相协调（文化），以其呈现的独特文化满足消费者心理需求。

以文化形态的类型划分为依据，旅游商品设计可分为旅游器物设计、旅游行为设计和旅游观念设计。就设计内涵关联及相关产业链而言，一件完整的旅游商品设计（有形或无形）都会落实或依托在具体的器物设计上，这个器物可能是设计的主体，也可能是设计的“道具”，这件器物属于物质文化层面，必然与其对应的产业相关[3]。同时，这种设计会导致旅游关系以及旅游方式的改变，即旅游行为设计。当然，随着物质层面（器物设计）与方式关系层面的“创新”，旅游者观念体系也会随之得以更新与转变。因此，按照设计文化论的观点，我们不能单纯孤立与静止地看待旅游商品设计，应将其纳入旅游活动的文化系统之中，以全局动态与发展的观点审视、论证、实践。所以，旅游商品设计应该是综合物质文化（器物）、精神文化（民俗民艺）、制度文化（地域精神）的产品设计，是实现旅游商品营销和旅游文化传播的重要载体。

7.1.2 旅游商品设计的价值

国外对旅游商品的相关研究始于19世纪70年代，格雷本（Grabum）1977年在《旅游人类学》一书中提出，由于旅游体验的抽象性和不可触摸性，旅游者希望通过购买具体的可触摸的纪念品来记录出游过程中的特殊体验。此后，学者们从不同的视角对旅游商品进行了相关研究。而旅游商品的设计则直接关乎旅游商品是否能够达到消费者满意的标准和触动消费者购买行为的直观展现。

马克思主义哲学认为价值的本质是现实的人同满足其某种需要的客体的属性之间的一种关系，任何价值都有其客观的基础价值是客体属性的反映，又是对客体属性的一种评价和应用。[4] 商品是商品设计的对象，是设计价值的直接承载体与评价目标，设计行为所形成的价值是通过商品的交换及其使用来实现的。[5] 旅游商品的价值在今天的价值评价体系中，展现出经济价值、艺术价值、社会价值、品牌价值等综合属性。

7.2 旅游商品开发的历史与现状

7.2.1 旅游商品开发的历史

我国旅游商品是随着我国旅游业的发展而兴起的。公元前139年，汉代张骞出使西域开辟了中西方交流的通道，开启了中西方经济、文化的交流（包括旅游和旅游商品的交流）。瓷器、茶叶和丝绸是我国最早的旅游商品。

1949年，我国成立了华侨旅行社。1954年4月5日，中国国际旅行社在北京成立，它的成立标志着新中国国际旅游业务的拓展，也标志着旅游业其他部门包括旅游商品的振兴与发展。

十一届三中全会以后，我国的旅游业呈现蓬勃发展的局面，我国旅游商品的生产和销售开始飞速发展，出口创汇，促进了经营体系的调整。

从1978以后，旅游商品的生产发展快速，生产旅游商品的企业涉及工艺美术、食品、服装及其制品等多达14个行业；80年代初，有些地区召开了全国旅游商品、内销工艺品交流会，促进了市场的扩大，并在理论上有专文讨论旅游商品的生产和销售供应工作。80年代左右旅游商品销售逐步成为我国旅游外汇收入的重要构成部分。之后，中国旅游商品在国际旅游会议中多次参展，国内有1160多件旅游纪念品参展，评比后北京获奖产品件数居全国首位，随后中国旅游纪念品联合公司成立，不断推进纪念品开发，而且就纪念品的属性和经济价值做了有益的探索。1984年4月13日在北京召开了“中国旅游纪念品开发成果展览会”，得到中央领导的大力支持。1984年以后，有关旅游商品理论的讨论渐多，如旅游商品的等级层次与价格、旅游商业网点与旅游商品生产的协调发展、价格与销售、创新旅游纪念品结构等。旅游商品市场日趋成熟，如海南、桂林、江西等纷纷提出本地发展旅游商品的思路。80年代末出现了对旅游商品综合理论研究的趋势，同时出现了较为深入的区域性个案研究报告，如杭州、陕西。旅游商品的创汇额增长较快，旅游商品的生产发展较快，旅游商品的供销网点基本遍布全国各地。

之后，随着旅游经济的发展，旅游商品设计的增多，传统工艺品的价值越来越受到重视。在政府政策层面上，1992年11月，国务院批复了国家旅游局《关于加速发展我国旅游商品生产和销售若干问题的报告》后，旅游商品的生产和发展步入新的发展阶段，各级旅游部门和旅游商品生产销售企业，为促进旅游商品的发展展开了一系列的工作。1993年3月在苏州召开了全国第一届旅游商品工作会议。同年4月和12月组织了旅游商品生产企业到澳门和葡萄牙举办“中国旅游商品展”。1996年南岳衡山举办“中国旅游购物节暨第一届全国旅游商品定点生产企业商品展销会”。1996年，国家旅游局和各地旅游局旅游质量监理所陆续建立，开始受理旅游者参加旅行社团的旅游过程中购物使利益受到侵害的投诉，使旅游者利益得到了保护。2000年，首届旅游商品博览会在安徽芜湖举行。2001年6月26日，首届中国旅游纪念品设计大赛启动。北京、杭州等地举行旅游商品发展研讨会。

2000年以后，伴随经济一体、文化融合的趋势，旅游商品的开发、设计、创新、整合呈现出多重面貌。地域性的旅游商品的研发多以比赛、研讨、研发形式出现，也开始设置研发部门进行专业操作。

7.2.2 旅游商品开发的现状

随着旅游业的崛起和发展，旅游商品的生产和销售也有了迅速的发展。目前，我国旅游商品的生产和销售已经初具规模，成为旅游产业中具有其本身运作规律、并相对独立的经营体系，但是在旅游商品业取得较大发展的同时，与世界旅游发达国家相比，我国旅游商品的生产与开发也面临了一些严峻问题：

（1）旅游商品层次不丰富，高低档两极分化严重，国际国内市场不能兼顾。不同旅游者往往具有不同的消费水平、文化素养和购物偏好，旅游商品的开发应注意努力满足各层次的旅游者需求。但长期以来我国旅游商品的开发和销售对象重点是境外旅游者，商品定位较高，价格昂贵，非一般国内游客所能买得起，而提供给国内游客的旅游商品大多数是一些初级产品，质量较差，难以满足物质文化生活水平日益提高的旅游者对旅游商品纪念意义、收藏价值的需求。事实上，大多数国内外游客真正感兴趣的是那些特色鲜明、有一定档次、经济实惠的旅游商品。

（2）市场观念淡薄，旅游商品花色单一、品种单调、雷同，缺乏地域文化特色。对旅游市场缺乏系统研究，市场信息不灵敏，开发生产存在较大盲目性：新产品开发缓慢等已成为旅游商品开发中普遍存在的突出问题。同样的旅游商品在我国处处可见，在旅游者居住地如果可以买到同样的旅游商品而价格上没有很大差额，导致旅游地的旅游商品失去购买的吸引力。

（3）质量意识不强，旅游商品的深加工不够，设计制作粗糙，缺乏艺术品位及文化内涵。旅游商品深层次的内涵是文化，只有经过文化的挖掘和冶炼，才能成为特色旅游商品，才能使看似琳琅满目的旅游商品市场，不只是表面上的虚华。而厂家对原材料进行一些简单的粗加工生产出来的旅游商品，对旅游者缺乏强劲的吸引力。

（4）旅游纪念品的开发需要创新。旅游纪念品在宣扬地域文化特色，拉动区域旅游经济方面有积极意义。我国的旅游纪念品开发创新意识不足，需要加强。旅游商品的创新研发能力，取决于景点和创意设计单位之间的合作程度。例如，北京奥运会的举办推动了现代工艺品与纪念品的创意设计与销售。同时，艺术品交易产业的快速发展，形成了以画廊、艺术家工作室、艺术品创作与生产企业、艺术品中介行业与销售企业等形式的艺术品产业链，高端艺术品拍卖和古玩仿制与交易市场随之繁荣起来。2008 年北京市旅游局在全市建立了 7 家旅游纪念品示范店，统一品牌为“北京礼物”。一些景点在自主品牌和合作开发方面也迈开步伐，如 2009 年通过“中国设计交易市场项目”促成了世界著名的 Alessi 设计公司为故宫博物院进行皇城文化系列产品的开发，以西方的角度诠释东方文化，使故宫的形象更国际化。

（5）旅游商品包装粗糙，不便于携带和运输，售后服务欠佳。对旅游商品市场调研显示，堪称东方艺术精品的传统工艺品，像景泰蓝、玉雕、牙雕、湘绣等，或内容形式陈旧缺少时代气息；或体积大不便携带运输：或价格高使游客难下解囊之决心：或没有良好的售后服务作保障。有的商品包装十分简陋，或者根本不带包装，给游客选购商品造成诸多不便，往往使人失去购买的兴趣和信心。

（6）旅游商品品种花式更新慢。新产品开发无力，我国旅游商品品种单调，款式陈旧，使游客有购物欲望但因为没有东西可买而不能实现其购物的行为。

（7）旅游商品销售信息反馈系统不完善、不健全、全凭经验人员的主观判断，没有依据准确的信息进行深入的分析导致商品不适应市场需求的变化，个性化不足，吸引不了旅游者。

（8）旅游商品开发专业人才缺乏，科研力量薄弱。这是制约旅游商品开发上档次、出特色的一个重要因素。目前从事旅游商品设计开发的人员，很少是系统地受过旅游专业教育的，大多是半路出家，而旅游院校又鲜有设置旅游商品工艺专业的，这就导致旅游商品开发专业人才的缺乏。所有这些问题都已经严重限制了旅游商品的进一步发展，并已经成为制约我国旅游业经济效益扩大的重要原因之一。因此，提高我国旅游商品开发水平显得尤为重要，只有设计出适销对路、富有地方特色、能刺激旅游者进行消费的旅游商品，才能增加我国旅游商品的销售收入，才能提高我国国际、国内旅游业和人均旅游消费水平，从而提高我国旅游业经济效益，促进我国旅游业从数量型向质量型转变。

7.3　国际旅游工艺品的发展趋势和特点

7.3.1　现代旅游工艺品的风格特征

现代旅游工艺品发展的风格特征呈多元化，现代旅游工艺品艺术是现代科学文化和现代生活方式的产物，它是由多种因素构成的现代工艺文化结晶。因此，它以多元化、多层面、多角度地体现现代社会状况和新时代风貌为特征，在工艺形式和艺术风格上也表现出多样性。现代旅游工艺品艺术异彩纷呈、无奇不有，一方面反映出现代社会、经济、文化的特点和宽松、自由的发展环境；另一方面体现了工艺美术家和艺术设计师的思想和个性。当然，人们的审美观念和生活方式的巨大变化，也促使现代旅游工艺品艺术在造型、材质、装饰和功能上的不断更新。纵观现代旅游工艺品艺术的风格特征，大致可以归纳为以下几种类型：

（1）传统风格——现代人使用现代化材料，表现传统工艺品艺术的造型与装饰风格、追求怀旧情思和复古意趣。这在任何时代都有所表现。

（2）装饰风格——强调工艺品艺术作品的装饰功能，忽略材质肌理的展现，但实用功能依然占有相当比重。

（3）现代风格——强调旅游工艺品艺术作品的材质肌理本身的美感效果，同时考虑到一定的实用功能，但忽略装饰性的表现。

（4）前卫风格——无视工艺品的实用功能，强调单纯的“美”和“刺激”，强调“视觉冲击力”和工艺家个性的表现，有意改变作品材质肌理的感觉。此类作品已与现代派艺术（雕刻、绘画、装置等）难于区别。美国就是一个旅游工艺品发展呈现多元化趋势最为典型的国家。美国现代工艺品艺术丰富多彩，充分体现了其高度发达的国民经济和开放的思想文化所带来的活力。同时也反映出工艺美术家们良好的艺术素养和大胆的创新精神，以及不受传统美学观念和传统文化观念制约的特点。其作品的特点主要表现为：表现形式多样，富于变化；色彩绚丽多变，富于激情；表现内容充满了幽默感和娱乐性；注重材料的肌理效果和特性；很少带有实用功能，基本都是以陈设和观赏为目的的前卫风格工艺品。

7.3.2 传统与创新的结合

旅游工艺品要发展就要有创新。旅游工艺品的发展有着继承性的内涵，而继承性只有通过创新才可能进一步得到体现。工艺品艺术的传承有着十分精彩而深厚的内容，也有着一些本身的衰落或随着时代的发展而应当抛弃的东西。面对传统，正确的方法是扬弃和借鉴，汲取有益的、优秀的东西。在当今的传统工艺品类的生产中，对待传统的态度首先值得引起注意的有两方面：一是在所谓的仿古生产中，必须高度重视传统技艺的挖掘、保存与提高，重视能体现高度技术水平和体现优秀艺术水平的产品生产，不能因眼前利益，不顾艺术质量而败坏传统工艺的美名。二是传统工艺的仿古生产也有一个创造性的问题，在完全的意义上说，即使是仿古生产，也必须纵贯创新精神才能够真正保存和发扬传统工艺文化，才能够真正理解和领会传统艺术精神的实质。仿古生产既有保留传统工艺的意义，又有研究出新的必要性，即在传统工艺生产中创造出继承优秀传统又具时代精神的精品。在这一方面，德国就取得了辉煌的成就。特别是以汉堡为中心的北部德国，在继承优秀的手工业传统的基础上，广泛吸收包豪斯设计作品的精华，创立了崭新的德国现代工艺模式，一种造型简洁、装饰单纯，实用而美观的工艺美术创作新风迅猛兴起。通过对新世纪旅游业的展望，旅游工艺品业发展的前景是很灿烂的。但是，在面临新世纪世界总体经济特点发生变化，知识经济迎面而来，世界旅游业发展中出现新特点、新产业、新需求、新供给、新市场的情况下，以创新求发展更显重要。这种创新不仅包括技术创新，而且包括观念创新、制度创新、管理创新等。

7.3.3　品种及设计理念与手段

7.3.3.1　产品品种多样化和细分化

“二战”以来，科学技术和艺术有了长足的进步，经济迅速发展，现代工艺美术也随之进入了黄金时代。现代工艺与艺术设计在生活化、科学化和艺术化的结合与巩固的基础上又不断出现新的面貌。同时，现代工艺与艺术设计也经常受到现代绘画流派的影响，尤其是20世60年代以来风行欧美的波普艺术（Pop Art）、光效应艺术（Op Art）和幻觉艺术等等都给现代工艺与艺术设计带来了明显的影响。随着旅游者收入水平和需求层次的提高，很多旅游购物者更精明、更挑剔、已不满足传统的旅游工艺品。在现代旅游工艺品的发展过程中，已出现了品种细分化的趋势。每一种细分品种都以自己的特点去满足某一类型旅游者的特殊需求。旅游工艺品设计者们更注重开发深层次的旅游工艺产品，如根据人们年龄、职业、爱好等不同情况组织各具特色的旅游工艺产品去面向不同的细分市场。比如，芬兰的旅游工艺品成为北欧代表性的模式，为世界所瞩目。芬兰的工艺家们创造了一大批被举世公认为经典之作的日常生活用品。这些用品都有其共同的特点：设计和制作上的高质量，生产的系列化和价格的合理化。工艺家们的创作满足了大多数人的各种用途。由芬兰工艺家设计的一套的餐具系列，消费者可以根据需要自由选择。各个品种可以配套使用。它们保持着自身的特色，在芬兰国内外拥有大批消费者。韩国的漆艺家们的作品造型夸张、装饰强烈、设色大胆，具有较强的视觉冲击力，作品充分表现了作者鲜明的个性和艺术感知力。目前开发出的旅游工艺产品涉及广阔的领域，产品种类多，覆盖面广。据初步统计，现有的旅游工艺产品主要包含以下项目：陶瓷工艺、金属工艺、染织工艺、（竹）木工艺、玻璃工艺、漆工艺等。旅游工艺品的种类日趋多元化。品种越来越细，大体上体现在这几个方面：一是专业化的产品增加，大路货逐步减少；二是小批量产品增加，形成小批量多品种；三是个性化的产品增加。各国在开发旅游工艺品时都本着一条原则：进一步丰富和发展传统的国际旅游工艺品；借助现代高科技，根据时代新需求，开发和发展新兴国际旅游工艺品和特种国际旅游工艺品。

7.3.3.2 旅游工艺品经营品牌化以及文化内涵的加深

品牌（brand）是产品的个性，随着经济的发展，品牌的价值日益得到体现，消费者在购买工艺品时，不只是考虑工艺品的使用价值而且更注重牌子，这就是我们所说的品牌。品牌是旅游者对工艺品的综合感觉，品牌的价值来自于旅游者使用经验、价格、包装、感官享受（色彩、口味、形状、气味等）、直觉联想和广告说服的艺术等。无论从理论上或实践上，人们均充分感受到品牌的价值威力。国际上的很多现代旅游工艺品经营企业都非常注重自己企业的品牌，它们往往开发一个大的品牌或推行若干品牌，每个品牌下都包含很多具体的产品，即大品牌多产品，这也是将来发展的一个趋势。同时，在旅游工艺品经营的过程中，各国都注意加深产品经营的文化内涵，进行文化竞争。正因为如此，各国都重点扶持一些世界级、国家级旅游工艺品的拳头产品的深度开发，把其建设成为新一代的旅游工艺品。只有培植一批名牌旅游工艺品，开发具有特色、文化科技含量高的旅游工艺品，只有自己的特色，自己的品牌，自己的优势，才能在激烈的旅游工艺品市场竞争中站稳脚跟，保持竞争力和吸引力，并立于不败之地。例如，景德镇在我国旅游购物发展中处于较特殊的地位，其陶瓷作为我国传统旅游商品，在国内外享有较高的声誉，因此很多旅游者到此一游时都要购买一些货真价实的景德镇陶瓷，可以说景德镇陶瓷这个品牌已经真正深入广大旅游者的心中。再说北京景泰蓝制作工艺水平也是闻名于世，而且景泰蓝这个牌子代表了古老的工艺、传统和文化，足见其品牌效应的力量。

7.3.3.3 旅游工艺品设计更多采用新的科技手段

在现代，文化艺术伴随着科学技术的大力发展而获得了空前的进步，艺术与科学之间的关系更为紧密。科学技术是促进经济发展的第一生产力，旅游工艺品业的发展也必然要依靠科技的进步。采用新的科技手段，特别是新的信息传输手段，已经成为旅游工艺品业创新发展的推动力。从长远看，旅游工艺品也采用高科技，在科技发展中受益是不可阻挡的潮流。因为诸如材料、工艺过程、结构、形状和颜色等等这些工作，都必须用最现代化的工作方法来做，而且也只有通过现代化的先进技术，工业设计才有可能真正进入成熟阶段。在英国，玻璃工艺的成就最为突出。众多工艺美术家在选材上十分讲究，制作工艺上也十分考究，熔切割、研磨和粘接技术为一炉，形成不同肌理、不同色彩和不同形态的玻璃组合体。正是因为有一整套科学的、精湛的工艺技巧和检测手段，英国的工艺品才能取得如此辉煌的成就。

7.3.4　旅游商品开发的市场前景

7.3.4.1　旅游工艺品的开发越来越突出个性特征

旅游工艺品是以与众不同的个性特征，吸引旅游者的发现和购买。如果旅游工艺品一旦丧失其个性特点，也就丧失了对旅游者的吸引力。因此，在旅游工艺品的开发过程中，切忌简单的模仿。培育、开发高品位、高起点、鲜明个性的名牌旅游工艺品及其精品，树立各国旅游工艺品形象，并加大宣传促销力度，对于旅游工艺品在旅游市场中立于不败之地起着关键的作用。

例如，北欧国家挪威由于其独特的地理位置和自然环境，森林资源极其丰厚，因而挪威的文明和工艺品艺术，与森林及木材密不可分。挪威的工艺家们设计的鲜花木制项链极富异国情调，佩戴起来美观得体；而木制刀具也能够像胸针一样佩戴，观之似鲜花一样美丽动人。这些工艺品都具有其鲜明的个性特点，所以对消费者具有较强的吸引力。

7.3.4.2　散客是未来旅游市场的主流

由于散客旅游具有灵活、自由的特点，从事散客旅游的旅游者在旅游活动中，可以享有充分的“自由”，他可以自由地安排其旅游活动和节目，并根据自己的好恶和实际需要随时加以调整。因此，散客旅游在世界各地越来越受到旅游者的欢迎，特别是随着交通、通讯业的发展，英语在全世界的普及以及旅游供给的不断完善，从而为散客旅游的发展创造了条件，越来越多的人开始加入散客旅游者的行列。因此如何提高散客的购物比例，尤其是入境过夜散客的购物比例，是各国面临的重大问题。

另外，由于旅游者购买行为受社会、文化和经济等外部因素的影响之外，还直接受旅游者自身因素的影响，所以这个购买过程是一个复杂的过程。纵观这些因素的影响，可以看出：社会地位高、文化素养高、经济收入高的群体购买旅游工艺品的平均水平高于社会地位低、文化教育程度低、经济收入低的群体。

7.3.4.3 旅游工艺品业经营将实现集团化、网络化和国际化

旅游工艺品市场竞争将进一步白热化。随着国际贸易自由化的发展，越来越多的国家为了鼓励旅游工艺品业的发展，开始允许国际跨国公司或外国公司在本国以合资、独资等多种形式开办旅游工艺品企业，从事旅游经营活动。因此，旅游工艺品业将走向国际化，市场的开放度会逐步增加，旅游工艺品业的竞争将进一步加剧。为了对付日益激烈的价格与质量、经营与销售的竞争，旅游工艺品企业将通过联合、合并或吞并等多种形式，走集团化道路，以便增强实力，降低成本，促进销售。另外，随着电子信息技术的发展，旅游工艺品业的设计、生产、经营和销售等环节都将朝着网络化发展。

7.3.4.4 加强合作

在新的世纪和新的历史阶段，世界各国积极发展合作的大趋势已经形成并不断发展。进一步发展国际旅游工艺品合作的大趋势既顺应了历史发展的潮流，又符合世界各国人民的共同心愿。很多国家都积极鼓励国内的旅游工艺品企业与国外加强经济合作，建立各种良好的业务合作关系和双边贸易，并且各国旅游工艺品生产企业还积极参与世界旅游组织举办或其他地区举办的重大旅游工艺品交流和促销活动。各国之间只有加强联合，互促互进，才能不断开创旅游工艺品事业发展的新局面。通过以上对国际旅游工艺品的发展趋势和特点的分析和预测，可以清楚地看出，未来国际旅游工艺品市场的前景灿烂，但又是充满竞争与挑战的。我们只有看清未来走势才可以做到心中有数，沉着应对，也才可以在旅游工艺品这个大市场中赢得更大的社会和经济效益。

7.3.5 我国民间旅游工艺品传承与开发的思考

7.3.5.1 民间旅游工艺品应以传统民间文化为特色

民间旅游工艺品是中华各民族经过长期的生产实践形成并发展起来的艺术结晶，是通过一代又一代的传承产生的，民间旅游工艺品具备了民族的传统文化，体现了各民族智慧与创造力。以前，人们只关注它的艺术性与实用性，然而，随着市场的变化，其经济价值也逐步受到人们的重视。如，广西的五通镇绘画就极具当地民间特色，它表现的内容是以桂林山水、本地民俗为主；广西壮族的绣球无论从式样、用料、制作等都无一例外展示出本地的民族特色；山东省临沂市是大书法家王羲之、颜真卿的故乡，本地的书法也已形成了具有地方性浓郁风情的民间文化，吸引了大量的海内外人士来此观摩和交流书法技艺。

7.3.5.2 民间旅游工艺品应以创新元素为动力

创新是民间旅游工艺品发展的生命和灵魂并直接决定了其效益的高低。创新是在已有的传承基础上整合民间文化让其更适合现代人的生活需要，民间旅游工艺品只有不断创新，才能在社会形成更有利的竞争力。如，广西的五通镇绘画历史悠久，以前绘画使用的材料都是宣纸和颜料，随着科学技术的进步，他们通过创新，开发了“三皮画”，被誉为“中国的民间油画”。“三皮画”是通过特殊技术在树皮、猪皮和牛皮上作画，这种绘画一出现，市场上就供不应求，之后就形成了当地的特色产品“五通三皮画”。

7.3.5.3 民间旅游工艺品应与现代旅游工艺品相结合

人们往往有这么一种审美倾向，“越是民族的、传统的就越是世界的、现代的。”这恰好说明民间旅游工艺品的艺术定位和发展方向，以及市场走向和商品价值。我国民间旅游工艺品有着悠久的历史，有着深厚的文化背景，有着丰富的地方风情，有着古朴的艺术个性，有独特的制作工艺。怎样才能把我国民族的民间传统工艺与现代工艺相结合，生产出更具有市场竞争力的民间旅游工艺品呢？这也是我国民间旅游工艺品开发创新的难题。为了更好地使民族传统的与现代社会生产能较好相结合，而且要能在此基础上不断创新、不断开拓，以下几个要求是不能改变的：①原创的传统民族特色文化艺术内涵不能改变；②各地区特有的丰富地域风情不能改变；③传统的独到的制作工艺技术不能改变。我们在创新的时候既然有这么多的东西不能改变，那么又怎样让它们更好地有机结合呢？这就要求我们转变思路，设计的时候定位要调整好。

7.3.6 我国民间旅游工艺品产业化运作研究

目前，我国民间旅游工艺品生存环境堪忧，要想民间旅游工艺品得到长足发展，笔者认为民间旅游工艺品应该走产业化发展的道路，这样一方面可以更大地挖掘民间手工艺术的经济价值，使民间手工艺人得到实惠；另一方面又可以促进民间手工艺术得到传承与发展。

7.3.6.1 民间旅游工艺品产业化应以旅游业为依托

在发展旅游业的同时必须合理利用民间手工艺资源，开发具有地方特色与民族风情的民间旅游工艺品，将其作为旅游纪念品，无疑对促进地方旅游经济建设和民间手工艺的传承与发展都有很大的帮助。民间旅游工艺品的开发可以大大改善民间手工艺人的经济收入，也可以促进传统手工艺的传承与延续。所以，民间旅游工艺品产业化应以旅游业的发展为依托，从而使地方文化、旅游发展和经济建设紧密结合。如，广西桂林的重要产业是旅游业，其独有的地方特色与民间文化都是桂林市旅游业的潜力所在，它竞争力强，优势突出。目前，桂林市旅游设施逐步完善，知名度明显提高，吸引了大量的游客。因此，桂林民间旅游工艺品产业就此把握机会并得到长足发展。桂林市民间旅游工艺品产业化依托旅游业的兴旺，使得阳朔县的传统画扇与临桂县的五通“三皮画”产业发展迅速，从而加快了当地民间旅游工艺品的产业化进程。

7.3.6.2 民间旅游工艺品产业化应创建自主品牌

民间旅游工艺品产业化能否做大做强，关键取决于创建自主品牌。民间旅游工艺品如果没有自主品牌它就肯定没有档次，也就是所谓的地摊货。所以，必须在传统民间文化的基础上加强品牌意识，树立自己的品牌战略，要最大限度地挖掘出品牌的民族文化特征。这样就自然而然地带动了本地良好的经济效益与社会效益。如，2007 年广西五通镇的农民画家自发组织并成立了农民书画协会，以共同打造自主品牌，进一步提高绘画创作水平。目前当地政府工作的重点之一就是做好五通镇三皮画的宣传工作，打造五通“三皮画”特色自主品牌。所以，打造特色文化品牌需要深入地挖掘出地方民间文化精华，突出地方民间文化特色，这样不仅保护了当地的优良传统文化，还使民间手工艺术得到传承和发展，这也是当地民间旅游工艺品产业化发展的亮点。

7.3.6.3 民间旅游工艺品产业化应注重品牌营销

“现代的生存是品牌式生存，现代的竞争是品牌的竞争，是品牌行销的竞争”，这是当今现代企业品牌营销的信条。以前有很多民间旅游工艺品企业在推销产品时，忽略了对品牌的营销，最后就使得旅游者虽然对工艺品有一定的认知，但就是有对品牌没有概念，也具体不知道这个品牌的个性与特征到底是什么，甚至有可能连这个企业的名称也不知道。其实有部分地区的民间旅游工艺品对品牌的营销也有比较成功的例子。例如就年画品牌的营销来说，目前品牌营销比较好的就要数天津的杨柳青年画和苏州的桃花坞年画。这南北两个地方的年画为什么能脱颖而出，就是因为它注重品牌营销，以及突出品牌的传统特色，又以保护地方传统特色来促进品牌，以达到良性互动的目的。塑造一个民间旅游工艺品的品牌是离不开营销过程的，品牌的营销流程包括：熟悉市场经营情况，找出产品概念和品牌概念，以及需要的营销费用预算。要想加大加快民间旅游工艺品的品牌之路，就必须不断地拓展民间旅游工艺品的运用领域，还必须开拓国际市场。现在，已经有越来越多的民间旅游工艺品生产企业认识到，只懂得制造是不能够赢得竞争的，不注重品牌营销的企业也会逐步走向消亡，这样就促使企业跟上时代步伐，推进品牌建设。综上所述，民间旅游工艺品要想得到长足发展，就应以突出民间传统文化特色、创新元素为动力、以旅游业发展为依托、以品牌建设为目标，将这几个方面相互结合起来，再看当地的具体情况，使得本地的民间旅游工艺品走出一条适合自己发展的道路，实现良好的经济效益，从而将民间旅游工艺品发展壮大。

7.4　旅游商品设计中的问题

7.4.1　旅游商品形式单一，结构呈现雷同现象

在国内众多旅游商品购物区，我们不难发现不同景点的商品都具有相似甚至同一性。从发展的眼光看，如果不将五千年历史和五十六个民族遗留下来的优秀传统文化精髓与现代生产加工工艺相结合，就不能很好地整合与利用我国丰富的历史资源，从而创造出具有独特民族味道的旅游商品，那么产品形式终将三十年如一日。在贵州两赛一会上，每年都可以看到一些相同的参赛作品，譬如核桃工艺品以及蛋雕艺术。确实这类旅游商品能够树立现代品牌形象，但是给人昙花一现的视觉效果，一旦新奇过后，也就逐渐无人问津。全国各地旅游商品在一定程度上都会出现雷同现象，因此地方特色的旅游商品缺乏创新，随之而来缺少了市场竞争力。

7.4.2　旅游商品与区域文化融合度不高

旅游商品设计顾名思义是以旅游商品为对象的设计行为。通过设计将产品功能、材料、造型样式与当地民族特色交相辉映，使旅游商品在具有实用功能和审美趣味的同时，呈现出当地的民族特色和文化。但是在实际市场中，景区商店所贩卖的旅游产品往往千篇一律，没有鲜明的文化内涵以及突出的特色。如镂空“福”字旅游商品，“福”作为中华人民的吉祥文字，常常运用于各色各样的家居产品中，但是在造型设计上依旧欠缺新意，没有独特的文化性、鲜明的纪念性。与此同时，旅游商品销量的攀升也能带动民族文化的广泛传播，让消费大众被独具匠心的创意商品设计所深深吸引，促进文化的融合和传播。

7.4.3 设计与制造脱节

设计与制造的衔接从来都是工业产业链中最重要的问题。民族民间产品必须在设计与制造之间寻找平衡，并侧重于设计意识的引导和规范，深度挖掘产品文化内质，才能创造出符合市场的旅游产品。一般的产品设计流程，设计与制造的衔接是互动式的，其中存在的问题有：其一，具体的民族民间工艺及流程是不可复制的，因为手工及小产业的经营是单个的、具体的，不具有大规模拓展的可能；其二，设计与制造的双向结果忽略了民族民间地区文化符号的转换问题。设计必须是重中之重，不能简单地挪用、借鉴符号、图案、工艺、文化标示、技艺特征等，而应纳入设计研发的策划之中。这一部分在几乎所有的民族民间工艺及文化产品设计当中都是缺失的。

7.4.4 设计参与的方式

行政管理部门通过设立旅游商品研发中心（如上海市旅游商品研发中心、重庆市旅游商品研发中心），向社会开展旅游商品设计大赛，以设计大赛的形式构建旅游商品行业之间合作与交流的平台。旅游商品设计大赛，在一定程度上有利于提升行业整体设计水平，但由于大部分参赛者没有站在生产者与经营者的角度综合考虑旅游商品的设计要素，由此造成一些优秀设计方案不具备生产加工及市场流通的能力，从而往往被束之高阁，因此新产品得以大量涌现的市场格局未能出现。

7.4.5 设计联动的不均衡

首先，很多民族地区为了发展传统工艺美术成立了传统工艺美术工作室，在一定程度上是特色旅游商品设计的主要力量，但由于受到工艺制作条件、生产加工规模以及设计样式老旧等诸多因素影响，出现了销售业绩不佳，市场规模缩水的现象。

其次，专业设计公司的出现无疑为民族民间旅游产品的市场性提供了些许支持。设计公司作为设计行业中的主要力量，担负着社会上大部分的设计项目与任务。但一般而言，设计公司都有其自身特定的设计领域。如广告设计公司，更多的设计仅限于二维平面；家装设计公司，更多专注于三维空间的室内设计。由于旅游商品的设计具有综合性与学科交叉性（旅游商品设计需从二维的图案设计到三维的空间结构表达）。因此，现目前的设计公司还不能完全满足旅游商品设计定位的要求，且需要投入很多的时间、精力、物力、财力去调研，获得一手资料，这对于市场竞争来说是滞后的。

第三，随着我国艺术院校的发展，培养与艺术设计相关专业人才，艺术院校也加入了旅游商品设计与开发的行列。但就现目前的状况，大部分艺术院校缺乏系统的设计理论与体系，旅游商品设计开发还没有真正成为一门学科专业发展的方向，旅游商品设计与开发的任务往往交给产品设计和平面设计专业的学生。目前现有的各种旅游纪念品设计公司实际上是贸易公司，仅设一个设计部门而已，设计人员专业水平不高，设计力量薄弱，设计往往是以东拼西凑的方式为主，缺乏对旅游商品进行系统化设计的能力。

7.4.6　旅游商品的设计、生产、经营与销售脱节

旅游商品档次相对较低，各省市几乎千篇一律，没有形成知名品牌，不能真正满足市场需求。我国绝大多数旅游商品还没有形成有竞争力的生产能力，许多还处于小作坊式生产经营阶段，而且相互模仿现象严重，缺乏独立创新，难以生产出高质量的旅游产品。旅游商品生产制造企业、传统工艺美术工作室，大多数会在企业内部设立旅游商品设计部门，但一般采取来单定制的生产方式。行政管理部门通过设立旅游商品研发中心（如上海市旅游商品研发中心、重庆市旅游商品研发中心），向社会开展旅游商品设计大赛，以设计大赛的形式构建旅游商品行业之间合作与交流的平台。大部分艺术院校将旅游商品设计与开发的任务交给产品设计和平面设计专业的学生，缺乏系统的设计理论与体系。各种旅游商品设计公司，实际上是贸易公司，仅设一个设计部门而已，设计人员专业水平不高，设计力量非常微弱，设计往往是以东拼西凑的方式为主，缺乏对旅游商品进行系统化设计的能力。产品设计、电子商务、物流配送、广告媒介等企业对旅游商品尚未产生足够的经济吸引和市场动力，导致旅游商品生产设计、售前宣传、售后服务等环节不配套。

小结：

国内旅游工艺品市场的问题主要表现在以下几个方面：首先是旅游产品同质化状况的出现。通过现有资料分析，旅游工艺品生产企业规模小，管理不规范，缺少设计投入。旅游景点的产品都是从批发市场进来的，不

能反映地域文化特色。第二是产品的品质得不到保证，品牌产品少，品牌意识不到位。旅游产品本身蕴涵着一定的人文意义，对旅游者来说既有纪念价值也有收藏价值，所以在产品设计的时候应该充分考虑到产品的品牌意识。现在的旅游工艺品市场急需建立起相关的品牌意识。加强做工精致的产品推广、加强有地域特色的产品的推广、加强品牌的宣传等。第三是旅游产品的地域特色不强烈。这些也折射出旅游工艺品的设计研发投入不够等。也是我国目前旅游工艺品存在的问题。在出口外销的前提下，民族民间旅游产品必须以设计的新面貌出现在公众面前，才能稳固其原生、民族、地域的文化特质。

7.5 区域旅游商品整合开发研究

本节采用理论与实证相结合的技术路线，将整合开发理论应用于区域旅游商品开发中。初步理清了区域旅游商品整合开发的思路；打破了以往研究旅游商品开发过程从设计、生产到销售的思路，在设计之前增加了主客观因素分析过程；提出文化性整合理念和创新性整合理念，并将此理念贯穿于区域旅游商品整合开发全部过程。在行文上，首先交代了选题背景，综述国内旅游商品发展过程及区域旅游商品开发研究现状之后，阐述了研究意义、内容、技术路线等。接着对区域旅游商品整合开发的相关概念进行研究，重新界定旅游商品概念，提出区域旅游商品整合开发概念。在此基础上，对区域旅游商品整合开发的影响因素、理论基础、开发原则及理念进行了探讨，重点研究了区域旅游商品整合开发的具体内容。

区域旅游商品是指区域范围内具有同样或相似地域特征的旅游购物资源经过挖掘、加工而生产出来的能满足区域游客购物需求的商品。其中旅游购物资源是指可以供给旅游者以购物为主要目的的旅游资源，是旅游商品开发的基础。包括制作旅游商品的原材料、旅游商品设计的题材和传统制作工艺、区域文化特色和底蕴等。区域旅游商品是区域地方文化特色和文化内涵的外在表现的重要形式，是伴随着区域旅游业不断发展而逐步完善和创新的旅游产物。

笔者认为区域旅游商品整合开发就是指区域旅游商品开发要与区域旅游开发进行整合，依托区域旅游发展所创造的优势条件包括客源市场、交通线路、旅游基础设施等等，注重在旅游商品设计时与旅游产品开发主题和项目设计思路结合，注重购物场所和设施建筑风格与旅游景区（点）开发主题的结合，同时综合考虑旅游商品开发过程中所涉及的设计、生产、销售及营销等各环节相关要素分析，整合各环节，使区域旅游商品开发形成一个整体，实现资源有效配置，优化结构，取得良好社会、经济和生态效益。

区域旅游商品整合开发有三层含义：①旅游商品的开发需要经过设计、生产、销售、营销多个环节，每一环节中又会涉及众多的相关要素，首先要要整合每一环节各自的相关要素，使每一环节都得到完善，为旅游商品开发做基础。②整合旅游商品开发需要经过的设计、生产、销售、营销等环节，使其有机结合起来成为一个整体，增强区域旅游商品开发的实力和竞争力。③区域旅游商品的开发要与区域旅游开发进行整合，它既是一个独立系统，又是区域旅游开发的重要组成部分。旅游商品设计主题、销售场所建筑风格、营销模式创新等方面都要尽量与旅游开发的主题、项目设计理念、旅游活动设计等紧密结合，形成区域的一大特色；同时区域旅游商品开发结合区域旅游产品开发过程，也有自身的生命周期，要根据旅游产品开发的不同阶段来组织、完善和提高自身的发展策略。

影响区域旅游商品整合开发的因素可分为主观因素和客观因素两方面。

7.5.1　客观因素

影响旅游商品整合开发的客观因素包括旅游购物资源、可进入性、空间竞争、区域经济环境等。其中旅游购物资源、可进入性、空间竞争是旅游商品开发的限制因素，区域经济环境是必要条件。因为旅游购物资源、可进入性和空间竞争关系到旅游商品是否具有吸引力、发展潜力和竞争力；区域经济环境只影响旅游商品的关联带动作用、商品的门槛销售量等方面，而自然、社会环境则关系到旅游商品的吸引力大小。

7.5.1.1　旅游购物资源

旅游购物资源优势只有转化为旅游商品优势，才有可能转化为经济效益。首先，值得强调的是旅游资源绝不等同于旅游商品，旅游资源是旅游商品的原材料，旅游商品对旅游者产生现实吸引力的作用大小，一定程度上与其潜在吸引力有较强的依赖关系。其次，区域旅游购物资源的质量和品位制约旅游商品的质量和品位。第三，旅游购物资源的特色影响着旅游商品开发的方向，因为独特的旅游购物资源可以开发出区域垄断性的旅游商品。第四，旅游购物资源的文化底蕴是旅游商品竞争力的源泉。随着社会的发展，文化的竞争才是最根本的竞争，缺乏文化内涵的旅游商品将难以在竞争激烈的旅游市场上立足。不论是自然还是人文旅游购物资源，它们都蕴含着丰富的科学与文化内涵。人文旅游购物资源中的历史文化、民族文化、地方文化和现代文化都是文化体系中的一分子，而自然旅游购物资源不但是人们认识大自然、研究大自然和进行科学考察的理想场所，同时也往往被打上了很深的人文烙印。所以，对区域旅游购物资源调查和评价是旅游商品开发的前提条件。

7.5.1.2 可进入性

旅游商品大多是异地消费的产品，可进入性是指旅游者进入和离开旅游地的便利性和通畅性。其中，地理位置和主要交通设施的状况极大地限制着可进入性的程度。除此之外，旅游政策环境和出入境口岸的设置等也同样影响可进入性的强弱。可进入性是旅游商品发展的重要制约因素。可进入性差，旅游业发展不完善，开发旅游商品则没有太大的意义。

7.5.1.3 空间竞争

旅游产品的空间竞争是由于多个旅游产品在同一地域内出现而引起的。当多个旅游产品在同一地域内出现时，它们各自的吸引力往往会出现此消彼长或同步增长的动态变化和地域市场结构的再组织。而且同一类型产品之间的竞争是主流，不同类型的产品主要是互补。为此，旅游产品的开发一定要避免阴影区效应，发挥区域联合的优势，变竞争为互补互惠。区域旅游商品开发值得借鉴这一点。当前旅游商品市场上雷同现象严重，千物一面就是这一问题的明显体现。因此，区域旅游商品开发时，就要对区域的旅游购物资源深入分析，尽量实现优势资源所在地突出重点，择优开发，精心策划和打造有新意、具特色、强吸引力的拳头产品，争取占领同一客源市场内的最大份额。

7.5.1.4 区域环境

区域环境包括区域经济环境、自然环境与社会环境。区域经济环境的好与不好直接关系到旅游商品生产和销售。经济环境好则可以在基础设施、可进入性、优惠政策和资金投入等多方面，扶持旅游商品的开发。反之，则即使有很好的旅游购物资源，也需要一个很长的积累过程，对旅游商品开发不利。同时良好的经济、社会环境，必将提高区域形象，对区域旅游业发展起到推动作用，对旅游商品购物需求产生和旅游商品销售等提供条件。

7.5.2　主观因素

主观因素主要是开发者、旅游者和经营者行为等。开发者行为重点指旅游商品规划设计者行为、地方政府行为、旅游开发企业行为，规划设计者行为包括产品宏观上的开发主题定位、空间结构以及微观上的旅游购物设施空间布置等；地方政府行为则关系到旅游商品的基础设施配套、可进入性增强等方面；旅游开发企业行为影响到旅游商品的文化品位。旅游者行为也就是旅游消费者行为，它与旅游商品的形象和服务有着密切的联系。经营者行为则对旅游商品的周期、效益影响深远。

7.5.2.1　旅游者

旅游商品开发只有充分考虑旅游者行为，才会有广阔的市场前景。研究消费者行为主要是从旅游者空间行为、时间行为、性别、年龄、职业、产品消费等角度进行分析。旅游者的职业、教育程度等社会特征要求旅游商品开发具有层次性。旅游者的兴趣、性格等心理特征的分析则要求旅游商品要有个性化特点。青少年旅游者对时尚的追求，使得旅游产品出现了奇怪的时尚周期，这值得我们在旅游商品开发中斟酌。

7.5.2.2　开发者

旅游商品的开发者是一个群体，它包括设计者、地方政府、旅游商品开发企业。设计者主要是结合旅游购物资源特色和市场需求，发挥创造性思维和超前思维科学策划，并通过规划统一协调不断创新开发旅游商品，同时对旅游商品的投产、销售起到宏观指导的作用。假如设计师是旅游商品灵魂的塑造者，那么地方政府、旅游开发企业则是旅游商品躯体的建设者。作为商品开发商的旅游企业，根本目标是追求经济效益最大化；而当地社区由于经济发展落后、知识水平有限等因素，主要是通过销售增加经济收入。由此可见，设计者在整个区域旅游商品开发群体中居于中心组织地位。

7.5.2.3　经营者

经营者对旅游商品开发的影响体现在信息管理、营销渠道和经济效益三个方面。就旅游商品开发而言，旅游购物资源、区域旅游购物配套设施、可进入性等，开发者一定程度上可以控制。而旅游者或游客的购买需求，购买兴趣和购买决策行为等是相对变化的，经营者是获取这些信息的第一渠道和主要渠道。经营者若能关注和及时反馈这方面的信息，对开发者而言就能更准确地把握市场需求，使开发出的旅游商品销路广阔。对经营者也是有利的，销售量越大利润越高，就对销售渠道和方式越关注等，这将是一个良性循环的过程。

通过对以上客观因素和主观因素的分析，可以得出在旅游商品开发过程中，只有主观和客观两方面因素的关系协调，旅游商品开发才会取得成功，并能持续发展下去。如果上述某一因素不具备，或彼此间的关系不协调，旅游商品开发就注定要失败。因此，在区域旅游商品开发过程中要综合考虑这诸多方面的因素。

7.5.3　区域旅游商品整合开发原则及理念研究

旅游商品整合开发不仅是促进旅游业发展的主要条件，也是增加就地出口、扩大创汇贸易的重要手段。正确选择和确定旅游商品的整合开发方向，对区域旅游商品开发意义重大，要求我们从旅游地国民经济的优势出发，分析旅游购物群体的特征和购物心理。在设计上，生产、销售布局等方面都要遵循一定的原则，才能发挥旅游商品整合开发优势，提高区域旅游商品开发水平。同时还要遵循一定的发展理念才能使区域旅游商品开发更具特色和生命力，增强其旅游商品的竞争力，促进更高层次的区域旅游商品的开发。

7.5.3.1　区域旅游商品整合开发原则

7.5.3.1.1　与区域旅游业发展一致性原则

区域旅游商品整合开发是在积极发展区域旅游业的前提下展开的，因此区域旅游业发展水平制约着区域旅游商品开发。没有良好的区域旅游发展环境和旅游相关产业结构的合理发展，就没有区域旅游购物发展的良好前景，旅游商品开发就没有生命力。根据区域旅游业发展的不同阶段，区域旅游产业配置的不同时期，区域旅游商品的开发程度和深度也应不同。比如，在某个旅游景区（点）发展初期，基础设施和配套设施建设初具规模，稳定旅游客源市场还未形成时期，完备的区域旅游商品开发体系是不可能建立起来的。因为旅游商品开发投资、旅游商品开发意识、旅游购物资源的准确评价等等有其积累和发展的过程。因此，旅游商品整合开发要遵循与区域旅游业发展一致性原则。

7.5.3.1.2　挖掘地域文化特色资源原则

在开发范围方面，遵循“大资源导向”的原则。在旅游购物资源开发时，应该对资源的范围作广义的理解和系统的界定。具体而言，在对区域旅游购物资源进行开发时，要综合考虑区域内与旅游商品开发题材、材料、工艺等有关的自然和人文资源，以及可以转化为其所用的有形资源和以民族节事、传统活动为重点的无形资源等，不仅应该开发独特的旅游商品，而且应该建设高档次的旅游购物设施、完善高质量的旅游销售服务。在开发目的方面，遵循“复合型导向”的原则。即旅游购物资源开发的目的多样性，满足游客综合型需求的同时，应该创造物质文明和精神文明，实现经济、环境和社会效益等，产生经济、环境、促进和交流效应等，从而进行“复合型导向”开发。

7.5.3.1.3　市场导向原则

在开发方式方面，遵循“市场型导向”的原则。具体而言，进行旅游购物资源开发时，应该在坚持政府宏观调控前提下，由各类企业独立开发、自主经营，在资金来源、项目建设、经济效益等方面实现多元化局面，转变“政府主导型”的开发模式，建立旅游购物资源开发的“市场导向型”模式。在此基础之上，深入分析区域地方文化特色和内涵，对旅游购物资源蕴涵的文化底蕴进行挖掘，形成有效的地域文化特色资源整合机制。

7.5.3.1.4　市场需求原则

区域旅游商品整合开发的目的是就是为了满足区域旅游购物经济的发展，完善区域旅游产业结构。前提必须是区域内各旅游景区（点）开发和销售的旅游商品，能够满足旅游者的购物需求，能够使旅游者产生购买动机，激发旅游者的购物兴趣，从而产生购物消费。因此，区域旅游商品的开发必须遵循旅游者购物需求的原则，及时调查和了解区域客源市场的购物需求变化，从而调整区域旅游商品开发思路，更新商品，满足市场新需求。

7.5.3.2　区域旅游商品整合开发理念

7.5.3.2.1　文化性整合理念

文化是旅游者的出发点和归结点，是旅游景观吸引力的源泉，是旅游业的灵魂。文化具有抽象和具体性，将抽象的文化内涵用具体的物化产品或某一动态过程来加以外化，才能为多种层次的旅游者所欣赏、所感受，才有可能将旅游资源的文化优势转化为产品优势，从而形成产业优势。如何将文化的潜在价值转化成现实的旅游产品，是旅游开发过程中的关键问题，也是目前现实工作中遇到的一个难题。旅游商品是旅游购物的对象又是其重要的组成部分，也是旅游产品有机组成部分。可以说，区域旅游商品开发就是围绕旅游地文化主题、挖掘旅游资源的文化内涵、并把它外化成旅游商品的这一过程。并非具有丰富文化内涵的旅游资源就能成为具有吸引力的旅游产品、旅游商品，由于旅游资源文化内涵具有无形性，只有将旅游资源丰富无形的文化内涵用具体的物化产品或某一动态的过程来加以外化，以一种独特的、直观的、可感的形式使其丰富无形的内涵外显出来，才能实现其价值，特别要求旅游开发者具备一定的文化创新能力。因此，在区域旅游商品整合开发过程中，要深入挖掘区域地域文化特色和文化内涵。在旅游商品开发的各个环节渗透这一理念，才能使所设计的旅游商品具有浓郁的地方文化特色，具有异域性等，增强其竞争力；才能在营销和销售服务环节更注重地域文化氛围的营造等。

7.5.3.2.2　创新性整合理念

创新在人类的文明发展史中，具有十分重大的推动作用。人类的进化、科技的进步、经济的繁荣、社会的发展，在一定意义上讲，都植根于创新。创新，就是指对已有惯例和模式的突破与新模式的形成。著名的经济学家熊彼特最初把“创新”定义为“企业家对生产要素的新的组合。”在市场经济环境中，旅游产品既面临着旅游者的选择，又经受着周边区域和同类产品竞争的考验，无论是将要开发的新产品，还是已经形成旅游产品的景点景区，都需要研究产品的创新。只有创新，才能在激烈的市场竞争中立于不败之地。普恩（Poon）的可塑性理论则认为，旅游目的地要想不断提高竞争力，就必须保持可塑性，即永远的创新、不断地变化，旅游产品是可变的、可细分的、可根据市场的变化而塑造的。崔凤军提出传统目的地旅游产品可创新理论，他认为旅游产品的创新是产品创造性地开发和竞争性开发，把潜在的东西更深层地挖掘出来，以创新带动需求，引导消费潮流。该理论包括类型结构的创新、内涵创新、功能创新、过程创新和主题创新。王大悟也提出了旅游产品的创新原理，他认为旅游资源内涵的广泛性和多样性是决定旅游产品能够不断创新的基础和源泉，是产品创新原理的依据，市场需求的变化是旅游产品创新的原动力。旅游产品创新的类型有发现型、转换型、从无到有、策划型创新。吴必虎（1999）提出昂谱（MRP）分析模式，对于传统旅游目的地的产品质量创新有较大的借鉴意义。李亚兵（2003）提出的区域旅游产品创新开发理论主要是从产品系统的外部因素入手，充分挖掘旅游资源和人力资源内涵，整体提升产品系统的旅游功能，它包括理念创新、文化创新、科技创新和开发模式创新。旅游产品的创新实质是功能吸引力的提升。笔者通过对以上创新理论的分析，得出区域旅游商品整合开发过程中，也要发挥创新思维，应用到旅游商品开发的各个环节整合方式和完善中，同时也要在每个环节的相关要素整合和开发过程中不断创新组合方式等。具体表现在：①区域旅游商品开发与区域旅游开发结合方式创新。②旅游商品规划设计理念和经营理念创新：旅游商品设计中题材选择、材料运用、工艺创新等方面，销售模式、营销方式、服务理念创新等等各个方面。③文化创新：文化是旅游商品不竭的生命力，商品的文化创新是在对区域原有传统文化继承基础上的弘扬，不仅体现在旅游商品文化品位上，而且体现在旅游购物设施文化品位上和服务质量的个性与特色上。④科技创新：是指在产品的开发设计、宣传营销、经营管理等环节中尽量注入高新科技的含量。如景区购物场所配设语音导游、电脑触摸屏，利用 GSI 技术尽快建立旅游信息系统和电子网络，借助现代飞速发展的高科技不断提升区域旅游商品整合开发的档次。

7.5.4　区域旅游商品整合开发内容研究

通过对区域旅游商品整合开发的理论、开发原则及理念的研究，可以看出区域旅游商品开发是一复杂的过程，涉及设计、生产、销售、服务及营销等多个环节，同时它又必须依附于一定的国民经济、社会和旅游业发展背景，因此在区域旅游商品整合开发过程中就要综合考虑这诸多因素和方面。笔者试着对区域旅游商品整合开发的具体内容（如图 7–1 所示）做了归纳，大体包含主客观因素分析、地域特色文化整合、区域旅游商品市场体系建设、整合营销等 4 个方面。

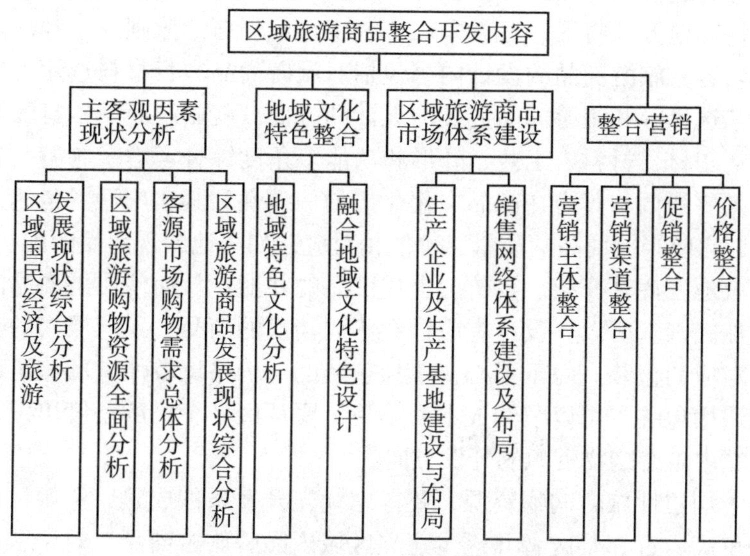

图 7–1　区域旅游商品整合开发的内容

7.5.4.1 主客观因素现状综合分析

区域国民经济和旅游业发展情况是区域旅游商品整合开发的基础和背景，旅游购物资源是区域旅游商品开发的对象，客源市场的需求是区域旅游商品整合开发的根本，区域现有旅游商品开发的情况是区域旅游商品整合开发的依据，因而进行区域旅游商品整合开发首先要综合分析这些因素。

7.5.4.2 区域国民经济及旅游业发展现状综合分析

区域旅游商品的开发需要建立在一定的国民经济发展和旅游业发展背景之下。它是伴随着区域旅游业的发展而逐步建立和完善的过程，不是独立于区域旅游发展体系之外的，而是与其有着紧密的联系。

7.5.4.3 地域文化特色整合

旅游市场是一个特殊的消费市场，它要求旅游商品品位要高，艺术性要强，要有时代感，还要考虑旅游活动的特征。游客对旅游商品的需求不同，决定了旅游商品的开发要多层次、多品种、丰富多彩。在区域旅游商品整合开发的过程中，设计并生产出具有浓郁地方文化特色和反映地域文化底蕴的旅游商品是赢得市场份额的关键所在，因而在设计过程中要综合考虑相关因素，也就是地域文化特色的整合或称为区域旅游商品总体设计。

首先要遵循旅游商品开发设计的原则。包括迎合旅游者购物心理、挖掘民族性和地方性特征、尽量采用传统工艺、创新性原则等。其次要明确设计的内容。旅游商品的设计内容包括对旅游商品本身材料选用、题材及制作工艺选择等和旅游商品包装的设计两方面。就旅游商品本身的设计而言，要从题材、材料、工艺、外形和功能多角度综合考虑。旅游商品包装的设计则要强调与其内在商品文化品位的一致性和其实用性。包装是商品的外衣，它应当同商品的质量、价值相对应，如实地展现商品的内在质量，才能有效地发挥其介绍、宣传、美化商品的功能，从而使旅游商品的整体形象更加完善。所以，设计者应针对不同档次的商品，不同层次的需求选择其相对应的包装。对于不必要单独包装的，价格比较便宜的旅游商品，则使用通用包装，可以节约成本。第三，要从区域全局的角度出发，整体构思区域内旅游购物资源的开发方向。

对于同质性旅游购物资源，要考虑优先开发条件成熟、资源地域文化特色品位高、近邻景区者并逐步建立区域内品牌旅游商品。对于区域内多个异质性旅游购物资源，则逐个突破，树立区域内品牌，并要考虑在区域内将这多个不同系列的品牌旅游商品进行整合，形成区域整体品牌，参与更高层次区域的旅游商品市场份额争夺。

7.6　地域文化在旅游产品设计中的体现

7.6.1　地域文化在旅游产品上的界定

地域文化一般指在各地方不同区域的人们在一定历史条件下创造出来的具有鲜明特征的文化，是当地的传统和习惯、生态和民俗的文明表现形式，也可以简单的界定为“具有地域特征和属性的文化形态”，旅游者通过对文化的感受去领略当地的风土人情与自然环境。旅游产品是文化形态的一种物质化表现，是以文化价值取向为主的特色商品。从设计文化论的角度看，作为旅游产品设计自身也是一种文化体现的过程，其目的是为了在旅游产品自身生命周期中构建系统，富于地域文化特质，表现各地区不同特色，提高旅游产品价值[6]。基于地域文化观的旅游商品设计可解读为：以地域文化的科技观、人文观及与之相契合的行为方式、心理原则、取向，建立的旅游商品设计理念内涵、表征、表象与方式、方法等[7]。旅游产品的设计应是一种基于地域文化基础上的创新性活动，是以旅游商品为对象的设计行为。在进行旅游产品设计时，应当首先建立起完整的地域文化价值观，要以某一特定的文化形式为参考对象，以其思想特征和表现形式为依托和支撑，是旅游产品展现自身特点的重要因素。通过合理的设计原则展现旅游产品的文化价值，指导产品开发的行为模式，检验设计结果的合理性，在指导和检验的过程中形成客观的、理性的思维方式，有效地把握整体的设计过程，调控设计的设定范畴，经过设计者创新的过程和对生活的感知赋予旅游产品文化价值，使消费者提高收藏的兴趣，产生购买的愿望，通过设计方法引导旅游产品市场发展。

7.6.2　地域文化在旅游产品中的传承与创新

地域文化具有一定民族性和地方性的特色文化，它有别于其他地区文化而独具特色。基于地域文化的旅游产品设计需要不断挖掘、提炼并汲取当地文化的特点和精髓部分，构建成为旅游产品设计的基础和前提条件。

对于以地域文化为基础的设计并不是说对原有形态的模仿或者复制，而是要用现代的形式和观念去重新审视传统价值观，经过现代设计方法，对地域文化有目的的，有计划的，有组织的整合、利用和再创造，将地域文化的内容和特征通过现代旅游产品的形式重新表现与诠释。形意达设计公司设计的中国象棋造型、食用冰盒造型、鼠标压线器、钥匙挂钩以及衣服架、积木玩具、U 盘、钥匙链等是将北京长城和古建筑作为元素所设计的一系列旅游产品，通过城墙和古建筑自身的特点，将这些产品进行了模块化的设计，运用现代材料（塑料、橡胶、金属）诠释传统文化形式，突出文化内涵、宣传旅游胜地，打造出创意文化新的形式，同时将地域文化特征展现在旅游产品当中，提升了产品的品质和附加值。

7.6.2.1 发掘区域文化元素

中国是一个有五千多年历史的文明大国，形成了丰富多彩的区域文化，如敦煌文化、藏文化、徽文化等鲜明地域特色的文化内容。设计师要在深厚的文化积淀中发掘历史文化资源，以及健康、积极、向上的传统文化精神。要将区域文化元素或符号进行发掘和梳理，并经过设计师的创意设计植入旅游工艺品之中，以提高旅游工艺品文化含量。改变当今旅游工艺品市场良莠不齐，产品竞争乏力、浮躁跟风、产品雷同，种类单调，形态陈旧、工艺粗陋，更新缓慢等现象，以及忽视历史、轻视人文、缺少文化内涵与产品个性的短期行为。这需要设计师寻找传统文化切入点，寻找“亮点”，创造“卖点”，不断拓展旅游工艺品发展空间和影响力。作为具有文化内容、工艺价值和商品属性的旅游工艺品，在市场竞争背后其实是文化力量的角逐。面对历史烟尘深厚、文化内容丰富的旅游工艺品，诸多文化元素都需要设计师用力发掘，精心嫁接，在旅游工艺品创意设计与制作中，赋予产品，特定的时代精神。由此，具有地区特色文化的发掘就需要设计师深入民间挖掘民间传统元素，融入景点特色，丰富旅游工艺品设计的文化内涵。如湖南江永县“中国非物质文化遗产”女书的发现，以及女性文字所引申的瑶姬、盘巧造字的传说，不仅丰富了当地文化旅游产品的表现内容，而且突出了产品的个性与特色。随着我国乡村旅游产业迅速发展，以及旅游消费领域不断细化，各种形式的“农家乐”“渔家乐”以及乡村旅游区、乡村旅游带不断涌现。设计师不能仅局限于已有的名山名景，应立足当地的风土人情和民俗文化与恬静环境、瓜果畜牧等自然资源整合，开发具有民间特色的工艺纪念品。在发掘整合的基础上确立产品定位，避免千村一面，从一村一景、一村一品的差异化工艺品发展入手，拓展旅游工艺品设计空间，丰富工艺品设计内容。

7.6.2.2　注重创意设计，提高创新质量

随着国内大众化旅游的普及，旅客的消费经验更加丰富。对具有文化内涵的旅游工艺品诉求也在不断增多，对旅游目的地的工艺品要求更高，已不满足简单而缺乏个性的产品。这就要设计师在区域文化类别、历史、时间上发掘设计内容，从自然景观、名人逸事、时代特征、历史事件、民风民俗和非物质文化遗产等方面寻找优秀的文化因子进行创意设计。

创意是设计的灵魂，创新和质量是旅游工艺品发展的生命。如果把设计内容比作旅游工艺品产业的“血液”，那么，原创恰似人的“肝脏”，它担负着生命中最重要的“造血”功能。在市场竞争激烈的今天，旅游工艺品要做到“新、特、优”就需要寻找路径进行创意设计与多元融合：一是善于就地取材，点石成金；善于无中生有，珠联璧合；善于嫁接、借船过河。二是善于小题大做，扬长避短。注重旅游工艺品开发过程的文化要素、纪念要素、设计要素。在发现、选择、提炼的基础上把地域文化特色的标志性符号转化为产品开发的设计语言，进行精细化、系列化创意设计和重新包装，将已有的生态文化资源有效地转化为产品优势。三是习人之长，推陈出新。以挖掘地域特点和文化背景为依托，将传统工艺与现代科技中声、光、电相结合提高工艺产品的科技含量，使产品质量提升更具价格优势。这样不仅保持了传统工艺特色，同时有利于把产品的艺术、形态美感以及特有的文化因素表现出来，丰富旅游工艺品的形式和内容。在旅游工艺品创意设计中，就地选题、就地取材、就地加工、就地销售，容易突出地方特色和产品个性。用地方资源生产与景点文化相结合，设计生产少而美，巧而精，形式简洁又令人回味工艺品的成功范例很多。

以产自黄山周边地区的黄蜡石工艺品开发为例，产品创意紧紧围绕黄山这一世界旅游品牌，充分利用安徽古徽州的徽文化与风俗，以及良好的人文环境和资源条件，结合徽州传统的“三雕”技艺进行开发设计。产品大创意小制作，突出内容特色，不仅丰富了工艺品文化内涵，而且扩大了产品的影响。

7.6.2.3　加强多元融合，促进产品开发

文化与旅游是水乳交融、互为载体、互利共赢的关联产业。而旅游

工艺品设计与区域文化是多元交融的姊妹组合。旅游工艺品是旅游业态“食、住、行、游、购、娱”产业链中的元素之一。只有产业链中每个环节均衡发展，相互匹配，才能使消费者产生满意的体验。随着乡村旅游和其他深度个性游的不断发展，烙上文化标志的旅游工艺品也朝着细分化、多元化、个性化方面拓展。旅游工艺品设计开发应避免走品种单调、趣味平淡、体量不当、缺乏竞争的老路，而在工艺品的文化性、地域性、观赏性、独特性、时尚性和实用性方面延展。工艺材料、设计元素和制作手段的多样化，丰富了旅游工艺品的设计内容，促进了新产品的开发。纵观工艺品生产制作企业，基本都是传统作坊式的小规模手工艺制作企业，特别是民间工艺品制作更是如此。要树立产业集群的经济理念，以市场需求为导向，将区域文化融入现代时尚，传统工艺与现代生活完美结合。要广泛吸纳具有市场意识和创意的设计专业人才参与，积极推进旅游工艺品的创新，突出地方特色，避免创新发展短板。区域文化是时间和实践的积淀，具有地方特色的文化是工艺品创意设计的源泉，通过富有感染力的创意，不断丰富旅游工艺品的设计形式和内容，体现旅游工艺品的纪念性、艺术性、装饰性、实用性与地方风格。设计师要全面认识文化与工艺品设计的融通作用，既不能割断历史，也不能脱离时代，在继承中创新，在吸纳中应用。总之，要拓宽旅游工艺品的开发设计思路，注重自然资源与文化资源、有形资源与无形资源的综合性开发与利用。在优势互补、共融发展中实现旅游工艺品在市场上“健身”，在设计创新上“发育”，在文化旅游产业上“起跳”。

7.6.3 以体验文化方式为主的旅游产品设计

旅游体验是整个旅游过程中的重要环节，也是人在旅游中的感知与体会，通过不同的旅游内容（风土人情、节庆民俗、当地特产、传统技艺）带给人们丰富的旅游体验，使旅游者参与其中，成为“主角”，品味并感受当地的文化特色。这些民间文化形式都可以通过人为方式进行设计，这种设计活动是把物品（工具、材料等）作为“道具”，服务作为“舞台”，环境作为“布景”，围绕特定的“主题”“故事”，使顾客参与、畅游于其间，感受与领悟“主题”，产生体验，而此种地域文化的体验会长期逗留于游客脑海中，进而形成美好的回忆[8]。

图 7–2　黎族挂毯

如图 7–2 所示，以海南黎苗文化形态特征设计的椰碳瓶、黎锦挂毯等旅游产品，突出了海南旅游的民间文化内容，体现地域文化特色。椰碳瓶设计中，利用黎族传统的歌舞纹饰图案、黑白红装饰色彩体现出男女性别的差异和形态的美感，采用陶瓷与椰棕的对比，设计出“相濡以沫”的空气净化瓶，同时可以兼作房间摆设。而挂毯采用黎族的织锦图案（人物纹样、动物纹样、植物纹样、几何纹样）来进行设计，由于黎族没有自己的文字，因此这些寓意吉祥的图纹便是民族特征的最主要表现，这种设计也是将现代与传统完美结合，体现出海南黎族少有的民间特色，使游客在旅游购物过程中很好地体验当地的文化气息，形成浓厚的文化氛围。

7.6.4　以生态为理念的旅游产品设计

生态文明理念是环境保护概念下促进制造业和产品生产向更大规模和更高水平发展的重要理论依据。生态文明警醒于后工业时代给人类带来的诸多环境困境，在生态文明的视阈中提出的产品生态设计要求是社会可持续发展的必由之路。这种生态观念所包含的绿色设计领域，是在结合现代工业发展的需求条件下提出的绿色产品概念诉求，它在更高意义上寻求人与自然、人与社会及人与自身关系的协调，逐步成为生态观念下生产制造业发展的必然选择。

7.7　探讨符合生态文明理念的产品生态设计理念与方法

7.7.1　产品生态设计以生态哲学为基础和理论指导

在生态文明视野下的产品设计理念是为满足生态环境的优化而提出

的。人类所经历的农业文明和工业文明都是以牺牲自然环境为代价的，生态平衡的极大破坏已成为影响人类生存与发展的核心问题之一。研究人生存的基础和条件以及它们之间的相互关系成为当前科学家、哲学家们关注的热门论题。在生态文明视域下的哲学研究中，最重要的成果之一——生态哲学的理论为人与自然、人与社会的综合优化发展提供了一般的方法论原则，也为工业设计领域中产品生态设计的实践与发展提供了思路和原则。生态哲学是产品生态设计的哲学基础。生态哲学是伴随着生态危机的日趋严重化及生态学研究的日益深入化而逐步建立起来的。生态哲学是以生态和生态系统为研究对象，它以哲学的思考方法对生态危机引起的经济、社会等问题进行理论上的研究和解决。生态哲学既是哲学永恒主题在当今人类生存和发展领域里的延伸，又是复杂纷繁的生态现象及其规律在当代哲学中的反映。它的研究成果和理论给人们提供生态哲学世界观，并为人与自然、人与社会综合优化发展提供了一般的方法论原则，对于启发和拓展人类解决当前严重生态危机的思路具有重大的指导意义[9]。

7.7.2 蕴涵生态文明理念和生态设计观念的现代产品设计

生态文明视阈下的产品生态设计理念，是产品设计在绿色环保领域内的理论依据，为确保人类的生活质量和经济的可持续发展，自20世纪80年代以来，旨在保护环境的“绿色设计”“绿色产品”“绿色制造”等新的概念、理论、方法层出不穷。产品生态设计的理念是指在产品的设计意识、设计定位及设计方法等问题上，将生态意识、环境因素融入到整个设计理念中，即在产品生命周期内，优先考虑产品的环境属性，以减少对环境的污染。由于现代产品在绿色设计的局限性，现代意义上的生态设计（也称生命周期设计）逐步成为设计时尚。这种设计在产品生命周期内优先考虑产品的环境属性，即除了考虑产品的性能、质量和成本外，还考虑产品的回收与处理，以及产品的经济性、功能性和审美等因素，从而设计出既对环境友好又能满足人的精神需求的物品。生态设计要求在产品生命周期的每一环节都要考虑其可能给环境带来的影响，在这一过程中，环境问题与产品功能、产品质量、产品外观等同样重要，产品既要有利于人的身心健康，有利于改善人对适用产品的精神诉求，又不至于给环境带来很大的负担。在具体实施上就是将产品生产过程、产品使用过程、产品回收利用比拟为一个自然的生态循环系统，对系统能源、材料和使用过程、产出进行综合平衡，而在这一平衡过程中需要对整个产品寿命周期进行分析，即产品全生命周期分析，从而设计出符合生态环境要求且具有耐久性的产品。产品生态设计，既着眼于人的当前需求，又考虑到生态系统的健康和人类可持续发展的长远目标。从这个意义上讲，产品生态设计是一门可持续的工程，因此在产品设计领域和生态工程领域都是一项十分紧迫而艰巨的任务。只有从设计观念上的根本转变，才能促进生态设计理念和方法的发展。

7.7.3　结合生态文明理念的产品生态设计理念与方法

产品生态设计在国外已经用于办公、家电等产品的设计开发。目前，通过优化生态设计方法，以生态文明的生态哲学思想为理论依据，将推广到所有产品的设计和重新设计。产品生态设计方法主要有以下几种。

7.7.3.1　选择符合环境优化条件的环保材料

此类方法要求选择对环境变量影响小的原材料来进行生产，这些材料包含：在生产、使用过程中产生较少有害废物的绿色材料，可通过地球本身的新陈代谢而得到可降解、可再生的材料，在提炼和生产过程中能耗低的原材料，在产品使用后可以重复使用的可循环材料。这些材料的使用可以减少不可再生资源的消耗，如现代许多产品在设计时大量使用的竹子、藤条、芦苇、麻纤维等周期性短、速生性的植物原料。

7.7.3.2　对产品材料使用的减少性原则

通过产品设计的改进尽可能实现减少性的使用，简化产品结构，减少运输与储备空间；优化产品性能，提高产品的使用效率；降低产品能耗、节约宝贵资源。利用废弃的产品零部件是减少材料使用的一种设计方法。

7.7.3.3　通过转变和提升生产技术优化产品性能

生产技术的优化可以通过以下方式实现：①选择产生较少排放物的技术（如榫卯结构代替金属焊接），或通过设计上的改进使生产过程产生的废料最小化；②优化整个生产过程，减少生产步骤，通过技术改进减少不必要的生产工序；③选择能耗小和使用天然气、风能、太阳能等清洁能源的技术等。

7.7.3.4　延长产品生命周期

通过延长产品生命周期，可以避免产品过早地进入最后处理阶段，提高产品的利用效率，从而达到可持续发展。具体措施包括：提高产品的质量，增强产品的耐久性，便于修复和维护；采用标准的模块化结构，通过即时更新而延长整个产品的生命周期；在产品废弃时充分考虑可拆卸的原则，将产品部件转换为其他用途等[10]。可以说，在生态文明的影响下是工业设计与生态学的综合，导致了产品生态设计的诞生。产品生态设计的自然哲学是生态哲学，生态哲学是产品设计的指导理论，而产品生态设计则是生态哲学发展的必然结果。

7.7.4 以生态学的基本理念为导向推进工业产品设计

在传统的工业生产方式中，从自然资源的开采到产品的消费，无论产品的生命周期有多长，产品本身自然资源的最终归属只能是废弃。由于传统工业只关心产品本身的市场属性，当产品达到应有的技术、工艺和市场目标后，至于产品使用后废弃物如何处理，则不在设计的视阈之内。这样，终将导致物质资源在生产活动中呈单向的线性流动：资源—生产—产品—消费—废弃，而废弃物也成为物质资源的最后归属，从而引发环境和资源问题。基于这种传统生产方式模式基础上的工业产品设计，在为人类创造了现代生活方式和生活环境的同时，其过度的价值倾向也加快了资源的消耗和生态平衡的破坏。随着当代能源危机的爆发，环境污染日趋严重，工业产品的生态设计越来越具有现实意义。生态设计的生产模式旨在资源的循环运行和资源的可再生利用，也就是说要在经济社会与自然环境和谐共处的前提下，利用自然资源和环境容量实现生产活动的生态化转向。资源存量和环境承载力的有限性决定这种昔日传统性增长方式是难以维系和不可持续的，最终必将丧失发展的基础和后劲。工业产品的生态设计依据生态学的基本原理，指导资源的综合利用，从物质资源流动的全过程控制资源消耗和环境污染，考虑产品的回收处理和再利用，努力推动物质资源循环利用，避免生态环境失衡。这是种“可回收、可循环、可再生”的设计体系，是对传统设计理论与方法的改革与创新。工业产品的生态设计能促进物质资源在生产和消费过程的循环流动，所产生的是循环经济，即：自然资源通过加工生产后变为产品；产品被消费后输出变为再生资源；再生资源实现二次生产进行循环使用。在这个不断进行的循环中，可以把生产活动对自然环境的影响降低到尽可能小的程度，实现以最小资源和环境成本换取最大经济社会效益，有利于从根本上缓解环境与发展的两难抉择。要实现工业产品的生态设计，必将改变传统的粗放型生产方式，以生态学的基本理念为导向推进工业产品生态设计，推动我国经济社会与环境和谐、可持续发展。[11] 总之，在环境问题日益受到关注的今天，生态文明视阈下的产品设计绿色程度已成为生态的代名词，产品生态设计材料的绿色性、安全性、可循环利用、可再生都是生态产品设计的最终目标。作为生产企业或设计师，在进行产品设计和生产时不应只将唤起消费者购买欲望、追求消费者的精神诉求而获得更多利润作为唯一目的，而应更多地关注生态、环境和资源，只有这样，人类才有可能真正实现“生态文明的绿色工业”这一美好愿望。旅游产业的持续化发展的其中一个环节就是旅游产品的生态化设计，通过一系列的创造性方法将生态设计的理念、行为和方式引入旅游产品当中，有效地利用文化特色，减少环境污染，降低资源消耗，提高旅游产业对经济文化可持续发展的积极作用。旅游商品的设计工作应遵从本地化、节约化、自然化、进化式等方式，强调减量、再利用和再循环，也就是所谓的生命周期设计[12]。在基于地域文化的旅游产品设计中，要求工作过程的每一个阶段都应当关注当地文化的生态因素，通过旅游产品设计减少对生态的破坏，促使生态的和谐、良性发展，最终引导产生一个可持续性的生产与消费系统。如图 7-3 所示，由设计师吴东志设计的名为“烛光”的手电筒，利用台湾产竹的优势，手电筒的外壳用竹材制作，降低不必要的资源浪费，诉求环保，一方面展现出台湾竹文化的特点，另一方面将利用生态资源和现代产品相结合，体现出高度的美学价值，给到台湾旅游的人们带来新意。

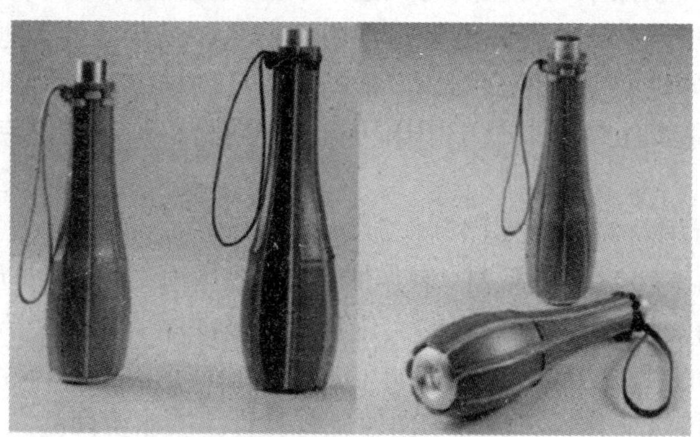

图 7-3　“烛光”手电筒

结论：

我国各地的民族风俗多姿多彩，人文环境多种多样，这就需要大力整理、保护、挖掘不同地区的历史文化传统，将文化意识形态转换成为旅游产品形态，提高旅游产品的附加值，以地域文化的不同打造差异性的产品设计，避免统一化、雷同化、近似化的现象出现，使旅游产品真正地做到以当地自身的文化特征为设计出发点，有利的汲取地域环境的条件，体现出唯一性和异质化。在传承优秀文化精神的同时，拓展更为广阔的旅游空间，顺应旅游消费的需求，将科学的发展观和生态的设计理念引入旅游产品设计当中，做出各地丰富的旅游特色产品。

7.8 区域旅游商品设计和生产的主要因素

特色是区域旅游商品的生命，所以商品开发者应该以创新（特色）来作为开发设计的突破点，区域旅游商品开发只有不断设计创新，才能从根本上改变我国旅游商品千佛一面、缺乏特色的总体形象。

开发任何一件旅游商品都要涉及表现题材、所用材料、制作工艺、商品功能及外形包装等因素，只有从旅游商品的性能、功能、造型、色彩、工艺、款式和包装方面着手寻找突破口，设计出来的区域旅游商品才能在数以万计的旅游商品中处于不败之地。

（1）表现题材。它是指旅游商品的文化含义。它通过外观造型、图案、色彩、装饰等载体来表现。同时，把中华民族文化艺术、区域特色与商品本身进行有机结合，让商品能够体现中国特色、民族特色、地方特色，显示个性、差异性及垄断性。例如，常州梳篦厂制作的黄杨“西厢记”造型木梳在外观造型上就是取材于中国历史文学题材，该产品曾荣获全国旅游产品优秀奖。

（2）所用材料。指生产制作旅游商品所用的原材料。原材料的选择也会形成文化差异。就地取材，制作器物，形成当地文化，越是历史悠久的、传统的商品由“材”而反映出的文化背景就越深厚。比如中药，就是中国或地方特有的天然物质加上独特的工艺制作，它在治疗的药性方面完全反映的是中医传统文化，它也是东南亚旅行者青睐的旅游商品。

（3）商品功能。即区域旅游商品的物质功能与精神功能。物质功能指能满足购买者的某种物质方面的需要。精神功能则因民族特征、价值观念、审美情趣、宗教信仰等反映出商品给予购物者的精神享受。例如，被称之为东方美食的糖画是用糖做的，它出自民间艺人的巧手，亦糖亦画可食可看，食前先观以娱目，观后再食又悦口，融物质享受与精神享受于一体，堪称中国饮食文化宝库中凝聚民族智慧的宝珠。

（4）制作工艺。指旅游商品的加工制作方式。当地制作工艺与异地制作工艺，手工工艺与机械工艺，传统工艺与现代工艺都是不同文化在商品中的折射。例如，中国有名的牙雕艺术品就是采用了雕、描、刻、烫的传统艺术技法。又如，糖画制作工艺是艺人将糖炼制成汁，借勺为笔，以糖做墨，凝神运腕，在光洁的大理石板上抖、提、顿、放、收，时快时慢，时高时低，随着缕缕糖丝的飘下，诸如飞禽走兽、花鸟虫鱼、神话人物等形象便栩栩如生地呈现在人们眼前。

（5）外形包装。旅游商品的外形包括造型、色彩、图案、装饰等。抓住时尚，立足本土，掌握游客的心理变化趋势，从外形上不断推陈出新，给人以美的感受；商品包装既能减少或防止外界因素对商品内在质量的不良影响，又能装饰和美化商品，从而便于商品的储存、运输和使用。

7.9　旅游商品设计中的文化资源整合

随着人们生活水平不断提高，越来越多的人选择出去旅游，因此旅游商品设计越来越受到重视，对旅游商品设计中的文化资源整合能够使文化资源巧妙地嵌套到旅游商品设计中，进而使旅游者对商品感到满意。

7.9.1.1　文化资源是旅游商品设计的来源

7.9.1.1.1　传统文化理念

我国人民的价值观、社会观长期受到传统文化的影响，谦逊恭和的思想和处事方式对中华民族产生了巨大影响，正是这种优良的传统文化造就了人们忠义宽厚、尊老爱幼和诚实守信的优良品质。这些作为我国传统文化精髓都为我国旅游商品设计提供了很好的素材。

7.9.1.1.2　物态文化元素

物态文化主要是指我国传统文化中以服装、庙宇、祠堂以及文献等形式呈现出来的内容，这些物态的东西不仅仅只是历史的呈现，更是对我国传统文化的具体表达，物态文化不只是注重物体的实用性，还兼具其美观和对文化的表达功能！丰富的物态文化能够为旅游商品设计提供良好的灵感来源和设计理念，但是在设计过程中一定要注意对物态文化的适当运用，不能盲从，对其物态文化进行合理的吸纳和继承，不要一味地模仿，要结合当地文化特色，加以自身理解，设计出适合市场的旅游商品！

7.9.1.1.3 礼仪风俗文化元素

在一定的历史时期和自然环境中，人们的生活方式不尽相同，经过长时间的积累和沉淀，产生了不同的礼仪风俗。当然，这些礼仪风俗也并非全是积极的，我们要学会批判地接受，将其精华进行合理的吸收并利用。旅游商品市场竞争的本质是其文化力量的竞争，旅游商品的设计只有真正表达出文化的力量和人文精神，才能够增强其自身的竞争力和市场占有率，因此，我们要将我国传统民俗文化作为设计的源泉，将其文化的精髓深刻地表达出来，并结合我们现代的理解，将传统文化加以继承并延续。

7.9.1.2 旅游商品的合理设计和正确定位

旅游对于生活意义的重构主要来自于旅游与日常生活的差异，因此，在旅游的过程中，两地之间的文化差异就成为了一项重要因素。人们在旅游过程中，进行一系列空间的移动各种商业活动、生活需求以及社交活动等，都要靠当地一些具有指示作用的符号体系来完成。而旅游过程中出现的旅游商品就是一种符号体系，它不仅作为一般的商品来满足人们对于物质方面的要求，还是当地文化特征的具体反映，是对旅游活动的一种纪念。近些年来，各地之间文化的交流越来越广泛，再加上交通和物流的发展，使得旅游商品逐渐失去了其特色，加之人们对于旅游商品特色性和文化性的要求越来越高，更加希望旅游商品能够明显反映地区文化差异，这就对旅游商品的设计提出了更高的要求。旅游商品设计是对当地文化的一种具体反映，但却不是对全部现实的反映，而是将现实粉碎之后的重构，因此，旅游商品的设计不仅要考虑其外在的美观性、游客的心理需求以及商品的经济性，还要充分考虑其文化性。在尊重当地文化的前提下，批判地接受和继承当地的传统文化，并将其在旅游商品中具象反映出来。这就要求我们在进行旅游商品设计时，既要满足游客对审美和经济的要求，还要深度挖掘当地文化的特征和底蕴，在当地传统文化的基础上进行合理的延伸，将其进行合理重构，进而完成旅游商品的设计。

7.9.1.3 文化资源整合中的还原和构建

物象在以符号形式出现时，具有很大的任意性，而且要想将其传达意义表现出来只能是在文化活动的结构形式下才能实现。所以，从物象设计原则来说，物象意义基本上是与旅游活动的整体构建在同一时间完成。通俗地讲，物象的重要意义主要由以下两方面来实现：一是事件，二是活动的体验。所以在设计旅游商品过程中最为重要的是怎样才能使其合理、灵活地嵌套到旅游活动中，进而既使旅游者充满期待，又能成为当地旅游居民接受的旅游商品物象体系。

因此，我们只有对文化进行严格的梳理、还原以及构建，才能找出最佳的嵌套法则。在对文化资源梳理过程中最重要的依据就是历史文本。就地方性质的历史文本来说，主要包括文字资料以及考古发现的图案、物品遗址等。可以说，历史文本最大的价值就是为人类提供了想象过去的一种线索，所以，我们要借助历史文本，将那些隐没的故事考证出来，从而更加系统、详细地把当时发生的历史事件还原出来。这样就能够最大限度对文化特色的进行秩序化认识，进而为重建奠定良好的基础。通过对历史文本进行相应的梳理，进而获得想象性构建的设计依据，把其合理应用到旅游商品设计中。

7.9.1.4　正确选择旅游商品文化性设计的策略

随着全球经济的快速发展，营销模式已经进入一个新的时代，因此，摆在旅游商品营销者面前有两条路：一是顺应国际发展的需求，生产适合国际化的旅游文化产品，进而根据全球标准，把影响组合统一起来；二是根据地域性的特征，生产具有民族性质的文化产品，最终选择定制化的营销组合。这两条营销组合是当前困扰旅游商品营销者的一个重要问题。要想解决这个问题，应该从三个方面着手：一是针对适合国际化的旅游商品，严格按照国际化标准统一营销组合，从而最大程度降低成本，实现经济利益最大化。比如，美国迪士尼无论是在自身品牌形象包装上，还是旅游商品方面都是全世界统一标准。二是针对那些适合地域性的旅游商品采用定制化营销组合，这种商品具有明显的民族特色、地域特色，旅游商品民族化策略是根据当地民族所特有的社会性质、环境以及风俗等各方面因素综合产生的。由此可见，旅游商品文化的民族化具有一定的包容性和国际性。三是针对那些不确定性质的旅游商品，要结合该旅游商品的市场因素来确定。但需要注意的是，在确定旅游商品是国际化还是民族化时，不能将其放在对立面上，因为我们既不能让人们以传统的方式去评价现代化，也不能让以国家化的方式去审视民族化。旅游商品设计的文化内涵一方面包括那些特定的形状以及符号；另一方面还要将设计师对自然、人类和社会文化产生的认识与体验体现出来。因此，在对旅游商品进行开发过程中，一定要寻找出适合当地旅游商品发展的最佳方式，建立现代设计与旅游文化水乳交融的设计机制，从而将科学技术与民族文化有效地联系起来，也只有这样才能设计出高质量、高内涵、多元化的旅游商品来。

总之，对于旅游商品的设计，不仅是作为商品来衡量，还要充分考虑其中的文化因素，将当地文化在旅游商品中实现还原和构建，正确的考虑旅游商品的文化定位和设计策略，打造出既具有当地文化特色，又兼具经济效益的旅游商品。

7.9.2 案例：贵州旅游商品设计开发

7.9.2.1 贵州旅游商品设计开发的原则

7.9.2.1.1 挖掘民族特色和文化内涵

不同的乡土民俗、节日庆典和民间工艺，吸引着众多的旅游者流连忘返。浓郁的民族风情和独特的民俗文化是贵州旅游得以持续发展的文化内核。文化是旅游的灵魂，没有民族特色文化就没有魅力。旅游商品承载了旅游地丰富的民族地域文化，没有民族文化的旅游商品只能是一件产品，只能满足消费者的购物消费需求，只有将民族特色文化与产品设计结合起来才能充实旅游商品的内涵。旅游商品具有满足消费者的购买需求和承载传播当地文化的双重功能，因此，挖掘贵州民族特色和文化内涵，打造独具特色、富有民族文化内涵的旅游商品，是旅游商品设计开发首要解决的问题。通过就地取材，挖掘地方特色，注入当地民俗文化，设计出精美的旅游商品，使其不仅具有工艺价值，还具有实用价值和纪念意义。

7.9.2.1.2 树立品牌意识，重新设计定位

旅游商品是一种特殊的商品，包含了旅游地的多种信息。一件旅游商品可以展示旅游地的景色信息、民风习俗和文化内涵。只有结合旅游地的景区特色，承载起当地的民俗文化，旅游商品才具有纪念价值和购买意义。具有主题性的旅游商品设计才能形成品牌效应。比如，以苗族文化和侗族文化为主题，将民间蜡染、刺绣、布艺、银饰等设计系列手工艺品，形成民族特色手工艺旅游商品，或将特色民居建筑、生活场景艺术设计加工，与现代科技结合，制作成精美的装饰品和仿制品，形成民俗生活系列旅游商品等等。根据不同类别系列来打造品牌，以品牌效应提升旅游商品的价值。比如，贵州的茶叶、贵州的酒、贵州的银饰、贵州的绣，都需要树立自己的品牌，用品牌效应来拉动旅游市场的发展，反过来也会推动旅游商品的开发。在旅游商品的研发方面，要注意多元

化和精细化，根据消费者需求，开发不同档次、适合不同人群的旅游商品。在包装上要适度创新，考虑生态环保的同时，还要注重旅游商品的新、奇、特，结合景区特色，设计研发出形象鲜明、特色明显的旅游商品。一些过度包装、追求豪华气派的贵州旅游商品并不能提升旅游者的购买欲望。作为旅游商品的包装，设计上可考虑就地取材。比如贞丰的小屯古法造纸技艺被誉为东方文明古法造纸的“活化石”，一些特色旅游纪念品就可以用白棉纸配上民族图案作为包装，既古朴素雅，又极富特色，还体现了贵州的特有的民间工艺技艺，增加旅游商品的识别度和知名度，提高市场效应。以此形成品牌效应，对宣传贵州非物质文化遗产，传播贵州形象具有很大作用。

7.9.2.1.3　面向市场，围绕旅游者需求进行开发

旅游商品是旅游产业的重要组成部分，旅游商品的消费是衡量一个地区旅游业发展程度的重要标志。旅游购物是旅游者围绕旅游购买的以物质形态存在的各种实物商品的经济和文化的行为总和，[13] 旅游者购买旅游商品不仅是为了满足自己物质或精神方面的需要，而是还包含其亲友、家人等对旅游地物质和精神方面的需求。这些需求是多方面的，但不外乎对旅游地一种经历体验和精神感受，购买动机不仅是为了有形的物质，更重要的意义在于有形物质之外的无形。因此，为了满足游客对旅游地的不同体验和精神感受，结合贵州特色，研发一套能够反映贵州山水生态旅游、原生民族风情旅游和红色文化旅游的系列旅游商品亟待进行。针对目标市场群体，对旅游市场进行细分，建立一套以市场为导向，满足旅游者不同需求为基础的旅游商品体系。

7.9.2.2　贵州旅游商品设计开发的对策

旅游商品的研发在构思上要有所创新。在以市场为导向的前提下，要充分挖掘贵州民族文化内涵，利用丰富的少数民族人文风情和独特的自然资源，设计开发出具有贵州特色的旅游商品。

7.9.2.2.1　研发目标

（1）观念创新。随着旅游业发展，旅游者在旅游过程中发生了从观光旅游向体验旅游的转变，“从旅游的本质来看，体验是旅游的核心属性之一，旅游的本质属性就是在于差异化体验中的精神享受”[14]，旅游已经不是走马观花式的观赏，而是主动参与、互动体验。随着旅游活动方式和旅游时尚观念的发展变化，旅游者更注重休闲娱乐性、趣味性、刺激性。因此，旅游商品的设计开发要把握旅游者的购物动机，打破陈旧的研发思

路，转变观念，创新研发出具有艺术性、文化性、民族性和地域性的旅游商品，突出旅游商品的“新”“奇”“特”，针对旅游者设计开发具有纪念意义的个性化旅游商品。

（2）体现特色。旅游商品（tourism commodity）是指带有旅游地区、城市特点和特色的商品。特点和特色是旅游商品的基本属性，不具有特色的旅游商品是造成目前旅游地旅游商品雷同、千篇一律的根本原因。因此，旅游商品的设计开发要突出地域特色、景区特点、民族文化，要强调个性、体现特有。贵州拥有丰富的民间手工艺技艺资源，类别丰富、技艺精湛，比如，贵州的蜡染系列、刺绣系列、苗银系列、傩戏木雕系列等，贵州的名酒名烟名茶、土特产等。贵州拥有丰富而独特的资源，为旅游商品的开发提供了很好的物质基础，因此，贵州旅游商品的设计开发要体现地方特色，融入贵州少数民族风情，挖掘民族文化，突出纪念性和艺术性，以实现旅游商品的特色和价值。

（3）挖掘文化。旅游产业其实就是文化产业，通过旅游感受地方文化、体验当地民俗风情，是发展旅游业的根本。因此，贵州旅游商品在设计开发中要重视地方文化，挖掘地方文化内涵，创新地添加地方文化元素，研发出具有贵州风情、地域文化、民族特色的具有吸引力的系列旅游商品，使旅游商品成为贵州民族文化的传播者。这对于提升贵州旅游业的整体形象能够起到很好的宣传效果。

（4）市场引导。旅游商品的设计开发要以市场需求为导向。市场需求是开发生产旅游商品的关键，只有对旅游者的购物需求进行深入调查，了解旅游者的文化背景、购物习惯、购物心态、购物水平、购物动机，确定不同年龄、不同职业、不同文化层次的旅游者的购物特点、购物行为，从多维度来考虑旅游商品的设计开发，以满足旅游者不同购物需求。同时还要不断收集市场的反馈信息，结合当地的旅游资源和文化特色，开发出既具有地方特色、又能传播旅游地形象、有效提高旅游地知名度和美誉度的旅游商品。贵州民族风情异彩纷呈，传统手工技艺精湛，在开发设计具有本民族特色的手工艺品时，应根据市场不同需求，开发种类多样、包装独具韵味的特色系列纪念品，以满足不同的购物需求。还要把传承民族文化式、宗教信仰、生活习俗等方面与其他民族的不同之处表现出来。贵州是一个多民族省份，历史文化源远流长，民族文化极富特色，还是一个山川秀丽、气候宜人、资源丰富的生态旅游大省。在特定的地理环境和多民族文化交相辉映下，贵州成了“十里不同风、百里不同俗”的独特民族风情“岛屿”，有多民族文化的交融荟萃，也有移民文化和红色文化交相辉映，它们共同构成了绚丽多彩的民族区域文化。贵州处于西南山地文化圈，具有显著的山地民族文化特征。这里“十里不同天，一山不同族”，融合了多民族的信仰习俗，形成了贵州特有的山地民族文化形态。因此，不同的乡土民俗、节日庆典和民间工艺，吸引着众多的旅游者流连忘返。浓郁的民族风情和独特的民俗文化是贵州旅游得以持续发展的文化内核。文化是旅游的灵魂，没有民族特色文化就没有魅力。旅游商品承载了旅游地丰富的民族地域文化，没有民族文化的旅游商品只能是一件产品，只能满足消费者的购物消费需求，只有将民族特色文化与产品设计结合起来才能充实旅游商品的内涵。旅游商品具有满足消费者的购买需求和承载传播当地文化的双重功能，因此，挖掘贵州民族特色和文化内涵，打造独具特色、富有民族文化内涵的旅游商品，是旅游商品设计开发首要解决的问题。通过就地取材，挖掘地方特色，注入当地民俗文化，设计出精美的旅游商品，使其不仅具有工艺价值，还具有实用价值和纪念意义。

7.9.2.2.2　面向市场，围绕旅游者需求进行开发

旅游商品是旅游产业的重要组成部分，旅游商品的消费是衡量一个地区旅游业发展程度的重要标志。旅游购物是旅游者围绕旅游购买的以物质形态存在的各种实物商品的经济和文化的行为总和，[5]旅游者购买旅游商品不仅是为了满足自己物质或精神方面的需要，而是还包含其亲友、家人等对旅游地物质和精神方面种经历体验和精神感受，购买动机不仅是为了有形的物质，更重要的意义在于有形物质之外的无形。因此，为了满足游客对旅游地的不同体验和精神感受，结合贵州特色，研发一套能够反映贵州山水生态旅游、原生民族风情旅游和红色文化旅游的系列旅游商品亟待进行。

7.9.3　基于地域文化的旅游商品设计

基于地域文化的旅游商品设计是以地域文化为思想基础与价值取向针对旅游商品的设计活动。在具体的设计实施与架构中，既要与生产技术与工艺等环节相联系，具有自然科学的严谨性、逻辑性，又要兼顾美学伦理与认知等因素，具有人文科学的弹性与非定量性。认真分析旅游商品设计中选择方法，总结基于地域文化的旅游商品设计方法论，对指导设计实践有着重要的作用。

《国际社会科学百科全书》对地域文化的定义为：地域文化原是人类文化学学科体系范畴内的重要分支，它指在一个大致区域范围内持续存在

的文化特征。旅游商品开发的根基在于独特地域与民族文化，旅游地独特的文化背景是旅游商品的核心竞争优势。

7.9.3.1 旅游商品设计中各设计元素之关系辨析

根据整体与部分的辩证逻辑关系及方法论，作为一项系统而复杂的设计活动，我们可以将基于地域文化的旅游商品设计分解为概念元素、视觉元素、关系元素及效应元素等的不同部分与阶段。其中，基于地域文化的旅游商品设计是设计活动的整体，是设计工作的目标与对象；概念元素处于设计工作的核心地位，是设计工作起始与嬗变、发展的基础；视觉元素是概念元素的物质显现，是诠释概念元素的手段与方式之一；关系元素是视觉元素的组织、整理、推敲的依据，是“概念元素”在实施层面的具体反映；效应元素是对设计架构进行的分析、反馈与评价，是检验、调整设计的手段与方式。在以上文中，地域文化内涵与特质的把握和提炼是每个元素的获取与构建的全局性思想基础，同时也导引着各个元素的脉络方向，是整体设计行为的取向及目标所在，而各个元素间的承上启下、互为因果、互为制约则构成了设计工作的具体实施。

7.9.3.2 基于地域文化的旅游商品设计元素解析

基于地域文化的旅游商品设计概念元素，是旅游商品设计的核心与灵魂，是设计得以存在、发生、发展的思想基础，并贯穿于整个商品设计动的始终。就旅游商品设计过程而言，若将设计过程比作文学创作，那概念元素就是文章（旅游商品）的中心思想，有了清晰的中心思想，我们才能准确而高效地完成创作过程。在基于地域文化的旅游商品设计中，这种概念元素是设计者依托地域文化，针对旅游商品，以自身的认知、阅历、背景等因素为内因，以设计目标客体（商品、旅游者等）及其要素为外因，所形成的具有一定价值与独创性的认知主旨与取向，即设计理念！在具体的设计实施中，概念元素的获得主要来自两个领域：一是对地域文化特质的挖掘、提炼、抽象与概括，包括对地域文化文化的认知及其嬗变形成的现代化解读，以达成地域文化在旅游商品设计领域的传承与发展；另一方面，作为一种具有特殊属性与价值指向的商品设计，其概念元素还应兼顾一般商品设计所要解决的问题与矛盾。基于地域文化，一件优秀的旅游商品设计，良好的概念元素应具有以下特征：概念元素应是对地域文化内涵、特质的整体认知及抽象与概括，具有一定的代表性、典型性，并彰显地域文化的造物观；概念元素应是在继承地域传统文化基础上的创新与发展，具有一定的文化前瞻性、开拓性；概念元素应是以解决、平衡旅游商品设计的问题和矛盾为基点，构建的是以地域文化为思想基础与价值取向，科学、积极、健康、可发展和创新性的生存方式。

7.9.3.3　基于地域文化的旅游商品设计视觉元素

在商品设计中，概念元素提供了设计的灵魂。视觉元素则是这种灵魂在视觉意义上的物质化，是商品设计由概念、思想转化为具象、现实的必要手段与方式。基于地域文化的旅游商品设计的视觉元素构建是一个较为复杂的工作！其复杂性在于，其设计在一般商品设计的视觉元素构建基础上，还应具有关注来自地域文化与旅游的双重取向与界定！其中，“旅游”是目标与功能指向性的界定，而“地域文化”的界定则源于对其文化特质及其视觉显现的挖掘与提炼也就是说，经过构建形成的视觉元素既要满足以“旅游”的商品设计属性，又要彰显、诠释地域文化的视觉存在。对于如此的复杂工作，视觉元素的建构需要兼顾考量以下原则：

视觉元素应是对地域文化特质的概括提炼汲取与准确的表述，并形成基于地域文化的现代旅游商品的独特视觉特征，以促进整体旅游商品品牌形象的构建。

视觉元素应展示商品“旅游与地域文化”等广泛的信息量，视觉元素应与特定的生产加工工艺相对应，视觉元素应符合目标人群的文化诉求，视觉元素与概念元素的唯一匹配性。

7.9.3.4　基于地域文化的旅游商品设计关系元素

关系元素包含有凭借何种关系与建立何种关系双重含义。就旅游商品设计工作而言，关系元素的作用犹如商品设计这篇文章的文法，它是将字、词、句（视觉元素）编撰为文章（旅游商品）的方法。同时，关系元素也是文章的中心思想（概念元素），在“文章（商品）”中得以贯穿始终，并是使文章（商品）既合情又合理的重要步骤。

关系元素应将旅游者的合理需求作为处理概念元素与视觉元素关系的主要准则；关系元素应符合现代及未来健康可发展的旅游行为方式的价值取向；关系元素应遵从现代美学思想和法则，通过对比、协调、均衡、节奏和韵律等方式与手段组织视觉元素，构建商品的概念元素。

7.9.3.5　基于地域文化的旅游商品设计效应元素

效应元素是对设计架构进行的分析、反馈与评价，是检验、调整设计合目的性的手段与方式。效应元素作为商品设计架构的检验、评估的方式和手段，所要达成的是：概念元素确立的科学性、创造性，视觉元素获取的代表性、适宜性，关系元素组织的合理性、合情性；更为重要的是诸元素是否做到了“字能成文“文能达意”，是否能协调、有效地完成既定的设计目标（合目的性）”，使商品设计的效能、组织、结构及理念等内在元素高效地物化为外在的表象。对于基于地域文化的旅游商品设计，效应元素对于设计的检验、评估的实施途径与方式主要来自以下几方面：效应元素应以旅游商品能否彰显与传承地域文化内涵为价值取向；效应元素因以地域文化旅游体验的良好达成为主要检测目标；效应元素还应考虑设计同行的评估生产领域的分析、社会价值的回馈等内容。

7.9.3.6 基于地域文化的现代旅游商品设计方法论

所谓设计方法论，是选择设计方法的方法。设计方法论的目的是“寻路”即引领我们认识事物的观念与方法；如何构建新事物的概念的方法。作为一个综合性、复杂性的设计活动，基于地域文化的旅游商品设计的架构方式、方法是多层面、多角度与多样化的，这是由该项设计活动所包含的文化、旅游和商品等众多因素与内容所决定的。以概念元素、视觉元关系元素及效应元素作为基于地域文化的旅游商品设计的架构因素，源于整体和部分关系哲学原理与方法论的诠释与应用。经过概念元素、视觉元素、关系元素及效应元素的分部分架构，最终提的是基于地域文化的旅游商品设计一个可视、可触、可感的全新整体。这个整体构建于有整体（创意之初的整体构思）之上，却不是简单地设计呈现与具体反映，而是原有整体经过分步架构整合后的发展与提升，是原有整体的调整、创新，甚至是超越！“分部分”分阶段’的系统求证与积极互动，是这一方法论的核心内容。而整体大于部分简单之和的辩证思想则是基于地域文化的旅游商品设计架构趋于完善与合理的设计诉求所在。

当然，条条大路通罗马，达成与实现设计目标的方法与方式不是教条的和一成不变的。作为一项兼顾自然与人文社会科学的活动，基于地域文化的旅游商品设计的方法论，不应理解为“定义式”与“公理式”的，而应是多样、开放、动态与发展的。将设计工作划分为概念、视觉、关系与效应元素，不是一定与必要的，无论是元素的种类、数量，还是内容，均应是非确定与包容性的。我们应将其解读为一种解决基于地域文化的旅游商品设计的指导思想与行动取向。地域文化是博大的，旅游及旅游商品是繁复的，设计工作更是一个庞杂的系统。对于基于地域文化的旅游商品设计，以整体和部分关系的哲学原理形成的方法论不是也不应是唯一的一剂良方。方法论是人们认识世界和改造世界的方法的理论，任何一种方法论所涉及的都只是世界的某一个侧面，更何况我们的对象又是如此之广博、繁巨，我们不应奢求某一种方法与途径的神奇。问题与方法总是相伴而生，没有如此复杂的问题，开创性的方法也就无从谈起。地域文化“旅游商品”设计这些包含于其间的众多内容，不应成为我们对于其方法论积极探讨与实践的羁绊与障碍，勇敢地面对，积极地工作才是应具有的正确观念与科学态度。在限制中才显出大师的本领，只有规律才能够给我们自由。构建基于地域文化的现代旅游商品设计方法论的积极意义就在于此。

7.9.4　旅游商品设计开发策略

7.9.4.1　增加科技含量，加大旅游商品的创新开发

随着人们生活水平的提高，人们对居家环境装饰品、旅游纪念品、旅游用品有更高的要求，现代科技是实现这一目标的重要手段。要从旅游商品的性能、功能、造型、色彩、工艺、款式、包装等方面寻找创新开发的突破口，这是创新开发的具体策略。特色是旅游商品的生命，开发特色旅游商品要从表现题材、材料、制作工艺、实用功能、包装等方面体现地域特征和民族风格。旅游商品生产中要加强科学性，克服盲目性，针对不同的游客消费群体，不同的旅游消费文化，不同的消费层次和审美层次进行生产，以生产适销对路和具有较高文化内涵的旅游产品。国家要从政策、资金、设备、技术力量等方面进行扶持，建立强有力的旅游商品生产企业和开发研究机构，这是旅游商品创新开发的保障。旅游商品开发只有不断创新，才可能从根本上改变我国旅游商品千篇一律，缺乏特色的总体形象。

7.9.4.2　突出国家、民族和地方特色

旅游商品开发要立足旅游地的自然和人文特点，挖掘和提升其特色内涵，按照游客需求，开发出文化味浓、个性强的商品以应对市场需求，以实现当地旅游经济的良性循环。旅游商品开发要体现民族风格，突出地方特色，注重文化内涵，要有独特的创意和良好的质量。生产厂商、设计单位应在旅游商品的开发过程中，邀请旅游、历史、文化等相关学科的专家或专业旅游规划设计单位参与其中，全程参与旅游商品的市场调研、概念开发、样品开发、市场开发和正式上市。实行旅游商品定向开发，避免异位仿造，旅游商品在品种、文化内涵、款式等方面应将地域性、民族性与纪念价值和使用价值有机地结合起来，只有在保持旅游商品本身的传统主

题、特有材质、功能多样、本土工艺和造型别致的基础上，才能促进旅游商品产业的可持续发展。

7.9.4.3 分析客源市场，设计销售对路的旅游商品

要加快我国旅游商品的发展，就必须更新观念，认真研究和分析旅游商品消费的特点和旅游者的购物偏好，以旅游市场为导向，在旅游商品的开发、生产和销售上狠下功夫。对于不同的游客群体，应有不同档次的旅游商品，以适应不同旅游者的审美习惯和不同层次的消费需求。因此旅游商品的设计应是多种类型、多种档次和实行多层次开发，在外观形式、包装材料等方面均要符合旅游者的审美需要和欣赏习惯，以丰富多彩的形式、风格各异的造型去获取广大旅游者的青睐。组织专门部门或人员对现有商品消费水平进行调查，制定出合理的高、中、低档商品比例，以充分满足不同水平的消费需求。

7.9.4.4 提高认识，确定旅游商品的地位

要全面、正确地认识旅游商品在旅游业发展中的地位和作用，从旅游业创汇、创收的经济功能来看，旅游商品收入是旅游业中弹性最大的一笔收入。对旅游地而言，旅游商品本身就构成旅游资源的一个重要组成部分，并且精美的旅游商品往往成为传播旅游地形象和文化重要载体。对旅游者而言，旅游购物作为吃、住、行、游、购、娱六大要素之一，是一项不可缺少的旅游活动内容，若买不到称心如意的旅游商品，往往会给其旅途带来不少遗憾。因此要提高认识，确定旅游商品的地位，只有这样才能促进旅游商品产业的可持续发展。

7.9.4.5 制定各级旅游商品发展规划，指导旅游商品开发

为了加快旅游商品的发展，制定各级旅游商品发展规划，指导旅游商品的开发、生产和销售。组织好旅游商品的开发和生产，以加强对旅游商品开发和生产的指导，切实推进旅游商品的开发与生产。要加强对旅游商品销售的管理和监督，防止在旅游商品的销售中，假冒伪劣、以次充好、高额回扣等不良现象发生，旅游行政管理部门要加强对旅游定点商店和旅游商品销售的执法监督和管理。同时，工商部门、技术监督部门也应积极协同配合，为旅游品销售营造一个良好的市场环境，确保国内外游客的旅游购物。

7.9.4.6 加大旅游商品开发和旅游商品营销人才培养力度

加强旅游商品的开发与研究，提高旅游商品的设计水平与质量，是当

前开发生产旅游商品的关键所在。要有一批有实力、有水平的旅游商品开发设计队伍，不断设计出有新意、有品位、有地方特色的旅游商品。因而应在有条件的高等院校开设“旅游商品开发”专业或专业方向，为我国旅游商品开发培养人才。利用先进的信息工具和培养专业的营销人员，利用先进的信息工具，改善信息渠道，建立并完善旅游购物品的营销网络。

7.9.4.7　加大旅游商品品牌建设

旅游商品突出特色、品位、树立品牌是旅游商品上档次并走出困境的必经之路，要面向市场，营造一批集特色、品位和品牌于一体的品牌产品。旅游商品的品牌建设中要积极研究旅游者的购物动机，准确把握旅游活动的新特点、新时尚和新趋势，不能局限于文化价值、纪念价值、经济价值和社会价值中的一种或几种，要从多角度考虑旅游商品的开发和生产价值，树立牢固的品牌概念。这就要求我们去开发好系列型的旅游商品并改造好“老字号”“老品牌”，然后政府和企业集中力量向社会推广，并不断收集和利用市场反馈信息，以保证产品的更新，博取社会的认可。旅游商品生产企业在研发中要重视品牌的打造及树立品牌信念和信心，伴随着旅游产业的快速发展，研发、革新上紧跟时代发展的潮流，推出一系列具有中国特色的旅游商品品牌，牢固树立与消费者亲近的核心品牌理念。

7.9.4.8　培育和完善旅游商品市场

旅游商品是旅游产品的重要组成部分，旅游商品开发是旅游开发的重要一环，要加大旅游商品开发力度，培育和完善旅游商品供给市场。解决好如何引导需求和扩大需求的问题，对旅游消费者和旅游商品经销商采取各种宣传和推销手段，培育和完善旅游商品需求市场。培育和完善旅游商品流通交易市场，形成正常的产、供、销关系和网络。同时旅游商品生产企业要加大协作力度，要积极与工艺美术协会、旅游局、文物部门经常传递信息，促进旅游商品向市场化和信息化方向发展。要在充分研究和分析前提下，克服我国目前商品交易零散现状，形成规模经济的格局，适当建立一些功能完善的旅游商品交易中心和举办旅游商品交易活动，搭建起旅游商品交易平台，最终形成全国性的旅游商品流通平台网络。

7.9.4.9　实施标准生产和质量认证制度

为了保证旅游商品的质量，有必要对旅游商品设计、生产、销售企业和机构以及旅游商品加以规范和管理，并实行相应的质量认证制度，树立良好的市场信誉。完善有关政策，对旅游商品生产企业制定一些优惠政策，通过培育和完善旅游商品市场的各种努力，能够使旅游商品生产、供应和销售渠道通畅，形成产、供、销一体化、旅游商品设计系列化、旅游商品生产规模化、旅游商品品牌化、旅游购物环境优质化，最终达到旅游经济效益最大化。这些就是培育和完善旅游商品市场要达到的理想目标。

7.9.4.10 政府加大资金扶持力度和旅游商品开发风险管理

旅游业在我国是一个政府主导型发展的新兴产业，政府要从政策、资金及服务对旅游商品的开发、生产和销售进行积极扶持。各级行政管理部门和旅游管理部门应该从产品的初开发阶段就积极配合，在资金、技术、人才、信息等多方面齐头并进。在国家的政策范围内，积极从工商、税收、价格、贷款等方面对旅游商品的开发、生产和销售给予一定的优惠和扶持，针对当前旅游商品开发、生产企业规模小、资金筹措能力弱的状况，从财政支出中划出一定资金建立“旅游商品开发风险基金”，以促进对旅游商品的开发和生产，尤其对名牌旅游产品的培育应给予一定的资金扶持。此外，各级政府有关部门应统一思想，提高认识，从旅游商品发展规划、政策指导、信息咨询、科技开发、招商引资、市场培育等方面为旅游商品生产和销售企业提供服务支持，为旅游商品发展创造一个良好的环境和条件。

第 8 章　旅游商品设计思维与方法

8.1　旅游商品开发理论探析

8.1.1　产品语义学

语义学是符号学的一部分，产品语义学是研究产品语言意义的学问。其理论架构始于 1950 年德国乌尔姆造型大学的“符号运用研究”，更远可追溯至芝加哥新包豪斯学校的查理斯·莫理斯（Charles Morris）的记号论。在 1984 年美国克兰布鲁克艺术学院（Cranbrook Academy of Art）由美国工业设计师协会（IDSA）所举办的“产品语义学研讨会”中予以定义：产品语义学乃是研究人造物的形态在使用情境中的象征特性，以及如何应用在产品设计上的学问。将设计因素深入至人的心理、精神因素。

同样倡导将产品语义学理论运用到旅游商品研究当中的 Graburn 指出：旅游人类学研究应以符号学与语义学的方法为中心，并倡导用符号学的方法对旅游商品进行解构，分析旅游商品存在的符号意义。Graburn 倡导的用符号学的方法对旅游商品进行解构，其实就是指引语义学的理论作为旅游商品的设计导向。

旅游业的发展、旅游者消费观念的进一步转变，对旅游商品的精神文化需求也在不断地提高。旅游商品除承载基本的实用功能外，还需通过语义特征来表达自身的精神文化内涵，精神文化内涵的表达又需要通过合理的外在表现形式给予诠释。因此，我们如果将“符号”理解为旅游商品的文化内涵，那么“产品语义”就是旅游商品文化内涵的外在表现形式。所以旅游商品的设计导向除了遵循符号学的基础理论外，还应通过产品语义学对设计造型进行合理的诠释；从而根据旅游商品的文化内涵，选择适当的外在表现形式。

正如法国著名符号学家皮埃尔·杰罗所说的，在很多情况下，人们并不是购买具体的物品，而是在寻求潮流、青春和满足的象征。这里的“象征”就需要通过设计具体给以物化。因此，将产品语义学导入旅游商品的设计之中，其目的在于解决旅游商品造型定位的问题，设计定位服务的对象是生产者。

8.1.2 符号学理论概述

符号学理论发展历史悠久，最早可追溯到古希腊时期，古希腊医学家希波克拉底写的《论预后诊断》成为历史上第一部有关符号论的著作；符号是当人受到外界刺激时产生反应，形成的视觉、嗅觉等符号系统，人通过符号传达信息从而实现交流。符号是人类交流思想和产生人类活动的重要前提。人对符号具有一种基本需要，这种基本需要是一种“符号化的需要”（the need of symboliza），这种需要只有人类才具备，使“创造符号的活动成为人的基本活动之一”。人区别于动物的标志，不仅因为人类会使用工具和语言，而且因为人类较动物而言具有运用符号的能力。符号是人类区别于动物的重要标志。人类在进行符号活动的同时，大脑成为巨大的传送器、交换器和转换器，将信息传入人的大脑中，经大脑转换为符号的过程。所有的人类活动都成为符号转换活动，艺术活动、艺术创作也不例外。人的符号转换活动，成为构建人类符号世界的“最贫乏最稀少的材料”。符号转换思维不仅使人具有区别于动物的思维，而且创造了“远离感觉的人的世界”。

8.1.3 符号的功能

符号具有表达概念、深层内涵和思想，能标示出与概念相符合的具体事物的基本功能。如“旅游纪念品”这一符号，指游客在旅游过程中购买的具有鲜明地域特色的工艺品和艺术品，通过鉴赏和购买引起游客对当地景区的旅游体验和情感体验的旅游商品。包括旅游日用品、旅游食品、土特产品、传统工艺品等旅游纪念品。旅游纪念品的符号语言不仅表达出概念和界定，而且传达出该地区的旅游景观、旅游建筑和特色文化等深层内容。

符号最主要的功能是将经验、信息构造成某种具体的事物，即具有“结合”功能和逻辑表现功能。“一般人对符号的定义都忽视了符合所具有的那种最为重要的理性思维价值，或者说忽视了符号的最主要功能——亦将经验形式化并通过这种形式将经验客观地呈现出来以供人们观照，逻辑直觉、认识和理解的重大功能。”如“旅游纪念品”这一符号将当地景区的风土人情、民俗民风和地域文化与旅游纪念品外在的视觉表现元素相“结合”，可以直观地、形象地传达出当地景区独特的文化内涵和精神品格，便于游客认知、识别和理解。

8.1.4　旅游纪念品的符号语言分析

按照马克斯本泽从符号发生学的角度探讨符号类型的理论出发，旅游纪念品凭借本身的形式因素，构成整体的符号类型。旅游纪念品作为产品，是利用自身的符号元素来完成思想交流和逻辑“结合”的。旅游纪念品自身的体、面、质地、色彩、空间、光影等组成旅游纪念品特殊的符号语言，通过绘画、书法、雕塑等平面或立体的艺术形式来强化和表现。旅游纪念品作为景区信息传达的符号载体，在物质上以实物（旅游商品）展现，成为传播信息的语言媒介，通过单向、横向的方式传递商品信息及文化信息。旅游纪念品的设计通过借助景区特征鲜明的图案符号和色彩体系来沟通旅游地与游客的关系，即形成旅游纪念品与景区文化内涵、地质风貌相对应的独特符号体系。不仅利于游客认知、理解景区文化品格和精神内涵，而且利于游客对旅游商品的审美体验和审美判断，成为旅游地政府、企业重点设计的部分。旅游纪念品的造型符号，构成与游客交流的语言媒介，通过旅游纪念品自身的符号元素与游客的思想情感进行沟通。旅游纪念品的符号语言是人类特有的语言，设计者应用结构形式来表现被游客感知到的旅游商品。旅游商品的造型符号具有描述性功能，是景区环境与游客发生的交互关系的体现。旅游纪念品的符号语言，属于传播学领域。当旅游纪念品通过符号语言传播景区地域文化时，即成为一种文化传播，需要具备如下条件：①传播的文化必须具有共享性；②传播关系的建立，需要发送者和接受者；③传播媒介的应用；④传播方式的选择。旅游纪念品的符号语言成为景区与游客交往和信息传递的工具媒体。首先，要求传播的文化具有共享性，即旅游纪念品传播该景区地域文化是为了使游客对旅游商品具有认同感，确保商品语言的理解正确，需要了解该民族该地区的风俗人情及文化背景。同时，游客与设计者、生产者具有共同的语言识别能力和理解力，这种成功的沟通，帮助游客理解产品语义。其次，旅游商品的销售已经建立了传播关系中的发送者和接受者，即景区文化和游客。在传播中，旅游纪念品与游客形成一种沟通交流关系，它通过产品语言向游客发送信息，游客经过转译、编码信息，理解语言含义，理解旅游纪念品承载的文化寓意及精神品格，最终游客与商品建立起传播关系。再次，旅游纪念品成为传播媒介通过商品展销等方式传播。

8.1.5 旅游纪念品是表象性符号

很多学者都认为，“艺术是一种特殊的表象性符号（Presentational）。”朗格把符号分为推论性符号与表象性符号两大体系，他将科学符号、逻辑符号、语言符号等划分为推论性符号体系，将仪式、巫术、神话、宗教、艺术等符号划分为表象性符号体系。卢卡契也指出：“表象性符号是直接运用知觉表象来进行的，艺术是表象性符号系统的最高的、最适当地表现方式。”卡西尔也认为：“艺术是一种特殊的表象性符号”，“艺术可以被定义为一种符号语言，一种在激发美感的形式媒介中的表现”。表象性符号是指推论性符号无法表现的主体经验，如人类情感、愿望、感受等不明确的难以言传的领域。表象性符号不是通过语言媒介来传达信息的，而是以直观形象来展现，以激发观者的知觉感应产生联想。表象性符号具有强烈的情感激发作用。表象性符号具有以下特点：它能表现人类情感，具有整体性和创造性，没有明确的内涵并且有自身独特的发展规律。表象性符号是以表现人类情感为主，具有概念的不确定性，每个组成表象性符号的因素，单独分开并没有独立意义。而推论性符号则不同，例如，推论性符号里的语言，可以单独分开或组合成为文字且都具有含义。

根据这一理论，旅游纪念品属于艺术作品，涉及艺术活动、艺术创作、艺术想象，应属于表象性符号。旅游纪念品的外在形象（色彩、质地、形体、图形图像）构成了表象性符号的物质载体和媒介，它具有整体性、直观性、概括性，更是游客对旅游景区印象的叠加和情感的认同。旅游纪念品作为一种表象符号，具有直观的外形特征，形象鲜明，便于游客识别和认知，识别速度快，由于在景区、景点内集中销售，旅游纪念品与旅游地的名胜古迹和典型建筑物紧密联系，语境更加明确，易于游客在整体环境中联系、把握和理解。表象符号的整体性特征使旅游纪念品易于传达信息，通过它具象的生动的色彩、线条、图形图像来吸引游客的关注，唤起感性的情感认同。意境应用在旅游商品中可以真实地反映现实，真实地再现旅游地旅游景区的全貌。通过丰富的想象来感染游人，激发旅游消费者产生与旅游纪念品相同的情感共鸣。旅游纪念品作为一种表象性符号，在设计组合上没有固定的原则可循，单独抽取出色彩、线条、图形图像等某一元素，难以创造出旅游纪念品。旅游纪念品的设计元素一旦脱离物质载体，则无任何意义。它们只有组合在一起成为一个整体时，才能发挥重要作用，所以旅游纪念品作为表象性符号具有整体性。它是设计师灵感迸发和瞬间美感的凝练，无法用数学公式来定义它，艺术品的这种设计具有不确定性；体现设计者的情感和思想，具有符号的构形功能，能赋予旅游纪念品情感经验一种形式化的功能，使之具有景区文化品格。旅游纪念品通过将设计者的经验转变为符号化，这种符号化构造出景区客观存在的形象性，利于游客感知到旅游纪念品，旅游纪念品的符号象征与主体旅游景区之间存在指称性和拥有一个共同的逻辑形式。旅游纪念品这一符号的概念和定义使消费者将概念与具体事物相联系，并与其他商品区分开。

8.1.6　旅游纪念品的符号特征

（1）构形功能。构形功能是“符号最主要的功能—亦即将经验形式化并通过这种形式将经验客观地呈现出来以供人们观照、逻辑直觉、认识和理解”。旅游纪念品作为景区的物质载体，通过客观存在的形体特征传达景区的旅游体验和文化底蕴，同时从其色彩、线条、质地的艺术语言流露出设计者的情感语义。构形功能成为旅游纪念品区别于其他艺术品和设计品的重要符号内容，成为旅游景点的精神品格和情感交流的符号载体。

（2）抽象功能。旅游纪念品需要运用抽象能力，才能对感性材料进行提取构建，才能完成设计结构的重组建构。“在艺术中，形式之被抽象仅仅是为了显而易见，形式之摆脱其通常的功用也仅仅是为了获致新的功用—充当符号，以表达人类的情感。”尤其作为旅游纪念品这一综合多种艺术表现元素的艺术设计品，需要运用艺术设计者丰富的知识阅历和敏锐的洞察力，及对旅游当地文化的深刻认识和体会，结合各种艺术媒体和载体，运用抽象思维能力对直观的感性的简单的视觉元素进行重新思考和组建，完成旅游纪念品文化品格的升华。

（3）旅游纪念品指代的符号与表现对象之间存在逻辑形式上的一致性和关联性，游客通过对当地旅游纪念品的解读和认知，对旅游地的风土人情、民风民俗及地域文化进行识别和记忆，加深旅游体验。如果旅游纪念品与旅游地之间没有任何关联性和一致性，则设计制作出的旅游纪念品毫无代表性，根本无法代言景区文化精神内涵，无法象征该地区旅游地的属性特征，造成游客认识的混乱。例如，全国众多旅游景区销售的旅游纪念品雷同性明显，毫无地域性和文化性可言，粗制滥造和任意肢解文化的共性现象普遍存在，使旅游纪念品与表现对象之间脱节和背离，造成游客的购买热情大大降低。

（4）旅游纪念品指代的符号与人类的内在情感也具有逻辑类似和共同的逻辑形式。旅游纪念品所对应的逻辑形式与人类情感存在形式具有同构性。一件优美的艺术品，能够打动游客和观者，不仅造型设计独特，符合“形式美”法则，而且旅游纪念品作为艺术品还要具有“生命的张力”“艺术的魅力”及具有触及人内心深处的情感力量，能感动、打动、牵动游客。

（5）旅游纪念品是一种艺术符号，情感是它的内涵本质。旅游纪念品是人内在情感的外化和符号化的体现，从旅游作品设计中也可以渗透出设计者的情感内涵，这些情感符号是无法用推论性符号（语言）来表达和描述的，因为“情感的存在形式与推理性语言所具有的形式在逻辑上互不对应，这种不对应性就使得任何一种精确无误的情感和情绪概念都不可能由文字语言的逻辑形式表现出来”。旅游纪念品作为艺术表现载体，本身凝结了企业经营者、设计者和艺术家的多种情感，是情感的显现。旅游纪念品将情感转化为直观的可视形式，成为一种独特的艺术表现载体，将景区的独特地质风貌、历史文化、传说故事等内容，经过企业经营者和设计者的语言加工进行视觉再现，展现其内容精髓和表现形式的同时，再现出旅游纪念品的艺术情感。

（6）旅游纪念品具有“奇异性”（otherness）和“透明性”（transparency）。“奇异性、他性，指艺术符号与现实世界相分离，使形式直接诉诸感知，又有本身之外的功能。”作为艺术设计品，旅游纪念品的设计源于生活，又高于生活，既要再现生活，又要升华凝练，需要具备“奇异性”和“透明性”两种属性。旅游纪念品的设计不是简单地模仿和复制，也不是随意地对旅游文化视觉元素的堆砌和拼接，它是现实对象（旅游文化和旅游景区）的符号载体，通过艺术加工与符号元素的运用，使旅游纪念品具有可塑性，成为游离于现实与幻想之间的艺术产物，与生活一脉相承但又高于生活的精神产物。旅游纪念品具有很强的艺术表现性，通过符号的方式呈现设计者的主观情感，把主观内容转化为客观现实，成为景区客观化的一种形式结构。旅游纪念品自身的形式、构造、线条、色彩，组成了旅游纪念品独特的符号语言，具有整体性、创造性，在每件旅游商品上企业经营者和设计者又借助景区特征鲜明的图案符号来装饰表现，组成了旅游纪念品的辅助语言符号，即形成旅游纪念品与景区文化内涵、地质风貌相对应的符号体系。这些符号以直观形象来展现，以激发观者的知觉感应产生联想，使旅游纪念品具有强烈的情感激发作用。旅游纪念品具有构形、抽象功能，旅游纪念品指代的符号不仅与表现对象——旅游地之间具有逻辑形式上的一致性，而且与人类的内在情感具有逻辑类似和共同的逻辑形式——同构性。旅游纪念品是人内在情感的外在化和符号化，除此旅游纪念品还具有“奇异性”和“透明性”的符号功能。本文从传统符号的相关理论入手，基于卢卡契、卡西尔、朗格等艺术大师的艺术符号理论研究旅游纪念品的产品符号语言。研究表明，旅游纪念品凭借本身的形式因素，构成整体的表象性符号体系。通过系统研究旅游纪念品的符号功能语义，帮助政府、企业和商家通过设计旅游纪念品的外在形象沟通景区文化与游客的关系；通过旅游纪念品的造型符号元素准确传达旅游地文化内涵和风土人情，强化游客的旅游体验，增强旅游者对景区文化的情感认同，促进当地旅游产业的健康发展。

8.2　旅游商品设计思维与方法

8.2.1　基于产品语义学的旅游商品设计导向

“产品语义”这一概念出现于1983年，由克里彭多夫（Klaus Krippendorf）和郎诺何夫妇（R.Butter）在美国克兰布鲁克艺术学院（Cranbrook Academy of Art）由美国工业设计师协会IDSA所举办的“产品语义学研讨会”上被明确提出，并给予定义：产品语义学是研究人造物的形态在使用情境中的象征特性，并将此运用于设计中。

克里彭多夫自1984年以来对产品语义学还提出了更为广义的陈述：产品语义反映了心理的、社会的及文化的连贯性，产品从而成为人与象征环境的连接者，产品语义构架起了一个象征环境，从而远远超越了纯粹生态社会的影响。克里彭多夫并进一步定义：产品语意学是对旧有事实的新觉醒，产品不仅仅具备物理机能，并且还要能够：①指示如何使用；②具有象征功能；③构成人们生活其中的象征环境。

从本质上讲，产品语义强调的是人与物之间的一种交流，即通过产品的材料、形态、结构、色彩、质感等视觉语言向使用者揭示或暗示产品的内部结构，使产品功能明确化，使人机界面单纯、易于理解，从而解除使用者对于产品操作上的困惑，以更加明确的视觉形象和更具象征意义的形态设计，传达给使用者更多的文化内涵，同时又产生富有情趣的生活方式，达到人、机、环境的和谐统一。

外延性语义与内涵性语义的统一，产品的内涵性语义是建立在人们有意识的联想基础之上的，体现着产品与使用者的感觉、情绪或文化价值交汇时的互动关系，而不像外延那样表现为无意识的反应。外延性语义是产品存在的基础，是第一性的语义传达，它较之产品造型的内涵性语义表达更为直观，更为理性，更为逻辑化。而内涵性语义是以外延性语义为前提的，二者相互关联。

由产品语义的外延性和内涵性理论可知，产品语义学所提倡的并不仅仅是现代主义设计大师沙利文所提出的“形式追随功能”，而且倡导在此基础上的一种理性与感性并重，功能与情感相统一，且更为开放的设计思维。这种设计具有更多的理念维度，是一种立体的全面的设计思想。

从设计观念的角度看，产品语义的价值在于合理平衡了人文理性与功能理性。在强调机能属性的前提下，重视主体精神及文化脉络，预示着设计将迫使人们从物的价值向情感价值转换，实现心与物的统一、人与自然的和谐。

设计学的发展必将更突出人的重要性，如何在产品中给予人更多的关怀以及情感体验成为设计关注的重点。

产品语义学力图借助符号学原理实现人与产品更好地沟通与交流，让产品会“说话”，让人操作更方便，并以更具象征意义的形态设计，传达给使用者更多的文化内涵，同时又产生富有情趣的生活方式。可以说，产品语义的兴起顺应了设计学发展的趋势和潮流，体现了设计发展的主要特点。

8.2.1.1 产品的意义

8.2.1.1.1 产品的功能性语义

功能性语义，是指示产品机能属性及其功用的语意。好的产品不但要“可用”，而且要“适用”，并具备如下的语意特征：即指示产品的功能及其使用方式。

功能性语义强调实用性，但它不是单纯形式上的简化，而是要通过形态语言的自我说明来实现这一目的。在设计中，通过对使用者的认知行为和习惯性反应，而不仅仅是根据机器的内部结构来确定产品的造型。形态、肌理、材料、色彩等都可以成为功能性语义的传播介质。

产品功能性语义的合理表达离不开对人生理和心理特征的深入研究，这就要求在设计中，采用符合人使用习惯及视觉思维的造型符号，整合加工工艺、材料、色彩等要素，依据人机工学原理，重点考究在使用过程中好拿、好放、好用，使产品的把手距离恰当，粗细适度，机理自然，材料耐骤冷骤热，并提高生产效率，降低资源消耗，消除环境污染，实现可持续发展等。

8.2.1.1.2　产品的象征性语义

随着社会个性需求的提升，产品的差异化特征变得越来越明显，它不再是单一的有形个体，而越来越演绎为一种身份、文化、观念、习俗、时代的象征，并通过产品的造型符号传递出来，成为功能之外的附加价值，而这正是产品象征性语义的主要特征。

一般来说，具有某种象征意义的产品与使用者的沟通，不仅仅局限于简单的机能式的生理沟通，而更强调产品与人的情感交流和对话。

我们必须认识到象征性语义虽然在现代产品设计中极为突出，并作为产品语义的一个重要方面被强化，但其思想内涵其实在古代的人造物中就一直备受推崇，且一直演绎到现在。

8.2.1.1.3　产品的趣味性语义

产品的趣味性语义，具体可分为：生趣（从生动、灵活方面表达趣）、机趣（从机智、灵巧方面表达趣）、谐趣（从诙谐、滑稽方面表达趣）、雅趣（从雅致、风趣方面表达趣）、情趣（从情爱、情致方面表达趣）、天趣（从自然天性方面表达趣）、理趣（从理智、聪颖方面表达趣）、童趣（从儿童的角度表达趣）、拙趣（从憨态可掬方面表达趣）、奇趣（从奇、反常道方面表达趣）等多种语义特征。

这些趣味语义，主要是通过趣味化的造型符号来表达的。即在满足基本功能的前提下，将各种可爱的、幽默的、卡通的、搞笑的符号和元素融入形体设计中，同时结合人的情感取向，作意向化的细节处理。

8.2.1.1.4　产品的关怀性语义

产品设计崇尚“以人为本”。归纳起来，可以将“人”区分为人性、人种、人际三个层次。

如果产品在满足功能的基础上体现了对人尤其是特殊人群，如老人、小孩、病人、残疾人、孕妇、左撇子等的关怀与体贴，那么这样的产品必将更受顾客的青睐，而这正是关怀性语义的主要特征。

8.2.1.2　产品语义表达的要素

（1）产品形态语言的可理解性。

（2）传达方式的内在性（以隐含、显在方式传达产品的存在、性质、质量等）。

（3）象征性（形态引发联想，具有暗示或隐喻性）。

（4）审美表现性（体现人文价值，将物质要素转化为情感符号）。

（5）时代适应性；

（6）语义的信息及余度（传达的信息应大于所需要的基本信息，便于损耗后的辨认）。

8.2.1.3 产品语义表达的原则

（1）遵循理性思维方式。产品语义表达的是主体对现实的内心体验，反映的是外部世界的现实，其表达的形态语言依然是由理性的主体所驱使的明澈的反思。从这个角度看，设计师必须立足于客观现实，依循逻辑、理性的思维方式编码。

（2）遵循“环境系统”概念

产品语义是实现“人—产品—环境”和谐统一的重要方法论之一，而产品语意的正确表达必须遵循“环境系统”概念，在产品对应的使用情境中找到一定意义的依托。

（3）遵循产品语意的双重性特征

产品语义具有双重意义，在其表达过程中既要表达产品自身的物理属性，即产品的外延义（明示义），又要投射人类情感，表达产品在使用情境中显示出的心理性、社会性、文化性等内涵义（伴示义）。

8.2.1.4 产品语义表达的思维和方法

（1）使用脉络：产品的认知在使用上有两个方向，即基于事实和基本心理观念。设计的重点在于人对产品的使用动机，这种动机相应的分为内在动机（如对产品的操作、归属感、认同感、平衡、协调及审美判断等）和外在动机（如设计师对设计完成度的期望）。产品语意的使用脉络，就是依据人对产品的认知与行为动机来解决产品的使用问题。

（2）语言脉络：实际上就是意象脉络或社会语言学脉络。

（3）根源脉络：就是探讨产品在生产网络以及消费网络中的角色与意义，并以此作为设计的重要资源。

（4）生态脉络：就是从产品在生态系统内的角色了解产品的意义以及人造物所衍生或扩展的生态系统。

8.2.1.5 倾向人类的主体精神及文化脉络

产品语义的出现打破了传统“形式追随功能”的纯功能理性的设计观，将设计中的精神功能上升到重要地位。

可以说，产品语义作为一种新型设计文化，实际上是对人性及传统文化重视的一种体现。这种倾向性目的在于赋予产品象征形态，以唤醒人类的记忆力和想象力。

8.2.1.6　产品语义设计流程

（1）设定产品的使用情境。

①用户目标群的确定：该目标群最好是具有相同需求和欲望，这样各因素才较统一，更利于把握其一定范围内的意象诠释。

②使用目的的确定：明确产品是用来干什么的。

③使用方式的确定：明确产品如何使用与操作。

④具体使用环境、空间关系的确定：不同环境对产品形态语义的需求也不同。

⑤文化背景的确定（涉及地域、风俗、文化、宗教信仰等）。

（2）设定产品的角色。根据设定好的使用情境，从中提取产品角色，探讨产品固有的角色及其在所处环境内应有的地位及象征。

①产品的固有角色：也称自然角色，可根据产品自身机能及其使用行为来确定。

②产品的象征角色：也称社会角色，可从产品所处的周围物、社会、自然环境、风俗、习惯等来获取。

（3）诠释产品的双重角色。兼顾产品的固有角色和象征角色，使二者恰如其分的关联，将产品抽象的语意属性，通过明确、具体的产品形态加以转化、重构，最终使产品与人的沟通变得简单、直接。

（4）评估。对产品形态的可行性进行合理的评估。考虑其造型是否受技术、工艺、经济等方面的限制，是否与产品的机能要求及系统关系相统一等。

8.2.1.7　产品语义设计要点

（1）应重视对产品结构、材料、生产工艺的可行性分析。语义的设计和表达，离不开作为载体的产品，而产品的结构、材料及生产工艺等直接决定了产品实施的可行性。可行性的大小影响的是经济成本、时间周期、市场前景等核心问题。这些都是产品语意设计无法回避的要素。

（2）应注重环境的协调性和适应性。产品离不开特定的使用环境和空间关系，产品的设计必须传达出一系列的信息（如形态、色彩、结构、材料等）来显示产品应放置的环境及可能引起的各种关系。

（3）应体现一定的文化特征。在产品语义的设计应用中，常采用隐喻、象征、符号等方式来传达产品的文化内涵。其中，隐喻是通过暗示或比喻的手法来传达产品信息，而象征则是通过某一特定的具体形象来表示与之相近或相似的概念、思想和感情。

（4）应表达出正确的使用信息。设计师通常利用特有的造型语言进行产品形态设计，向外界传达出设计师的思想与理念，而消费者也是通过品形态传达的信息做出购买的决定。

8.2.2　基于市场营销学的旅游商品设计需求

基于市场营销学的旅游商品设计需求

8.2.2.1　旅游者对旅游商品设计的需求

通过旅游商品销售流程模式图可以看出，旅游者对于不同旅游商品存在不同的购买心理，旅游商品的设计也应根据不同的购买心理进行设计定位。（如表 8–1）

表 8–1　旅游商品销售流程模式图

旅游商品特征	旅游商品类型	旅游者购买心理
箱包、服装、鞋帽等	旅游专用品	2　3
食品、药品或保健品等	旅游必需品	2　3
挂件、土特产等	旅游纪念品	1 2 3 4 5 6 7
艺术品、古董等	旅游奢侈品	1 4 5

旅游者购买心理：
1.“求异”心理
2.“求廉”心理
3.“求实”心理
4.“求名”心理
5.“求利”心理
6.“求趣”心理
7.“求全”心理

根据上表分析归纳得出：

针对旅游专用品和旅游必需品都是满足旅游者基本的物质需求，保障旅游顺利进行，因此旅游者的购买心理相同，都是讲求商品的性价比与实用性。因此在这两者的设计上，应侧重考虑设计成本与实用功能。

针对旅游商品，旅游者的购买心理涵盖了所有心理特征，由此看出旅游者对于旅游商品的需求层次较多，需求范围较广。总结其需求可分为两类：一类为物质需求，满足旅游者“求实”的心理特征；另一类为精神需求，满足旅游者“求异”“求廉”“求名”“求利”“求趣”以及“求全”的心理特征。其中，旅游者“求异”的心理最为强烈，旅游者在购买旅游商品时，总想购买富有当地独有文化内涵，具有文化价值的旅游商品，从而满足旅游者稀缺性的购买心理。由此看出旅游商品，作为承载特定功能与地域文化的商品，其设计首先应考虑它的纪念性功能，以人为本，从旅游者的需要出发，充分体现人性化设计理念。同时，还要与地域文化内涵紧密联系，切实把握好人、设计、文化三者之间的关联性。因此，作为设计者如何设计出富有当地文化特色的旅游商品是旅游商品设计定位的关键。这里笔者认为，应导入符号学的理论作为旅游商品的设计导向，通过设计题材的选取与设计理念的定位对旅游地文化内涵进行提取，运用符号化的设计语言，有针对性地对旅游商品的设计进行定位。

奢侈品从经济学上讲，是指价值与品质关系比值最高的产品，在生活当中，奢侈品享有很特殊的市场与社会地位；从社会学上讲，是指满足一定阶层的人的欲望而产生的产品。目前，值得关注的趋势是，奢侈品的概念正在外延，除了物质属性外，奢侈品已向精神属性开始延伸，涉及健康、旅游、体验、社交等多个方面。因此，作为旅游奢侈品的设计者，不仅需要考虑奢侈品本身的设计材料与制作工艺，而且还应针对旅游者“求异”“求名”以及“求利”的精神需求，在设计上加以考虑。

8.2.2.2　生产者对旅游商品设计的需求

针对旅游商品生产者而言，如何在最短的时间内开发与生产出市场需要的旅游商品是生产者考虑的首要因素。对于旅游者而言，旅游者不再满足生产企业提供千篇一律的旅游商品，而是希望得到满足其个性化需求的旅游商品。在商品中融入旅游者的个性化和多样化需求已成为旅游商品发展的趋势，而这一趋势又给企业带来了新的压力。因此，对于旅游商品生产者而言，如何更快、更好、以更低的成本同时又制造出旅游者需求的旅游商品，成为生产者生存与发展的关键。

作为旅游商品的设计者，应充分了解生产者与旅游者两者之间对旅游商品设计的需求矛盾，试图通过设计来寻求两者之间的平衡点与契合点。因此，笔者认为，要解决以上矛盾，可以导入产品形态的理论作为旅游商品的设计导向，通过对材料与造型的把握，调和两者之间的矛盾，从而达到生产者与旅游者双赢的目的。

首先是材料上的考虑。材料本身带有感情色彩与地方特色。从感性的角度出发，把握材料独特的情感因素与地方特色，是设计重要的切入点。比如，木材的纹理温和柔美；陶土的气韵古朴悠扬；树皮的肌理苍劲有力等等。因此不同产地不同时期的材质，都会给予旅游者不同的心理感受，在旅游商品设计中，应充分发挥材质这一特性，设计制作出既经济又美观的旅游商品。因此，针对旅游商品尽量考虑当地特有的地域材料（玉米皮、椰壳、藤、麦秆、树皮、石等）。其自身优势在于：①材料属于自然可再生资源，不但绿色环保，而且成本低廉。②材质的独特性与不可替代性可作为旅游商品设计的切入点，突出其地方特色。③材料制作工艺熟悉，可组织城乡闲散劳动力进行加工，缩短生产周期。

其次是在形态把握上。旅游商品在形态设计方面主要是通过对特定形态符号的把握、表示、计划来体现事物的内在联系，即由此产生约定俗成的文化审美心理。不同的形态可以代表不同的年代或不同旅游地人们的审美意识。又如中国古钱币外圆内方的造型正是古代哲学天圆地方宇宙观的反映。旅游商品设计在形态设计方面应张扬其“个性”，从形态上体现出旅游地的风土人情、传统习俗，改变“千篇一律”的现状。

8.2.2.3 经营者对旅游商品设计的需求

包装设计在旅游商品设计中的作用不容忽视。好的旅游商品包装美观大方，不但实用便携而且饱含着地域特色与文化内涵，从而能引起旅游者的购买欲望。因此，应根据旅游商品的不同类型设计出符合文化特征的包装款式，从而提高旅游商品的价值含量。

根据旅游商品销售流程模式图可以看出，旅游商品经营者一方面需要通过销售渠道从生产者手中进货，从而对旅游商品包装在运输过程中的安全性与便携性存在设计需求；另一方面经营者又要直接面对旅游者，在如何通过包装提高销售业绩方面，经营者同样对设计存在需求。因此笔者认为有必要将市场营销学理论作为旅游商品包装定位的设计导向，并结合旅游商品销售流程模式图，分析得出不同种类的旅游商品的包装定位。

由上述可知，经营者对旅游商品包装设计大致存在两点要求：第一，满足包装的安全性与便携性。第二，通过包装提升商品附加值，提高销售业绩。

8.3 旅游商品认知与营销

通过对旅游商品认知特点和旅游商品认知过程的深入分析，阐述了普通商品与旅游商品的相互关系，进而论述了影响旅游商品认知的4个因素：地域文化、主题、符号和设计方法。在此基础上，提出了根据旅游商品的认知特点，通过搜集、整理与创造将地域文化特征转化为可视符号，将其融入普通商品中进行旅游商品设计开发的可行性与合理性，并通过设计实践进行了探索性的尝试。

作为人类行为基础的心理机制，其核心是对所处环境的认知。认知是一个信息加工的过程，它包括外部刺激物或信息经由感觉器官进入人的大脑，大脑根据感觉材料的性质及储存在记忆中原有知识和经验，对这些材料进行加工，然后形成印象和知觉的全过程。认知心理学是20世纪50年代中期在西方兴起的一种心理学思潮，70年代开始成为西方心理学的一个主要研究方向。它研究人的高级心理过程，主要是认知过程，如注意、知觉、表象、记忆、思维和语言等。旅游者的购买行为与心理因素密切相关。旅游认知是直接作用于旅游者感觉器官的与旅游相关的客观事物的总体在旅游者头脑中的反映。旅游认知是影响旅游行为的重要心理因素之一，是产生旅游商品购买行为的前提，深入研究旅游商品认知的过程、特性和影响因素，是旅游商品设计与开发的必要环节。

8.3.1　解析旅游商品与普通商品的关系

手表是一种常见的普通商品，但是一提到“瑞士手表”人们就会将其和瑞士的精湛手工制造文化联系在一起。人们在瑞士手表上认知到了这个国家独有的地域文化，在这种心理认知下瑞士手表成了著名的旅游商品。旅游商品是普通商品的一部分，它具有普通商品的基本特征。旅游商品又不同于普通商品，它具有浓郁的地域特色与丰富的纪念意义等特点。旅游商品除具有一般商品的价值外，还应具有情绪价值和第二价值，即艺术价值、观赏价值、纪念价值和地位价值等附加价值。这种第二价值是通过产品的认知功能来实现的。认知功能是从人的心理需要上区分出的精神功能，它直接服务于旅游商品的纪念性功能。认知是指人的认识活动过程，它是对外部信息的输入和思维加工。旅游商品的认知功能体现在旅游者可以将旅游商品与当地文化特色建立起清晰的联系，而后上升到理解与记忆。旅游商品的认知功能是实现其实用功能和审美功能的前提，有助于实现产品与人的对话和沟通。旅游商品利用一定的造型、色彩或材料质地，发挥着传达信息的符号作用，来表征某种含义。这种传达方式可以是图像的、指示的或者象征的，使人们在形象的直观中获得某种意义的领悟和价值的体验。通过认知功能的实现，可以使旅游者更好的体验和记忆当地的地域文化特色。由此可见，旅游商品与普通商品之间并不存在无法逾越的鸿沟。当一件普通商品具备了认知功能，人们就可以认知到其所携带的地域文化，那么这件商品就具有了第二价值，它就具备了旅游商品的特性。寻找切入点，为普通商品注入地域传统文化与艺术内涵，可以使这种普通商品成为旅游者喜爱的旅游商品，引导消费者需求向更高层次发展。

8.3.2 解析旅游商品认知的过程

游客的旅行过程是一个信息加工的过程，包括信息的输入与输出。在这个信息加工过程中，游客是一个信息加工的系统，它包括感觉输入的变换、简约、加工、存储和使用的全过程。在这一过程中，认知可以分解为一系列阶段，每个阶段是一个对输入的信息进行某些特定操作的单元，而反应则是这一系列阶段和操作的产物。信息加工过程包括 4 个主要部分，即感知、记忆、控制和反应。旅游经历（包括游客的游历和导游的解说等）为感知系统提供输入，感知系统首先把刺激的基本特征抽取出来，送入记忆系统。输入的信息再与记忆中的信息进行比较。记忆系统包括长时记忆和工作记忆。长时记忆是一个巨大的信息存储库，它存储着各种信息，如运动技能、语义信息、加工程序等。当前和过去的输入激活了长时记忆中的一部分信息，使它处于工作记忆中，接受更精细的加工。中枢处理器是系统的控制部分，它主要处理目标和达到目标的计划。最后由反应系统控制着行为的输出。简单地说，旅游商品认知的过程就是游客通过游历进行信息收集，经过比较分析形成对地域特色的理解并记忆，再通过控制系统进行行为输出，判定哪些商品体现了当地地域文化特色，并由此来决定购买行为的实施。

8.3.3 影响旅游商品认知的因素

8.3.3.1 独特的地域文化是旅游商品认知的主体

旅游商品即旅游购物品，凡旅游者在旅游活动过程中购买的实物性商品，如旅游纪念品、工艺品、土特产、日用品等，都可称为旅游商品。旅游商品不同于普通的商品，它浓缩着一个地方的民俗风情，沉淀着一次旅行的记忆，是一个地域的文化艺术、工艺技巧和物质资源结合的产物，因此也深深打上了地域文化的烙印。

独特的地域文化是旅游商品开发与设计的关键，也是旅游商品的生命力所在。当旅游商品成为旅游地特色的物质载体，有些甚至成为某个旅游地或景点的标志时，旅游者看到它就能回想起某段旅游经历，这时它才具备了纪念性、礼品性。

其次，具备艺术性和实用性的商品并非都能成为旅游商品。艺术性和实用性只是旅游商品地方特色的表现方式，通过这些方式，一件旅游纪念品最终以艺术品、工艺品或者实用物品的形式展现在旅游者面前。因此，地域文化或称地方特色是旅游商品最为本质的特征，也是旅游商品认知的主体。

8.3.3.2　鲜明的主题是旅游商品认知的捷径

认知是一个信息收集整理的复杂心理过程。鲜明的景点主题可以帮助游客进行信息整理，使游客可以在最短的时间内对景点的内涵进行认知。例如，DMZ（Demilitarized Zone）——非武装地带，南北韩分界线（北纬 38 度）两边各 20km 的军事无人区。紧张与和平共存的 DMZ 作为冷战时期的遗留物，越来越多地引起人们关注，也逐渐受到希望了解朝韩南北分裂现状的游客们的喜爱。当人们游历其中，就逐渐会被其清晰的和平主题所感染。从导游充满和平期望的讲解到意味深长的统一雕塑，从迷人的无人区自然风光到令人神伤的统一展望台，无不在向游客传达和平的理念。韩朝边境上的都罗山火车站也被和平理念所渲染——“都罗山站不是韩国的最后一站，而是通往和平的第一站”，多么美好的寓意，多么美好的期望。当游客慢慢被这和平的主题所感染，他就会认知 DMZ，认知它所传达的理念。理念的认知是提升游客购买旅游商品热情的最有效催化剂。当接受了 DMZ 的理念后，再面对以都罗山火车站牌、DMZ 字母开发的各式各样的旅游产品，就会产生购买的欲望。

8.3.3.3　准确的符号是旅游商品认知的关键

旅游商品是一种符号，是文化的载体。“从某种意义上说，文化是由符号构成，人的本质就表现在他能利用符号去创造文化。而人所创造的一切文化都可以看成是不同的符号形式或符号体系”。概括地讲，一切有意义且能够被感知的物质形式都可称作符号。也就是说，无论是物质的还是精神的，只要能够被人的感知器官感受到，并且包含某种意义的物质载体即为符号。由索绪尔的符号理论看，符号包括能指和所指。能指是符号的形式，所指是符号所包含的意义，二者缺一不可。旅游商品也是一种符号，人们购买的旅游商品就是承载着地方独特文化内涵的符号形式。人类所有造物活动与精神文化生活都是符号活动的产物，都是一种赋予与诠释意义的过程。当游客在判定旅游商品是否具有地域文化特色的时候，最关键的操作就是判定旅游商品是否携带了鲜明的地域文化符号。

8.3.3.4 基于认知特点的设计方法是旅游商品认知的保障

新旅游商品的设计要想达成游客的认知，就必须根据认知心理特点，抓住当地的人文与自然文化资源，通过认真、细致、深入地研究、整理与创造，将这些有形或无形的文化特征转化为可视符号，作为反映地域特色的旅游商品的设计元素。提炼的符号与普通商品不是简单的叠加，其设计必须考虑到地域文化与产品的功能、语义、形态等多要素结合的融洽性与合理性。创造出使用功能、认知功能、纪念功能完备的新旅游商品。这样的设计方法可以拓展旅游商品的设计范围，可以使人们不再固守传统旅游商品阵地，将设计产品种类扩大。同时还可以提升旅游商品的实用功能。普通商品的使用功能要大于其认知功能，当其融入地域文化后，使用功能与认知功能并重，相比于传统的使用功能较弱的旅游纪念品，其实用性更强，特色更突出，认知更具保障。

8.3.4 基于产品符号学的旅游商品设计定位

品牌影响当今社会经济发展。在经济全球化时代，品牌发挥着更加重要的作用。品牌已经远远超越其保证品质和服务，象征身价与资产的意义，而成为企业核心竞争力乃至国家经济文化发展水平和国家竞争力的象征。据联合国工业计划署统计，占全球品牌不到 3% 的世界品牌，其产品占据全球市场的 40% 以上，销售额占到了全球市场的 50%。

美国品牌符号学者皮尔士认为：符号是由起代表作用的“代表者”和它所代表的“对象”及其引出的意义组成的三位一体的统一体。还根据符号的不同功能将符号分为三类：类象符号、标志符号和象征符号，它们体现了能指和所指与符号意义间不同的关系。

（1）品牌符号学意义编辑。在类象符号中，能指与所指，或指示物与意义的关系表现出某种性质的共同性，它借助能指与所指间某些酷似的特征而产生意指作用，如黄山的仙人指路，迎客松。

标志符号以接近性为基础，能指与所指的关系是具体而现实的，通常具有空间、时间上的接近，或体现出前因后果、部分与全体的联系。如一个高高挂起的轮胎就是车店的标志。

象征符号需要解释者创造性的积极配合才能发挥符号的意指作用。广告产品是符号系统的指示物，而广告符号的意义往往都暗示比指示物更美好的东西，符号按照意义去订正指示物，如法国香水是奢侈生活方式的象征符号。

我们发现上述三种符号类型并不是互相排斥的，它们可以并存而不可相互取代；同时，它们之间的关系又是符号意义逐渐深化的三个层次：类象符号→标志符号→象征符号，其程度不断深化，信息含量更加广泛。

品牌符号学研究：品牌文本是研究品牌的最重要的对象，纵然是在营销学、管理学、消费者行为学中进行的品牌研究，也都是通过品牌文本来体现的。品牌作为一个独特的文本，有其相应的表意规律。而要提升品牌研究的理论水平，构建属于品牌学特有的理论体系，必须立足于品牌文本，进行品牌的形式研究。而要分析品牌文本，比较合适的方法是符号学。因为“理论符号学的任务，是给所有人类寻找意义的活动（也就是整个文化的研究）建立一个公分母，寻找一个共同的理解方式。”品牌与商品符号价值的关系对品牌与商品符号价值的关系的讨论，主要体现在两个方面：首先论证品牌是商品符号价值的源泉。符号价值是凝聚在品牌上的灿烂悠久文化，是在品牌有形资产基础上创造的一种文化、艺术等的意象性无形资产价值。其次是分析品牌如何为商品带来符号价值，即商品如何获得意义。何洗礼的《代言人对品牌符号意义的生成》在巴尔特的“含蓄意指”理念基础上进一步提出，代言人能将意义转移到品牌中。正是代言人在他们的事业，他们的艺术形式以及他们在代言过程中的这种重复演绎的长期所积累的某种独特的符号含义，使得他们在诠释自己所具有的符号特征时拥有比别人所不能比拟的说服力。

（2）从符号学角度探讨品牌的概念与命名。王连森在《基于符号学的“整体品牌”概念》中以皮尔斯的符号三分理论为基础，在对众品牌概念做出梳理分析后，建立起了以标识或名称为再现体、产品为对象、品牌意义为解释项的品牌“三位一体”模型。

（3）品牌命名是利用语言进行商业传播的一种语言活动和经济活动。命名既是以语言作为载体，因此中国当前关于品牌命名的符号学研究大都以索绪尔的语言符号学为工具。朱亚军在《商标命名的符号学阐释》中认为，商标命名是一个符号化过程，是命名主体通过命名符号表意传情的全过程，命名主体的主观意志决定了符指过程中的不同倾向性，决定着不同诉求方式的形成。

8.3.4.1　符号学

现代符号学是20世纪60年代，在现代语言学、结构主义和文化人类学的基础上产生的一门新兴学科。瑞典语言学家索绪尔和美国实用主义哲学家皮尔斯是现代符号学理论的奠基人，罗兰·巴特的《神话》也影响极大。

罗兰·巴特的《符号学美学》和《流行体系——符号学与服装符码》，苏珊·朗格的《情感与形式》对美学和设计美学影响较大。

以语言学为基础的符号学主要包括信息符号、句法学、语义学、和语用学。信息符号主要研究象征、索引、图形符号、信号。句法学研究符号组成句子的规则，语义学研究句子的含义，语用学研究它的应用效果。根据符号学的理论，一个符号是两个基本要素的结合体：能指和所指。能指是符号的形式，所指是符号形式所指代的概念和含义。在语言学中能指指的是书写或发音的词语，所指指的是词语文字或声音背后所指的事物。比如“桌子”，能指是桌子这个词语的书写文字和口语发音，所指是这个词语所指代的物理实体的桌子。

符号学产生于结构语言学，并推广应用到人类社会和科学的各方面，认为人类社会中一切事物都是一种符号，不仅仅是一种物理存在，而是由于人脑意识的阐释而拥有和代表一定的含义。并且符号之间、物体之间，和人之间，有一种类似语言中的结构语义学。是人类与物体，人类之间，生存、交流和学习的手段和方式。符号学的研究领域，集中于理解符号和如何把这些符号组织成意义系统来在各种不同的环境中交流。

8.3.4.2 物质性能指

符号学不仅仅研究我们普通所说的“符号”，如交通标志和图标等，还包括我们的物质文化，如建筑、家具和各类产品等。符号学分析最主要的对象是一个“文本”。一个文本一般是指一个记录下来的信息，它在物理上是独立于发送者和接受者的。它可以是一本书，一个图片，一个电视节目，一部电影，或者一个设计产品。一个文本是一个符号的集合体，符号可以是词语、形象、声音、动作等。文本的建构和解读都是根据特定题材、风格、媒介和文化的惯例和习俗。

语言学家索绪尔将符号定义为能指与所指的结合体。后来的符号学家批评了索绪尔主要集中于语言学和抽象的能指的研究，而忽视了我们真实的物质世界所构成的能指。能指不仅仅可以是语言学中的一个书写的词语，也可以是物体的实体形式，也就是我们看到、触摸到、闻到和经历着的物体形式，可以是声音、色彩、线条、图形、质地、形体、空间等。这些是可以给人感官愉悦和审美快感的形式，都是可以在设计中广泛应用的形式语言。而所指是内容，就是任何我们从自己碰到和经历的物品中解读出来的意义。

表 8-2　旅游商品销售流程模式图

旅游商品特征	旅游商品类型	旅游者购买心理	营销渠道	经营企业（个人）销售形式
箱包、服装、鞋帽等	旅游专用品	2 3	短渠道	A E F
食品、药品或保健品等	旅游必需品	2 3	直销 / 短渠道	A E
挂件、土特产等	旅游纪念品	1 2 3 4 5 6 7	长渠道	A B C D E F
艺术品、古董等	旅游奢侈品	1 4 5	直销 / 短渠道	A B E F

旅游者购买心理：
1.“求异”心理
2.“求廉”心理
3.“求实”心理
4.“求名”心理
5.“求利”心理
6.“求趣”心理
7.“求全”心理

经营企业（个人）销售形式：
A　店铺专卖式销售
B　出售标记式销售
C　条件限制式销售
D　主题体验式销售
E　组合集中式销售
F　购物退税式销售

通过表 8-2，将旅游商品的类型分为：旅游专用品、旅游必需品、旅游商品以及旅游奢侈品。通过对旅游商品不同的分类可以看出，由于购买心理、营销渠道以及销售形式各不相同，因此在各自包装定位上也有所不同。

（1）旅游专用品的包装定位。旅游专用品是指旅游时所需用的商品，包括箱包、服装以及鞋帽等。由于旅游专用品大多采取短渠道的营销模式，经营者通常是在生产厂家直接拿货，因此在专用品的包装上，尽量考虑运输过程中的安全性与便携性。另外从经营者的销售形式来看，旅游专用品大多数采取店铺专卖式、组合集中式以及购物退税式的销售形式，因此在包装定位上还应考虑商品的品牌形象宣传，提高经营者的销售业绩。

（2）旅游必需品的包装定位。旅游必需品是保障旅游者顺利完成旅途的所需商品，如食品、药品以及保健品等。由于经营者对旅游必需品的销售渠道与销售形式与旅游专用品相同，因此在包装定位上可参照旅游专用品。

（3）旅游商品的包装定位。旅游商品是旅游者在旅游过程中购买的精巧便携、富有地域特色和民族特色的工艺品礼品，并让人铭记于心的纪念品。因此经营者为了更好地销售旅游商品，在旅游商品的包装定位上除了对包装的实用性与便携性存在要求外，还对包装的艺术性与文化性存在要求。因此旅游商品的包装定位不但需求考虑实用性与便携性外，还应根据地方特色，设计出符合地域文化内涵的包装，从而提升旅游商品的文化附加值。

（4）旅游奢侈品的包装定位。旅游奢侈品是为了满足旅游者“求异”“求名”以及“求利”的购买心理。针对购买心理在旅游奢侈品的包装上也应给予考虑，因此旅游奢侈品的包装定位应主要考虑奢侈品包装的文化性与收藏性。

根据以上研究结果，结合产品设计方法学理论分析得出旅游商品设计需求定位图表。（表 8–3）

表 8–3　旅游商品设计需求定位

设计流程	第一阶段	第二阶段	第三阶段
设计内容	设计构想	设计表现	设计输出
设计导向	符号学	产品形态学	市场营销学
设计解决的问题	设计理念	产品造型	产品包装
设计需求对象	旅游者	生产者	经营者

设计的目的在于满足需求，设计的作用在于解决问题。旅游商品的设计者应根据旅游者、生产者以及经营者对于旅游商品设计存在的不同需求，进行综合设计考量。结合表 8–3，笔者认为旅游商品的设计定位应站在旅游者对旅游商品设计的需求角度，引入符号学理论作为旅游商品的设计定位导向，目的在于解决设计理念的问题，设计定位的服务对象是旅游者；站在生产者对旅游商品设计的需求角度，引入产品形态学理论作为旅游商品的设计定位导向，目的在于解决产品形态的问题，设计定位的服务对象是生产者；站在经营者对旅游商品设计的需求角度，引入市场营销学理论作为旅游商品的设计定位导向，目的在于解决产品包装的问题，设计定位的服务对象是经营者。

因此，旅游商品的设计定位应根据符号学、产品语义学以及市场营销学为理论导向，通过对交叉学科理论的综合运用，分别站在旅游者、生产者以及经营者的角度，综合进行设计考虑，设计定位出符合现代市场需求的旅游商品。

8.3.5　旅游商品生态营销

8.3.5.1　从需求角度来看

（1）旅游产品的需求具有个性化的特征。旅游消费者通过在旅游活动中享受交通、住宿、餐饮、游览及娱乐等服务，在一定程度上往往会和旅游需求者的心理预期存在一定的差距，这就要求旅游企业应树立自身的品牌旅游产品。品牌旅游产品就可以从消费者的角度出发，充分考虑不同旅游者的心理特征和行为方式，了解他们的特殊需要，开展有针对性的个性化服务，提高服务水平以换取旅游消费者的认可，树立自身的品牌形象。

（2）品牌旅游产品具有获得相对高价的优势。对于旅游产品而言，是属于需求交叉弹性较大的产品。旅游产品所涉及的行业比较多，因此旅游市场的竞争也就日趋激烈，国内外市场对旅游产品的标准也有越来越高的要求，消费者不仅要求旅游核心产品要具有很强的观赏和旅游价值，尤其注重的是延伸产品中的服务也必须优质。所以，消费者对高质量旅游产品的需求价格弹性比较小，有利于旅游产品供给者依据优质优价的原则制定高的价格，获取高的附加价值。

（3）品牌旅游产品具有较高的市场渗透能力。旅游产品的需求收入弹性一般都比较大，与一般产品相比较，旅游产品是在人们满足基本的温饱水平后所形成的一种需求，显然是在人们的收入达到一定的水平后才具备的。随着人们收入水平的不断提高，人们对于旅游产品的需求将会呈现不断上涨的趋势。作为旅游产品的开发，对旅游者而言，纪念意义重大，因此许多旅游者注重的不是旅游产品的价格，而是旅游产品本身给旅游者所带来的心理满足程度。另一方面，品牌旅游产品的需求交叉价格弹性较低，这两方面就使品牌旅游产品面临较大的市场机遇。

8.3.5.2　从供给的角度分析

（1）旅游产品的供给具有综合性。旅游产品由旅游资源、设施、服务等多种成分组成，在生产和经营中涉及多个部门和行业，怎样协调好这些部门的关系，为旅游企业提供优质的品牌旅游产品提供了可能。

（2）品牌旅游产品具有相对市场供给垄断优势。品牌旅游产品强调的是产品的品质差异，不同品牌的产品差别化程度越强，消费者就会对某些品牌形成一定的偏爱，使不同品牌旅游产品之间形成稳定的消费群体。品牌旅游产品吸引更多的消费人群，这样，就会排斥非品牌产品供给者的进入，潜在竞争者遇到的进入障碍就更大，从而形成品牌产品的相对垄断优势。

（3）旅游产品的供给具有不可转移性。与一般的产品消费不同，旅游产品本身并不发生运动，发生运动的通常是旅游者，同时在交易过程中，旅游产品的所有权也不发生转移，旅游者只是在消费过程中，在特定的时间、特定地点具有暂时的使用权。由于旅游产品的这个特点，旅游消费者对旅游产品本身的供给质量提出了比一般产品更高的要求，旅游企业可以通过提供品牌旅游产品来吸引更多的旅游者。显然，随着人们人均收入的提高，社会对同质性强的旅游产品的需求不会随收入的提高而同步增长，而对具有不同质的品牌旅游产品的需求却会高速增长。当前，国内旅游产品市场基本处于买方市场，但是，加入世贸组织后，国内旅游产品市场会更加开放，旅游业供给经济主体可以通过树立各自的产品品牌，扩大市场份额，在市场上取得相对垄断优势和主要地位，使旅游企业在竞争中获取竞争优势。

8.4 影响旅游商品设计研发的主要因素

8.4.1 文化

文化创意商品设计强调的是创新、个人创造力、文化艺术对经济的支持与推动的新理念、新思潮，属于一种经济实践。强调的是文化艺术的创新，突出体现创造力、以创新设计、文化的传承为设计为核心，从而决定了其具有独特的创新性。本文通过对旅游商品的定义、分类、特点等的分析，着重探讨旅游商品的文化创意内涵的重要性，探讨具有城市本土特色的旅游纪念品设计。要设计出具有地域文化特点的纪念品，不但要对纪念品设计本身有一个全面深入的了解，更要着重了解纪念品本身所代表承载的历史文化特色等的本土气息。从而力求找出地域文化特色的旅游纪念品设计的规律方法。

著名设计师靳埭强“文化、设计、创意三者不可分离，文化是生活的精华，生活蕴含着创意。设计体现生活，离不开创意和文化。”关于文化创意产业中的旅游商品设计文化创意商品设计强调的是创新、个人创造力、文化艺术对经济的支持与推动的新理念、新思潮，属于一种经济实践。文化创意商品中的纪念品设计强调的是文化艺术的创新，突出体现创造力、以创新设计、文化的传承创新设计为核心，从而决定了其具有独特的创新性，再加上产品、服务、策略以及现代科技及企业化经营模式，促使文化创意作品得以经济化与产业化，力求寻找新的增长点，推动文化发展与经济发展，促进社会机制的改革创新，促成不同行业、不同领域的重组与合作。文化创意商品侧重于个性化人性化精神层面心理需求，并于科技的日新月异等背景下产生的，设计思想更加注重人文情感化设计，是今后产品设计的发展趋势所在。

中国文化渊源流畅，内涵博大精深，唐诗、宋词、书法、文房四宝、神话传说、京剧戏曲、茶道等，以文化传承载体产品设计的种类丰富，文具、饰品、家具、灯具、茶具、纪念品等生活用品。文化创意商品中的纪念品设计，与人们常说的礼品有些差别，纪念品是能长时间保存的东西，可以承载纪念意义的物品；礼品是指人们之间互相馈赠的物品，礼品的范畴更广一些，有实用型、装饰型、收藏型等。可以说有纪念意义及收藏价值的礼品可以称为纪念品。纪念品同时也可以具有一定的实用价值。比如：纪念某一个人、纪念某件事、纪念某一次会议的召开或者纪念个人一段感情等。如由主办国政府组织或委托有关部门举办的国际性博览活动，最初以艺术品和传统工艺品的展示为主，现在逐渐扩展为科学技术、文化特色等的成活的展览。在活动期间有一些具有各自民族特色的纪念品。纪念品在人际间的交往中，可以起到增进感情、加深印象的作用：用于单位与单位之间的商务交流或者外事交流中，同样可以展现友好的公共礼仪礼节。当人们到一个外地去旅游的时候，一定想给他们的朋友、家人和孩子带回一些纪念品。但现阶段中国大众化的纪念品没有太多的特点，一部分质量也不高，可能是一些筷子、一个图章、丝巾或印有熊猫的T恤衫等。

8.4.2 包装

旅游商品是旅游业中“食、住、行、游、购、娱”六大要素中的一块“软肋”，其中旅游商品包装是制约旅游商品发展的瓶颈。旅游作为一种短期的生活方式，游客追求的是文化的享受与美好的回忆。旅游者到旅游目的地进行消费，除了能带走旅游商品以及对旅游目的地的印象、感觉外，什么都不能带走，因此，旅游商品成为传递旅游目的地信息的主要媒介。旅游商品作为一种运动形式的商品，并承载着文化、情感等复杂元素，每一件都镌刻着旅游者一段难忘的经历，都反映出不同的文化渊源。其包装设计的创意水平直接影响到旅游产业的健康发展。

8.4.2.1 旅游商品包装设计的发展趋势

包装设计文化首先是一个历史发展的过程，世界上每一个民族，由于不同的自然条件和社会条件的制约，都形成与其他民族不同的语言、习惯、道德、思维、价值和审美观念，因而也就必然形成与众不同的民族文化。文化是人类历史实践过程中所创造物资财富和精神财富的总和，那么包装设计文化是否可以说是包括人们的一切行为方式和满足这些行为方式所创造的事事物物，以及基于这些方面所形成的心理观念。民族化、地方化、本土化是旅游商品包装设计的发展趋势。

8.4.2.2 旅游商品包装的特点

旅游购物是一种复杂的心理活动，需要旅游商品满足旅客多种情感的需求。制作精良的旅游商品不仅给游客留下赏心悦目的感觉，还因浓缩了旅游地文化精华，使游客的亲朋好友对旅游地的良好形象有一初步认识。可见，旅游商品的包装与其内在产品是紧密相连的，旅游商品包装作为旅游商品的重要组成部分，不仅具有使用价值，而且还具有区别于普通商品的内在特征。

（1）要体现文化内涵。旅游本身就是一种社会文化活动，旅游是为了体验当地的风俗民情或者感受地方的传统文化。由于生活方式、思想观念的差异，往往越具地方特色的商品越容易吸引游客。因此对旅游购物商品的包装也需要体现一种文化性。如海南的椰子壳、贝壳雕刻工艺品；潍坊的风筝工艺品；“重庆味道”特产包装设计，选材为当地产的楠竹，在上面分别烙画“巴渝十二景”，不仅可以包装“重庆味道”十二种佐料，还可以做笔筒和插花等等，这种“独一无二”的纪念品，不但给当地带来巨大的经济利益，也提高了这些城市的知名度。

（2）要注重实用美观性。旅游本质上是旅游者走出户外。寻求美的享受过程，包括对自然美、社会美和艺术美等的追求。精美的包装使旅游者爱不释手，旅游商品包装应具备“独特”意识，融民族性、地方性、知识性、趣味性与纪念性于一体。并不是说一定要把包装搞成很昂贵的东西，贵在求实。大多数旅游商品是旅游者留作纪念、欣赏、收藏或馈赠亲朋好友之用的，是一种“无限消费”具有很大的伸缩性。旅游产品的包装要艺术性和礼品性两者兼容，地方特色和艺术特点两者兼备。在设计上多追求形式美、工艺美、易使用和功能强等特点。

（3）设计要注重方便性。旅游者选购旅游商品，除了考虑美观大方和其有一定纪念意义外，在很大程度上总想轻巧、方便和安全。很难想象旅游者会有好心情带着大件物品四处游览，同时，要求包装设计便于商品的拆分和重组，如土特产品的分零组合，使商品变得轻巧又经济适用。在包装设计上还应关注细节，切实为消费者考虑。这不仅方便了消费者，而且也为商品销售创造了机会，同时也传达了商品包装对人性及生存环境的深度关怀，这种无声的关注更是体现了一种深层的文化内涵。

8.4.2.3　旅游商品包装设计的表现形式

好的包装会给产品增加魅力，能激发旅游者的购买热情。利用包装设计的表现形式能使旅游商品准确展现地方特色。旅游商品既要有地方特色，又要突破原有的模式创出新意。那么如何做好产品的包装设计，应该从以下几个方面入手：

（1）色彩。色彩具有强烈的视觉冲击效果，对人们的视觉来说是最敏感的，能给人们留下深刻的第一印象。旅游商品包装上的传统色彩，是诱导旅游者购买的重要因素。在包装色彩上直观应用旅游目的地独特的色彩，并能适当表现旅游商品的文化内涵，这种旅游商品必定能与旅游者达到心灵的碰撞与默契。细观日本的包装设计，不难发现日本包装不仅赏心悦目，而且颇具文化品位。例如，传统的小甜品——果子包装，成为具有日本“和风”文化的旅游商品，通常包装分为三层，最里层的是独立的小包装，色彩常用粉红或粉白，呈现商品自身的色彩；也有更花心思的，采用防渗透涂层涂刷过的手工绘画的包装纸，用手工制作成各种形状，就像一丝不苟的艺术品。第二层是纸盒，盒内套着塑料的隔层。最外层常用天然的纸质包裹，偏爱白色或青色等自然色彩。因此，旅游地的独特色在包装色彩上可以准确表达旅游商品的地域性和文化性。

（2）图案。包装图案也是一种旅游商品形象的公告和产品文化的载体，它是最能诱惑旅游者的路标。通常在设计中表现为图像、符号、文字及组合形式的变化，并能再现商品本质特征。根据旅游者追求差异化的心理，旅游商品包装设计强调差别性的图案设计。如可以借鉴一些具有地方特色的民间艺术元素，民间陶瓷、剪纸、蓝印花布、刺绣、皮影、烙画和木版年画等。将传统文化和旅游商品有机结合，凸显商品特色的同时，洋溢着浓郁的民族的地域特色。

（3）材料。在提倡生态旅游的今天，旅游产品的包装也要提倡生态设计。旅游产品在包装材料选择上还是应以当地自然材料为主，通过现代的工艺使之变得实用美观，形成有明显本土特色的包装形象。如用纸、竹、木、泥、植物的茎叶等天然材料因地制宜、量材施用地设计制作各种旅游包装物品。有无锡惠山的泥人、宜兴的紫砂壶、三峡的卵石雕、泰山的手杖、西双版纳的玉石、木雕工艺品、苏州的刺绣、海南的椰子壳、贝壳雕刻工艺品等。这些都以旅游点的文化古迹或自然风光为题材，利用当地特有的原材料，体现当地传统工艺和风格，富有纪念意义的旅游纪念品只要因地制宜、匠心独运地运用本土的民间艺术来设计旅游商品的包装，就会产生独特的艺术效果和魅力。

8.4.3 旅游商品市场管理

我国旅游业开放时间短，很多景区、景点依托型的旅游商品经营者采用小摊点、小铺面、小作坊的方式经营，由于规模小、实力弱，所经营的旅游商品种类较为单一，购物环境简陋，顾客的选择余地较小。市场从业主体分散，行业管理难度极大，使市场处于一种无序的竞争状态。市场管理的相对弱化，其必然结果是行业的整体服务质量差，伪劣商品充斥于市、旅游商品形象受损。混乱的市场秩序直接导致了特色旅游商品的优势难以发挥出来。在每一轮旅游商品的热销中，总有利益驱动，旅游商店本身与地接旅行社、地陪、司机、全陪等多方利益主体参与旅游商品的利润分配，旅游商品市场的回扣之风越刮越烈，导致旅游商品在成本上大幅度加成，定价超高、以次充好、欺客“宰客”的现象时有发生，败坏了旅游购物市场的信誉。

8.4.4 设计落后影响旅游商品发展

近年来，中国的旅游商品有了较大的发展，旅游商品设计也逐渐被重视。但从旅游商品销售的数量和游客对中国旅游商品的评价上可以看出，游客对旅游商品的发展还是不满意的。旅游商品品种少、质量差、同质化等仍然是游客普遍反映的问题。游客在境内旅游中仍然不愿意购买旅游商品，有些游客虽然在境内一年旅游多次，但购物额却为零。很多地区每年投入大量资金鼓励旅游商品设计，却未产生明显效果。在调研中笔者发现，旅游商品在设计方面主要存在以下几方面的问题：

8.4.4.1 旅游商品的定义落后

众所周知，旅游商品是游客为旅游准备和在旅游中购买的非商业目的的商品。但是，恰恰就这么一个普通的旅游商品定义却很难被设计师接受。因为，设计那些旅游商品、工艺品、礼品和所谓带有文化符号的包装品比较容易，但要设计那些让游客喜欢购买的商品，如中国游客在国外大量购买的化妆品、电子产品、服装、鞋等就很难了。谁不愿意用省劲的方法呢？最简单的办法就是干脆不承认旅游商品的定义，自己“创造”一个定义：旅游商品就是旅游商品。旅游商品包括钥匙链、帽子、文化衫、马克杯、本、扇子、U 盘等，貌似也都有功能，但是到处都是这些东西，又有多少人会买呢？况且旅游商品只是旅游商品的一小部分。这种思路真可谓是：捡了芝麻丢了西瓜。

8.4.4.2　旅游商品的设计理念落后

经常听到一些设计师讲，旅游商品的设计应该满足游客需求。其实，旅游商品设计不仅仅是满足游客需求，还要引导游客需求。现在物质极其丰富，交通非常便利，物流非常发达，游客可以在住家附近买到全国各地乃至全世界商品的今天，新设计的旅游商品怎样才能刺激游客的购物欲望呢？从设计角度讲就是需要不断地创新。而且，创新不能仅达到满足游客需求的程度，而是要达到引导游客需求程度。

8.4.4.3　旅游商品设计追求的目标落后

多次遇到一些企业的负责人或设计师非常兴奋地告诉笔者，他们的某个商品被某某政府、单位、领导选中，作为礼品赠给谁谁谁。设计的商品销售出去本是件好事。但这些人继续说：“这个东西应该就是最好的旅游商品了。”笔者不禁要问：“游客买吗？游客会因为这是政务礼品而购买吗？”政务礼品是为小众设计的，政务礼品选择者的目的与大多数游客是不同的。而长期以来，很多旅游商品的设计者误把少数领导的意志当成了大众游客的喜爱。这种或多或少的奴性或媚性的追求影响了旅游商品设计。旅游商品应该为大众设计。

8.4.4.4　旅游商品的设计思路落后

现在到处都在谈文化，几乎到了如果张口不谈文化就是小学肄业的程度。很多旅游商品的设计师也在大谈文化，设计旅游商品的时候也一定要从文化角度去设计。实际上，游客出国时主要购买的恰恰不是文化商品，而是那些能够提高生活品质的旅游商品。可见，很多游客不是为了文化而购买旅游商品。相对于设计提高生活品质的商品而言，文化旅游商品的设计就显得容易得多。选几个景观照片，找几个文化符号，往现有的产品上一贴，美其名曰——文化创新。但这种“创新”太俗、太简单、太容易了。

如果一个设计师足不出户就可以为全国各地进行各类文化旅游商品设计，这种设计公司与骗子有什么区别。别忘了，旅游购物完全是市场化的。面对这种“创新”，游客根本不买账。

8.4.4.5 旅游商品设计的成本观念落后

传统的在干大事、干好事的时候不计成本的理念仍然存在。一些设计师当听到要设计一个好的旅游商品时，就说应该不在乎成本。试问，市场经济下，什么商品可以不在乎成本？在此理念下设计出的旅游商品成本很高，销售的价格自然也很高，很多价格超过了游客的接受程度。为什么不愿意考虑成本呢？因为在设计时如果还要考虑制造成本就太难了。不考虑成本的设计只是画出“一张图”。如果考虑成本就要研究制造工艺、材料等。现在，又有多少设计师熟悉材料，熟悉制造工艺呢？

当然，即使设计出了一个好的产品，也需要最终的销售把它卖给游客，产品才能成为旅游商品。似乎也不能把商品销售不佳的全部罪责都安在设计师头上。但是，当你看到琳琅满目的商品在商店里无人问津的时候，还能说这是因为销售渠道、销售策略不好吗？

多年来，设计单位、设计师们已经用了太多的借口来掩盖设计落后的问题。但在市场化下，数字和时间说明了一切。旅游商品的设计师要对得起自己的良心，对得起自己的工作和自己的事业，要按照旅游商品的理念去设计，设计出能够提高游客生活品质、引导游客消费、让大众游客满意和喜欢的旅游商品，真正扭转旅游商品设计落后的局面，实现旅游商品的发展和扩大旅游购物消费的目标。

社会生产方式的手段就是用于改造环境和造物生产的技术，而一个民族或地区的重要技术，总是同有利于该技术产生的地理区域有关的。因此，有人提出，一个民族以什么方式来表明自己的特殊性，人们已经注意到语言、技术、宗教和社会制度等现象通常和地理位置有关。其中技术现象是人类的首要特征，因此，技术在种族之间造成的差别远比因人种或宗教文化造成的差别重要。因此，人类传统的文化是与其所处的自然环境和地理位置有着密切联系的，不同的地理环境和不同的自然物产，产生着不同的文化和不同的手工艺术品。比如生活在北冰洋的爱斯基摩人，他们所面对的自然环境是大海和冰雪，他们所制作的一切物品都必须适合在这一环境中生存的需要，他们制作物品所有材料也都取自于周围的物产，比如用冰块来垒房屋，用海洋生物的皮和骨头来制作各种生活用具，并由此发展出适合于这种制作方式的工艺技术及工具，包括各种有关的手工艺品。而生活在内陆大草原的牧民们，他们所面对的是如何让自己适合于一种游牧奔波的生活，他们的房屋必须是便于流动的，他们的许多物品都必须是能适应在马背上使用的，他们所有的工艺材料，以及工艺制作技术，还有所描绘和装饰对象，都与草原有关，与他们的牧民生活有关，与他们所饲养的动物有关。因此他们的手工艺品便是他们牧民生活的写照，是他们民族文化的载体。

在传统的社会中无一种文化不是如此，因此，地球上多元的地理环境和多元化的自然物产，造就了人类社会多元化的文化和艺术。而作为服务于人类物质生活和精神生活的手工艺品，也就是这种多元化文化的物化和载体。在其中体现了人与自然，人与其所处的社会环境及历史文化的种种关系。它是一种与其地域环境及人文历史血肉相连的文化和艺术的载体。但创造了全球经济一体化的工业文明发展，正在改变着人与社会、人与人的关系，人与自然的关系。以大机器生产为标志的工业文明，极大地创造了人类社会发展的物质基础，建造了一个崭新的技术圈。而这一崭新的技术圈以它巨大的魔力加工和重组自然界的各种物质，创造了自然界原来没有的无数事物，丰富了自然界物质的多样性，增强了人类技术圈的有序性。但是由于人类改造自然能力的巨大增长，有力地影响了自然界的变化，加速了自然界的物质变化过程。因此工业文明在日益扩展人造物质环境的规模，并提高其组织性的同时，却破坏了自然生态系统，加速了地球生物圈的退化，同时也在改变着在文化发展的过程中，文化与其所居住的地理环境的关系，以及文化创造的传统方式。本来，文化的发展不仅与其所赖以生存的技术有关系，而且还与它所居住的自然环境有关系，并且其技术也往往是为了适应和利用这些自然环境才产生的。但工业文明的发展，却用人工的物质环境割断了文化和其居住地的自然环境之间的密切联系。因为其建立在机械文明基础上的先进的生产力，使人们可以建造一个自成体系的第二自然，也就是人工自然。在这种人造的自然中，人们的生产方式、甚至生活方式都可以不受自然条件和地理环境的制约，它可以适用于所有的地区和国家和国家蔓延。而现代文明对于当地文化现代的技术要求来调整其文化，同时也就意味着要采纳现行技术的“动力模式”，抛弃那种如今已找不到现实基础的传统“动力模式”，这也就是文化由传统向现代变迁的过程，也就是说，技术动力领先于社会动力，并将自己的动力强加给社会，造成社会变迁的加速化。不仅如此，在现代社会中，每一天都带来新技术，同时也在不断地淘汰那些已老化的、过时的东西。现存的技术因被超越而变得老化，由它先前所产生的社会环境也因此而变得老化，同时，曾在这些已老化的环境中所产生的过时的人、地区、职业、知识、财富等，都将随着旧技术的消亡而消亡。

这就使先前在农村中占主导地位的手工匠人们，逐渐退却到农村生活舞台的边缘。日本保护传统工艺的借鉴，在生产制造逐渐走向高度自动化的今天，如何保护传统手工艺成为各国面临的问题。具有独特匠人文化的日本，在保护传统手工艺方面的经验似乎值得借鉴。

在日本东北地区岩手县盛冈市有一处名为“盛冈手工村”的手工艺园区，该园区是由周边市镇、行业协会、企业等共同创立的，主要用于振兴当地传统产业并促进旅游观光。该园区属于政府和民间共建的综合设施，参与部门和团体之多，在日本全国都较为少见。盛冈手工村主要包括三个功能区，即地方产业展销区、手工作坊区，以及古建筑保护区。地方产业展销区主要进行地方传统产业信息提供、人才培育和新产品开发，并销售约4000种当地小作坊生产的各类产品。手工作坊区是盛冈手工村的主体，目前有15家手工作坊入驻，聚集了当地一流的工匠。这些作坊包括广受中国游客欢迎的南部铁器作坊、染布作坊，以及当地特色食品作坊和工艺品作坊。作坊均为生产和销售相结合的实体，部分作坊还可以接待参观游客，让游客亲身体验手工艺的乐趣，这些作坊原本分散在周边各地，因为规模小且分散，污水、噪音、废气等环境问题得不到有效解决，也无法吸引游客，作坊的经营非常困难，当地传统手工艺也面临传承问题。也正是因为存在这些问题，当地政府和民间合力创立了盛冈手工村，将散布在各地的作坊集中起来，以解决相关问题。年轻人也开始参与到传统手工艺发展中。盛冈手工村一家名为“染屋TAKIURA”的染布作坊内就有几个年轻女孩在从事染布工作，他们称自己并非这家作坊的家族继承者，因为以前参观过这家作坊而喜欢上染布这项手工艺。盛冈手工村的另一个功能区是古建筑保护区，区内的古建筑为当地传统民宅“南部曲家”。这些建筑也是从其他地方“搬迁”到园区内的，其主要材料均为近200年前南部曲家所用的材料。各地的主要手工作坊被集中到盛冈手工村后，具备了相对较好的发展环境。但是园区方面也表示，从长远来看，园区仍然面临着设施老化、资金困难、后继者不足等多种问题。

8.5 旅游商品的创新设计

8.5.1 调研市场

旅游市场调查是指运用科学的方法，有针对性地、有计划地、系统地收集整理和分析有关旅游营销活动方面的信息，以了解旅游营销环境与市场状况，为旅游经营决策提供依据的活动。

为了进一步明确旅游市场调查的概念，对旅游市场调查中包含的几方面内容进行具体说明。

（1）旅游市场调查目的。其目的是为旅游企业决策者或管理部门提供参考依据，可能是为了制定旅游企业长远性的战略性规划，也可能是为制定某阶段规划或针对某问题的具体政策而提供参考依据。研究可以是学术性的，也可以是实用性的。

（2）旅游市场调查的内容。旅游市场调查的目的一般是由旅游市场调查的目的所决定。一般说来，主要涉及几个方面的内容：①旅游市场环境调查。②旅游市场需求调查。③旅游市场供给调查。旅游供给是一定时期内旅游市场提供的旅游产品的总量，包括旅游吸引物调查、旅游设施调查、可进入性调查、旅游服务调查、旅游形象调查和旅游容量调查。④旅游企业营销运行状态及效果调查。营销运行状态及效果可通过对旅游企业可控制的因素的调查加以体现，旅游企业的可控因素主要包括旅游产品、旅游价格、旅游分销渠道和旅游促销。⑤旅游竞争调查。包括竞争者的数量、分布和市场营销能力；竞争者的优势与不足；主要竞争对手的实力、市场营销策略和实际效果；与竞争对手合作的可能性和方式；本单位营销、战术及其效果。

在手工业生产时代，生产企业规模较小，甚至是前店后厂的生产及销售模式，生产者本人既是设计者和制造者，同时又是营销人员，他们总是直接面对消费者，能直接了解到消费者对产品的意见和各种需求，并据此进行再设计和再生产，以满足不同消费者的不同需求，逐步扩大其销售市场。

市场调查的范围：从市场中找寻切入点，到产品的设计、生产，到进入市场成为商品，到消费者的反馈建议，这一整个过程中的每一环节，以及“产品—商品”的生产企业、设计师、生产者、销售人员和消费者等，都是其所要调查的内容和关注的对象。

有关旅游商品设计方面的市场调查，其需要进行调查的主要内容及可以设置的主要问题有：

旅游者对目的地的哪种形式及内容的旅游商品感兴趣？

从旅游者的角度，当前市场还需要哪种形式的旅游商品？

旅游者对现有旅游商品在造型、色彩和包装上有何反应？

旅游者喜欢的和不喜欢的旅游商品形式及其包装是什么？

旅游者喜欢什么样的购物环境？

新设计的旅游商品其市场需求的潜力有多大？

旅游商品投放市场后，竞争对手会采取何种竞争策略？

竞争对手会用什么样的新设计和新技术参与旅游商品市场竞争？

设计调研步骤：

旅游商品设计调研的步骤与一般的产品设计的调研步骤一致，通常为：

（1）制定调研计划；

（2）实施调研任务；

（3）调研结果的分析整理；

上述为通用型产品设计的调研，针对特色旅游商品设计，有一项更重要的调研任务需要翔实进行，即对要进行旅游商品设计的目的地进行资源调研。

8.5.2 设计专业化是中国旅游商品行业的战略选择

8.5.2.1 国内旅游商品行业的设计创新及问题

中国旅游商品行业一直都在强调自主创新，并做出种种努力，市场表现却不如人意，问题究竟出在何处？目前行业内关于设计开发力量的讨论显得笼统，本文具体到旅游商品产业链的各环节进行设计开发的现状调查，企图直击问题所在。

（1）政府管理部门：许多城市已设立旅游商品研发中心，其工作进程中的重要环节就是开展旅游商品设计大赛，搭建旅游商品行业的交流与合作的平台。设计比赛对于提升行业的发展具有引领的作用，但是旅游商品是要应对特定旅游市场的，参赛者难以肩负起系统调查整个旅游商品市场的重任，于是比赛中评出的获奖作品因为市场的应对性弱往往会束之高阁，如何加工制作，投入市场往往没有下文。

（2）工艺美术大师工作室：是特色旅游商品研发的重要力量。但是传统工艺品越来越狭窄的市场告诉我们，工艺大师的优势是精湛传统工艺的传承，工艺品需要跟随时代潮流，满足现代人的审美需求，对外形与使用功能扩展方面的设计需要做全新的系统设计开发。

（3）旅游景区：目前一些优秀景区的管理部门也设立了旅游地商品研发中心，比如：张家界景区建立了旅游商品研发中心，并开通网站，网站作为当地旅游商品宣传的窗口，给供给双方搭建合作平台，积极开展与学校、企业的产学研合作和各项旅游商品设计大赛。但是景区难以组建一个专业的设计团队，进行系统开发，深度挖掘，因为他们直接面对当地的市场，更重要的工作是对旅游商品开发政策的实施，商品市场的管理，相关设计活动的组织与评选等方面的工作，景区的职责是设计实施，而不是设计开发。

（4）生产制造业：中国旅游商品生产企业也有设计部门，但这些企业多为中小型企业，设计力量明显不足，如果这个行业链中没有专业的设计研发机构，实行来单外包设计定制的合作方式，这些企业是很难有能力去培养设计师的。

（5）各类设计公司：旅游商品所包含的面非常广泛，每一个设计公司都会有其特定的设计范畴。如平面设计公司会在标识设计、广告海报设计方面具有一定实力，如空间设计方面的如室内设计、环境设计、展台设计公司是对三维的空间形体上有独到的创新。但是旅游商品设计在造型设计上既需要有二维的图形设计，又需要对三维空间有独特的理解，它更体现出设计的综合性。设计公司只是在具体产品的设计上发挥作用，好的东西如何推广，市场如何管理，都需要有明确的管理策略，完全靠设计公司或设计与管理脱节，这样就会导致好的设计概念被层层改变削弱，或是市场的管理因为不懂设计采取了不适合这项商品的推广策略，同样，设计作品会不了了之。

（6）艺术院校：艺术院校的旅游商品设计与开发的任务大部分交给产品设计和平面设计专业的学生，旅游商品设计开发还没有真正成为一个专业方向。同时旅游商品的特质需要进行跨学科、跨行业的合作，需要校企的合作，需要国际化的合作平台，总之平台要宽，视野要广，才能真正做好旅游商品市场的开发。

（7）旅游纪念品设计公司：现有的各种旅游纪念品设计公司，实际上是贸易公司，仅设一个设计部门而已，设计人员素质较低，力量非常微弱，设计往往是以东拼西凑的方式为主，还没有系统化的设计。

因此，尽管中国旅游商品行业在生产链中的各个环节都有设计力量的存在，却没有哪一个产业环节将设计作为核心内容，这其中有轻视的成分，有无暇顾及与无能为力的成分，更为根本的是设计力量薄弱的现实问题：旅游商品的设计人员大多为工艺美术专业毕业，学科背景单一，几乎都是从美学角度设计产品，很少有旅游、经济和文化等相关专业的人士参与策划与设计，这样就造成设计出的旅游产品多是工艺品，旅游商品的纪念性、观赏性、艺术性、知识性、独创性、收藏性在设计时难以得到综合体现，旅游商品缺乏特色与创新，很难满足旅游者的需要。现状是：中国以旅游商品为主题的设计研发概念模糊，非系统化，非专业化。

8.5.2.2　因设计缺失引发的尖锐矛盾

（1）游客对旅游商品的总体印象欠佳。因缺乏特色与创新，中国旅游商品市场中种类繁多，但特色不足；商品无明显民族特性、地域特征，无突出文化内涵，同质化现象严重。“买不到富有特色的旅游纪念品”的感叹总结了游客对旅游商品的总体印象，导致中国游客不愿花钱购买国内旅游商品成为一种普遍心态。

（2）中国旅游商品附加值低廉。产品附加值指通过智力劳动（包括技术、设计、知识产权、管理经验等）、人工加工、设备加工、流通营销等创造的超过原辅材料的价值的增加值。其中高附加值产品指智力创造的价值在附加值中占主要比重，具有较高的价值增长与较高经济效益，商品拥有高额利润。旅游商品作为一个地区的特色文化载体，必定是高附加值的产品，但中国旅游商品市场上随处充斥着低廉与劣质的产品，尤令人痛心的是：许多中国传统工艺品正在以越来越低，越来越没有特色的面貌出现在市场，他们有上千年流传下来的精湛工艺，有祖祖辈辈的不懈追求，为什么会面临中这样的窘境？究其原因是现代化的专业设计没有跟上，符合现代审美需求的智力创造没有在行业链中占到应有的比重，旅游商品附加值低廉。

8.5.2.3　构建中国旅游商品设计专业化

（1）旅游商品专业化设计企业的主旨。是专门从事旅游商品设计开发的公司，它以旅游市场为依角度出发，在做好充分市场调查的基础上，首先对旅游商品科学定位，再进行旅游商品的外形开发，对商品内部结构设计与商品制作指导，并负责进行商品推广策划为主要内容的设计研发方式，目的是根据不同旅游景区的特色，建立本景区的旅游商品开发规划，从而不断地为本景区设计出独特的、畅销的纪念品。

（2）旅游商品专业化设计企业的基本构架。专业化的设计公司需要严谨的专业化构建模式，经过理论总结与实践检验，总结出以下基本构架模式。

①专业化的研究方向：特色旅游商品品牌管理与产品设计。

②设计开发特色：集开发——设计——生产指导——市场营销管理为一体的旅游商品规划设计企业；具备全功能产品生命周期的设计开发；拥有跨行业，跨学科背景的专业开发团队；项目包含设计开发与品牌管理。

③设计团队行业背景：文化学者，策划大师，不同专业背景的设计师，民间艺术大师，经济管理专家，市场营销专家，旅游学专家，等。

④性质：注册公司。

⑤开发内容：旅游商品一般包括以下 5 大类：旅游工艺品和纪念品；文物古玩及复制、仿制品；土特产品（包括特色食品）；特色日用品；旅游用品等。

⑥工作内容：旅游商品的开发是一个系统工程，它包括：a、对国内外旅游商品开发作深入调查，综合分析评价；及时把握每年旅游商品市场的流行趋势；研究商品开发市场推广与当地的政治、经济、文化的关系。b、研究商品开发市场推广与当地政府、学校、设计公司、生产厂家、销售商家的关系对旅游商品开发目的地的调研（这一部分形成每年的年终报告）；深入了解当地的文化与经济结构；深入了解当地旅游商品市场；深入了解当地旅游开发设计的力量，包括：政府、学校、设计公司。c、对旅游商品项目的开发（这一部分形成项目的规划文本）：将当地的旅游特色商品作综合评估与分析，寻找并提炼出最具地方特色，最具文化内涵，最具经济价值的旅游商品；将要开发的商品进行第一次提炼，寻找第一批开发的一到两个商品，作深入分析，包括：商品文化内涵分析、商品造型分析、商品功能性分析、商品时尚性分析，商的经济价值分析等等方面，同时规划出开发年限；寻找第二批开发的旅游商品，这些商品可以丰富当地旅游商品市场，为未来商品的研发做好铺垫，并规划出开发年限。d、对旅游商品的产品设计（这一部分形成规划项目的图片部分：产品三维造型效果图、产品 Autocad 施工图、产品模型）：针对确定要开发的商品在造型与功能上作设计研发，以满足游客在视觉与心理体验和功能上的需要。e、对研发的旅游商品设计的市场推广（这一部分形成项目的规划文本）：研发商品如何推向市场做营销策划方案设计；政府和相关职能部门做产品设计管理方案设计；政府和相关职能部门做产品市场推广管理方案设计。f、团队要做的研究：对旅游商品的分类调研与分析，形成资料库；对国内外旅游市场的调研与分析，形成资料库（具体商品类型品种与市场管理）；

对重点景区的商品市场调研与分析，形成资料库（具体商品类型品种与市场管理）；对国内重点景区的商品开发职能部门的调研与分析，发现问题，以便了解整个研发管理情况；发布每年的旅游商品设计潮流动向。设计的专业化将是中国旅游商品行业的重要选择，在进行市场化运作以后，以一个设计行业的性质呈现以后，新颖的设计作品将源源不断地、系列化地显示出来，有理由相信中国的旅游商品市场会出现真正令游客心动的商品，人们在旅途的过程中除了会获得自然与人文的欣赏与愉悦体验，将同样会享受一次愉快的、令人惊喜的购物之旅。

8.5.3 设计创意

2009年,国家旅游局首次在义乌设立旅游商品研发中心,历经4年孕育，目前一大批研发成果将集体面市。旅博会商品研发中心负责人张淼介绍，此次博览会旅游商品的研发主要分三大方向，一是传统的民族风和有地域特色旅游商品，二是非物质文化传统工艺和技术上有所创新的商品，三是大众化的纪念品和日常用品功能化的旅游商品。“中国的旅游市场很大，旅游产品十分有发展前景。”吴文学说，目前，我国旅游商品购物占旅游消费的比重只有40%，而发达国家旅游购物占旅游消费的比重达70%。预计未来5年，中国旅游商品市场总规模将不低于3000亿元。然如此，在任何时候，对文化创意产业决不能采取轻薄的态度。如提倡一种非理性的急功近利的发展方式，同时，也不能失却了必要的衡量尺度。需要审慎对待的是，我们要把握好创意本身积极的张力，根据调研与市场的反馈进行调整，使其能被当前的技术所实现，并且确保目标客户和终端用户能够接受它。旅游商品是一个地区的“形象大使”，是一个地区集风光、习俗、精神为一体的形象使者。一件具有自身特色的旅游商品，能加深游客对当地文化传统、艺术造诣、民间风情的了解，能够满足游客把当地的美带回家去的美好愿望。目前，我区现有的旅游商品主要包括食品加工类、传统工艺类、文化创意类、农副产品类、四季仙果类、旅游用品类等近千种。

旅游商品的发展离不开创意，为此，我们要思考的不仅仅是文化，还有经济政策、科技发展、旅游发展等，将这些内容综合起来考虑，促进各个领域的融合，并且了解哪些是关键的领域，这样才能在质量和数量上都有进步。这是推动创新的方式，也是推动创意产业发展的方式。当然，对于创意产业在文化、旅游领域的探讨，绝不仅仅止于此。只有不断提升将创意引入旅游商品的自觉性，旅游商品研发才能实现新的突破。

8.5.4　市场检验

旅游地独特的文化背景是旅游商品的核心竞争优势。以旅游地独特的文化为切入点进行的现代旅游商品设计，是对文化的传承与进一步发展；然而，对文化的传承与发展既不能一味地继承，也不能盲目地否定。文化的发展是一个吐故纳新与兼容并蓄的过程，我们应取其精华、弃其糟粕，使之符合社会在新历史发展阶段的需求。

（1）将旅游者的合理需求作为组织“关系元素”的主要准则，以拓展旅游商品类型的旅游商品能否满足旅游者的合理需求是衡量其市场价值的重要标准。旅游者在整个旅游行为中的所有合理需求也都应作为设计的求解对象。相对于传统旅游商品“守旧”“修旧”“自我展现”的设计形式，现代旅游商品设计是将旅游行为的准备阶段、实践阶段、回顾阶段看作一个有机整体，并将旅游者在各个阶段的全部合理需求都归纳为设计的求解对象而进行的一项创造性活动。在这一设计求解对象范围的拓展过程中，旅游商品的类型将得到最大限度的拓展。在具体的设计求解过程中，“概念元素”是设计的核心内容与指导思想，决定着旅游商品能否对地域文化的内涵进行有效的传承与彰显；“视觉元素”则是“概念元素”的物质承载与具体实施过程，决定着某一地域的整体旅游商品品牌形象能否得到有效的构建。“关系元素”则是将二者进行有效协调，使旅游商品既“合情”又“合理”，并真正满足旅游者实际需求的关键步骤，其衡量标准应以是否满足旅游者的合理需求为准绳。

图 8-1　“徽州印象—节节高”灯具设计

以“徽风—小窗”便携式灯具为例（见图 8-1）：该设计以“内敛、含蓄”的造物观为“概念元素”的主要内容，以徽派建筑中的“马头墙”、“小窗”为“视觉元素”的主要特征，将旅游实践阶段的照明功能需求作为组织“关系元素”的主要准则。在“视觉元素”的应用过程中，设计师将徽派建筑的视觉符号以点、线、面的几何形式进行了归纳与提炼，并以白、灰为色彩的全部内容，以诠释“内敛、含蓄”的造物理念。在“关系元素”的组织过程中，设计师将“视觉元素”以折叠的方式进行了结构处理，以满足旅游实践阶段的物品携带需求。以“画桥”情侣开瓶器为例（见图 8–2）：该设计的视觉元素来源于宏村中的“画桥”，设计师以现代设计方法对“画桥”进行了形态提炼，并赋予该形态以开瓶的实用功能及情感交流的精神功能，使该商品在满足一定功能需求的基础上，还具备了极具特色的视觉特征。而在现代旅游商品的设计与开发的过程中，通过对地域文化视觉符号的不断发掘，并广泛运用于不同类型的旅游商品之中，独具地域文化特色的旅游商品品牌形象也将得到有效构建。

图 8–2 “画桥”情侣开瓶器设计

徽文化旅游商品设计

（2）将旅游体验目标的有效达成作为检验“效应元素”的主要标准，以评判设计的优劣旅游服务是为旅游者创造体验的全过程，旅游经济是人们去异地体验的全过程中的服务经济。从经济学角度来看，旅游经济实质是一种体验型经济，旅游者在旅游过程中通过游览、感知、学习、情感互动所形成的独特体验，是旅游活动的核心价值所在。谢佐夫在《体验设计》一书中对“体验设计”定义为：它是将消费者的参与融入设计中，是企业把服务作为“舞台”，环境作为“布景”，产品作为“道具”，使消费者在商业活动过程中感受到美好的体验过程。依据谢佐夫对“体验设计”的定义，对旅游体验可理解为：它是将旅游服务作为“舞台”，将旅游目的地的自然、人文旅游资源作为“布景”，将旅游商品与旅游设施作为体验的“道具”，使旅游者在旅游行为中获得美好体验的过程。

“效应元素”是检验商品是否达到设计预期目标的重要方式。在现代旅游商品设计过程中，经“概念元素”的确立，“视觉元素”的获取，“关系元素”的组织等工作，设计方案得到了初步的确立。然而，作为一个完整的商品设计过程，还需要来自主观与客观两方面“效应元素”的反馈与评判。主观评价是设计者的“自省”，客观评价则包括设计目标的达成、设计同行的评估、生产领域的分析、社会价值的回馈等内容。旅游经济实质是一种体验型经济，作为旅游体验的重要道具之一，旅游商品应以旅游体验目标的有效达成作为检验“效应元素”的主要标准。

8.6　旅游商品创新设计原则

旅游商品设计要坚持五大原则：人本主义原则、审美凸显与独特吸引力原则、情境化与体验化原则、产品化原则、保护与开发协调的原则。旅游商品设计的专业化包含旅游产品游憩方式开发设计的程序及内容，此程序是游憩方式设计的核心结构，是对设计过程进行指导的关键。其中，资源条件分析是基础，市场需求分析是关键，产品情境体验设计是核心，效果测评检验是保障。这四个步骤环环相扣、相互支撑、缺一不可，包括：基础资源与开发条件分析；市场需求分析；情境与体验设计；效果测评检验。

8.6.1　人本主义原则

人本主义理念实际上是借鉴产品设计的人性化原则。指在设计过程当中，根据人的行为习惯、人体的生理结构、人的心理情况、人的思维方式等等，在原有设计基本功能和性能的基础上，对建筑和展品进行优化，使观众参观起来非常方便、舒适。是在设计中对人的心理生理需求和精神追求的尊重和满足，是设计中的人文关怀，是对人性的尊重。对于旅游商品来说，其设计就是要符合当时当地的地域情境，文化氛围，用产品将旅游者带入文化体验的层次，尊重当地的人文，符合消费者的求新求异的猎奇心理和文化审美心理，为消费者提供产品购物的快乐体验，创造娱乐和享受的价值。

8.6.2　审美凸显与独特吸引力原则

根据市场需求设计产品。要面向一个特定的、有清晰特征的人群，而这个人群恰恰是某些产品的购买主力或重度消费群。这一原则让我们认识到市场细分、市场定位的重要性。

产品差异化的目的：避免或干扰客人进行不同企业间同类产品的简单的价格类比。产品差异化的体现：①与其他旅行社的产品有差异；②与自己的前期产品有差异；③与同样线路的针对其他客户群体的产品有差异；④增加附加值。设计美是经过物化设计活动所创造的美，有它自身存在发展的根源：人类自身的设计造物活动对美的认知与时代性的物化传承呈现出不同的特质，随着全球一体化发展的进程，这种特质在不同的区域内相互交织，产生了设计美的共性认知与异性表征两种社会存在方式，即现今设计美的同质化与异质化表现。设计美因其自身的社会属性而呈现出大众与公共审美的特征。技术美与设计美相辅相成，同时又具有自身的技术因素对美的本质性影响。正如李泽厚先生认为的："前进的社会目的性成了对象合规律（如桥造得巧、飞机有气势）的形式，也就是说，善成了真的形式，人们直接看到的是善合目的性。飞机、大桥是为人服务的，但它所以能建成，却又是符合规律性的，这就是技术美的本质。"从中不难发现，技术美是为社会发展的需求而进行的合乎人类目的性的客观规律性映现。谈及设计美与技术美的关系，米・杜夫海纳认为，"美是在一种与对象有时是更为智力性的、有时是更加肉体性的接触中，给我们显示的。就是在这样的经验之中，技术对象才能为我们审美化。"从对这句话的理解中，可以发现设计美与技术美其实就是在人与人的审美碰撞、人与作品的审美互动、作品与人的审美反映的亲密接触之中获得相互之间的一种共生性体现，因人的审美思维而新生，因设计作品的技术实施手段而传承，这是一种理念与实践相结合的表征。建立在设计美与技术美之上的设计批评与设计审美，就是要在一个动态的社会设计活动发展的过程中，不断探索、寻找设计作品的可持续生命力。设计作品的优秀与不足会因受众对它的不同观念与认识而产生不同的社会效应，有正面亦有负面影响。因此，关键在于要有正确对待不同社会时期所表现的社会美的规律性认知，其包含以下五个方面：对设计作品所服务的设计对象的认知（科学性）、对设计作品自身的设计定位认知（规律性）、对设计作品支持技术的认知（技术性）、对设计作品地域风情的认知（功能性）与对设计作品历史文化的认知（美观性），这五种认知统一凝结为设计作品中设计美与技术美的内容与形式。旅游，起源于审美的需求，旅游的早期产业形态，也是以景观观赏为核心主题。随着旅游业的不断发展，广大旅游者对旅游欣赏、旅游审美的要求越来越高，旅游活动也逐渐从观光娱乐型向休闲体验型转化．而旅游审美是对自然美、艺术美、社会美的综合性审美实践活动。所以从旅游资源审美和旅游者的需求出发，我们认为艺术审美性原则是游憩方式设计的一个重要原则，是体现设计修养的关键。旅游产品，必须具备足够的吸引力，才可能把游客从客源地吸引到目的地。由于我国旅游资源非常丰富，资源类同性处处存在，要仅仅依靠资源本体的观赏独特性，绝大多数景区都不可能达到够的吸引力。因此，如何依托资源，开发具有独特吸引力的产品，就成为旅游开发成功与否的前提。游憩方式设计，必须遵循审美凸显的原则，从已有的资源中，挖掘其特色性审美要素，并予以凸显；注入与资源协调的植物景观、园林景观、建筑景观、其他人文景观，形成全程审美的旅途生活。游憩方式设计，必须着眼于打造核心吸引力，并围绕核心吸引力整合资源，形成产品。

8.6.3　情境化与体验化原则

游乐方式设计——娱乐、运动、游乐、游艺、参与性活动娱乐的发展首先是民族化、地方化、民俗化。越是地方的，越是流行的。旅游者到旅游地的娱乐体验，应当是具有当地民族特色的娱乐方式，而对于那些比较大众化的，在很大范围内流行的，他们反而兴趣不大，这就需要我们在游憩方式的设计过程当中，充分发掘当地的特色文化和奇特的游乐方式，把丰富的文化内涵寓意在新奇的娱乐方式中，让旅游者享受到独特的游乐方式，其次是要考虑集中性的娱乐场所和地方民族文化节，因为通过这样组团的方式，既展示了旅游地的民族文化，又通过这样集中的方式，把各种具体的传统的民间游乐方式表达出来，让旅游者既增长了知识，又得到一次全面、深刻的游乐体验。这就是游憩方式中“游乐”设计的至高境界。游憩方式设计，应对观赏性资源、文化资源等进行情境化改造与设计，形成情境化的场景、情境戏剧化的环境；通过情境化设计，将自然与文化资源，转变为人性化的观赏过程，转变为具有吸引力，可使游客兴奋的产品。体验，是旅途人生的核心，差异于城市工作和日常生活的体验感悟，是游客追求的最高境界。游程中角色体验（新团队中角色、参与目的地生活角色、情境中角色、戏剧化中的角色等），人与自然互动体验，征服或融入自然的体验，回归历史的时空体验，异域文化的体验等等，构成对游客旅途人生的全面满足。其中，趣味性是情境体验中的通俗要素，主要包括志趣、情趣、童趣、风趣、野趣等。因此，游憩方式设计中，自始至终都要把握情境与体验的设计。

情境与体验是密不可分的。

海南旅游商品，是适应实际生活需要，作为承载了特定功能和意义的商品，属于实用设计艺术范畴。设计艺术，作为与人们物质与精神生活，关系最为密切的一种美术形式，其“境界”之美主要表现在功利、审美和伦理等方面情境与体验设计，就是在恰当的资源评价基础上和准确的市场定位，对旅游资源以及相关要素进行富有创意的技术设计，该技术要求，以旅游者的体验经历为核心，使旅游者在旅游过程中产生强烈的审美体验，情境设计是对观赏环境游乐环境以及相关各个环节的游憩氛围与过程，按审美场景的诱导模式进行的设计；体验设计分为两个方面，一是直接体验设计，二是功能体验设计。

8.6.4 产品化原则

游憩方式设计，目的是形成旅游产品。对于游客而言，整个出游过程是一个产品，但对于各个旅游项目开发商而言，开发范围内的景区或旅游区，构成一个或几个产品。因此，游憩方式设计，必须把握作为服务产品的构成模式与结构，是游憩过程可以由若干个独立运营的单元构成，每一个单元产品，都可以形成相对独立的经营基础。而单元之间，又必须相互结合，构成旅游要素的完整配置。

8.6.5 保护与开发协调原则

旅游资源开发，特别需要把握风景资源保护、生态环境保护、文物保护、游客安全保护四方面的保护。风景资源保护：不能以破坏风景资源为代价进行开发，因此，对观赏、游乐、基础设施的位置、体量、风格等的规划，必须以保护为前提，与资源协调。

生态环境保护：任何开发，必须达到环境保护要求，不能引起整体生态环境的不可逆转性破坏，因此，对环境容量、污染治理、垃圾处理等，必须有到位的措施。文物保护：对文物资源、不限于已经列入全国或地方政府保护名单的所有历史或民俗文化性资源，都应该予以保护。游客安全保护：在游憩方式设计中，必须充分考虑游客安全，包括旅途安全、游览安全、游乐安全、社会安全等几个方面。天人合一的思想是中国古代哲学的特色之一，强调“天道”和“人道”，“自然”和“人为”的统一，是中国古人追求人与自然的协调一致、和谐地共存共生的思想境界。所以在游憩方式的设计过程中，应通过游憩方式这样一个多面载体，把人的意念与自然景观达到某种默契，使心神与尘世形成某种和谐，达到融景生情、情随景变人景交融、浑然一体，从而渐渐升华到天人合一的至高境界。

8.7 旅游商品设计方法及设计定位

只有掌握市场的供需状况，才能用客观的、科学的尺度，给予自己的产品以准确的“定位”。有了正确的产品“定位”概念，才可能有切实可行的设计方案，也才能使产品在竞争中有立足之地。

8.7.1　旅游商品设计方法

旅游商品设计目前并无系统的、自成体系的设计研究方法，多采用或借鉴现代工业产品设计的原理方法现代工业产品设计，在设计的方法上可分为沿用设计和创造性设计两大类型。

8.7.1.1　沿用设计

模仿设计：包括同类产品的直接模仿及仿生设计的间接模仿。

移植设计：包括原理移植、功能移植、结构移植、材料移植、工艺移植。

替代设计：包括材料替代、零部件替代、方式方法替代、技术替代。

标准化设计：是指沿用现行的国家技术标准或国际标准。

专利应用设计：包括专利的综合应用和专利的借鉴。

集约化设计；包括组套设计、系列设计、产品存放方式的设计。

8.7.1.2　创造性设计

产品设计是产品的技术设计，其意义为人类使其自身的技术活动结果的对象化——物化。物化的过程是运用技术成果、技术手段、工具与技术规范等，最终所达到工业化生产物品的过程。产品化设计就是这种物化过程的设计。

以技术为主体的产品设计，是人类为满足自身最基本需求的设计行为。把由产品化设计的产品纳入“人—机（产品）—环境”系统中进行考察，发现产品化设计是一种非优化设计。商品化设计是对产品化设计的提升与超越，即商品化设计既保留了产品化设计对产品物质效用功能的追求，同时又增加了人对产品其他功能，特别是精神功能的需求。因此，商品化设计实际上是把人对产品的各种功能需求作为设计的目标，进行优化设计的一种设计方法。目前，我国工业设计的发展，正从产品化设计向商品化设计过渡，同时伴随着绿色设计思想。绿色设计是近几年设计领域研究的热门话题，它是可持续发展的必然要求，可为解决“人—机—环境”关系协调提供系统的设计方法。目前，对绿色设计理论的研究，国内外研究主要集中在绿色技术方面，以解决“机（产品）—环境”的关系，而对于人在整个“人—机—环境”关系的全面协调研究较少。为此，在绿色设计理论研究的基础上，从“人—机—环境”协调角度提出了“面向生活方式”的设计思想来进一步完善绿色设计理论，从“研究生活方式”方面对绿色设计的概念进一步扩展，并讨论了传统设计和绿色设计的主要区别。

大约有80%的产品所带来的环境问题是在产品的概念设计和具体设计阶段中就决定了。因此，人们逐渐认识到产品设计对环保所起的重要作用，其中，产品的绿色设计成为关注的焦点。绿色设计被认为是解决目前环境、人口和资源三大问题的重要手段。

与全球掀起的“绿色消费浪潮”相呼应，云南旅游商品设计应力求以保护自然资源为前提，尽可能减少对资源的浪费和破坏，通过物化旅游地特有的历史、民族、文化、宗教等丰富内涵，来激发人们珍惜环境、热爱自然、感悟厚重的民族历史文化底蕴，体味原汁原味的、浓郁的民俗风情，这是对民族历史文化的最好传承方式。

同时旅游商品的生态性开发，不仅促进人类环保、健康的消费意识，增加消费群体和市场需求量，还更有利于解决旅游地经济可持续性增长及社区百姓的就业问题。

旅游商品设计实施方法

旅游商品设计的实施方法可借鉴现代产品设计的实施方法，即紧扣设计要素来展开，设计要素是设计的依据和线索，是设计必不可少的组成部分，每个要素都代表着设计思考的方向。对于旅游商品设计的开发，详细分析和研究每个要素的定位是非常必要的。

环境要素：旅游商品设计除多民族文化的征外，特别要注重生态化设计的理念。

人的要素：产品必须对不同人群进行分类，从年龄、性别、种族、民族、地域性等方面进行思考。使设计有针对性，同时贯彻人性化设计的理念。

功能要素：功能是产品的使用价值体现，产品只有具备某种特定的用途才有存在的必要性。旅游商品设计也应加强这方面的思考。毕竟实现功能是产品设计的最终目的。功能按需求可分为物质功能（使用功能）和心理功能（精神功能），心理功能往往带有强烈的个性色彩。

形态要素：物质丰富的消费时代，个性化需求凸显，规格化，统一化的产品模式注定不能与时代相适应。

结构要素：结构是指形与形之间的组合关系。功能是产品设计的目的，结构是产品功能的承担者，产品结构决定产品功能的实现。

材料与工艺要素：所有材料都有自身的物理性能：强度、弹性、塑性、韧性、密度、熔点、导热性等，这些物理性能决定了它们的加工方式。材料与工艺是密不可分的，工艺技术决定了生产方式和生产规模，云南的旅游商品生产厂家与发达地区的差别，关键就是工艺技术与设计。

技术要素：技术是产品的核心，产品的技术由产品设计技术、制造技术和信息技术组成。信息技术如今已渗透到我们生活的所有方面，无论对设计、制造、产品、市场、还是文化、观念，其影响力无处不在，但技术不能代替设计，设计才是产品开发的主导。

市场要素：市场是产品开发的出发点也是最终的落脚点，市场要素是产品设计中最复杂、最变幻莫测、最难把握的要素。设计师在设计新产品前，要对市场上的同类产品进行调研。对既有产品的调研不仅使设计师能充分掌握现有的市场信息，而且可以使设计师从问题中获得灵感，设计出更好的产品。

法规与产权要素：产品质量法和知识产权法对产品开发有着约束和指导作用。建立法规意识、产权意识是设计者开发产品的基本要求。

8.7.2　旅游商品品牌化营销解决之道

8.7.2.1　细分旅游市场，明确目标层级

旅游市场是分层级的，了解不同层级消费者的消费习惯、购买动机很重要，只有明确了自己的目标消费者，才能以消费者需求为中心，明确商品的品牌定位，继而为广大消费者所喜爱。

8.7.2.2　全新品牌系统打造

挖掘地缘文化，把握品牌 DNA，体现民族风格和当地特色，承载当地的历史文化内涵如“北京礼物”便很好的挖掘了当地的文化，以“北京礼物”这个总品牌来运营旅游商品产业，提升旅游商品的整体形象。文化是旅游的支柱和精髓，一个国家或地区都有其历史发展的轨迹。旅游商品本身就包含着一种文化差别，它是民族文化和地域文化的融合，是旅游业不可或缺的重要组成部分。未来应依托本地文化产业的发展，对本地文化进行深度挖掘，找准富有特色文化的独特之处，细分旅游商品市场，实现商业资源的优化配置和经济效益最大化。

8.7.2.3　构建品牌特许连锁专卖模式，同时积极布局电子商务等新型模式

旅游商品产业可以考虑打造品牌特许连锁专卖模式，开设旅游商品旗舰店，统一店面形象，规范店面运营，并打造特色化服务，在旗舰店运营的基础上制定《旅游商品特许经营管理办法》，为富有民族特色文化的品牌走出区域、迈入全国、走向世界全面展开打下坚实的基础。同时积极考

虑电子商务平台运营，以适应新时代消费者购物行为的改变。

8.7.2.4 打造有人文特质、民族特征的经典系列化旅游商品

旅游商品产业需要系统化梳理旗下所有旅游商品和工艺品等旅游商品，深度挖掘富有本地特色非物质文化遗产，规划系列化旅游商品，形成组合拳全新推向市场。商品规划的过程中可以举办“旅游商品设计大赛”，既获得新的创意，又提升了品牌宣传。

8.7.2.5 品牌特许招商运营

在特许招商环节，需要招募有实力的零售商进入旅游商品特许经营范围。在特许零售商的招募过程中设置特许加盟商标准，确保招募到优秀的特许加盟商并在后期给予规范化培训，从而构建系统标准化的运营管理平台。

8.7.2.6 围绕旅游商品品牌核心价值进行整合传播

更多运用深度沟通式品牌公关活动，传播历史人文精神与演绎当代审美追求。旅游商品的品牌传播需要围绕旅游商品品牌的核心价值制定系列传播活动，持续传播品牌。例如可参加中国旅游商品博览会，举办旅游商品发展论坛，组织旅游商品设计大赛，邀请游客评选最受欢迎的旅游商品等，运用一系列公关事件，通过线上和线下多媒体整合传播提升品牌溢价。

8.7.2.7 强化产业组织建设，提升市场引导能力

旅游商品产业还需要组建旅游商品产业管理组织，在产业链建设上梳理标准化流程，以市场为导向，以品牌化思维去运营旅游商品产业，可持续提升旅游商品总品牌资产。

最后我们说，旅游商品产业的机会是巨大的，但目前，中国各区域的旅游商品产业都还处于起步阶段，对文化遗产和自然资源的挖掘利用还不够，奥古特咨询机构将长期致力于对非物质文化遗产的深度开发，帮助各区域旅游产业打造属于自己的特色精品，塑造国际化品牌，我们一直认为民族的才是世界的。走出自己的路才能真正立足于各民族之间、才能拥有世界、才能传承自己的民族精神与智慧，我们也相信在未来会帮助各区域旅游机构打造出一个又一个旅游商品强势品牌。

8.7.3 设计旅游产品体验营销策略的基本原则

体验是企业和顾客交流感官刺激、信息和情感的要点的集合，使消费

过程成为记忆是体验营销的关键。由于顾客的最终体验结果受诸如其自身的个性经历，周围的环境，服务的质量乃至天气等多种因素的影响，所以灵活多变是体验营销策略的一个很大的特点。但这并不说明设计体验营销策略无章可循，实际上仍有以下几个基本的原则可遵循。

8.7.3.1　确定体验主题

在旅游企业中，要打造体验营销策略，也离不开精心创意的主题。主题是体验的基础，确定好的主题是通往体验之路的关键一步。主题的确立是一项极其重要的程序，同时也是一项挑战性极强的工作。确立主题要注意以下几点：第一，确立前一定要选择好的角度去筛选所要表现的主题。一般可以从古典文明、乡情乡愁、都市情调、流行时尚、自然生态、风俗习惯、科学幻想或一种特别的生活方式等角度入手。选择好角度的关键是要领悟什么是真正令人瞩目和动人心魄的。要洞悉到这一点，需要设计者在深入调查消费者的情感和心理过程、社会文化风土人情以及掌握尽可能丰富的各类知识的基础上，发挥极大的想象力和艺术探索精神。第二，构成主题的各种要素必须和谐。主题是通过一系列的印象组合起来影响个人的行为来实现的，游客的印象就是旅游体验的结果。从心理学角度看，新奇、动感、触摸、品尝、优雅的音乐及和谐的色彩等都有利于加深顾客印象。主题的开发可根据这些要素巧妙加以运用。打造韵味十足的体验主题有赖于各种精心设计的要素的有机匹配，只有把这些要素恰到好处地组合起来，才有利于加深游客体验并突出主题。第三，温斯顿·丘吉尔。曾说过：“要改善就要改变，要完美就必须经常改变。”所以，主题不能固守永恒，要不断地推陈出新，跟上时代的步伐，这样才能“适者生存”。

总之，一个良好且能激发体验的主题应该是简洁动人，且符合消费心理。只有这样，才能打动游客情感，激发游客的欲望。例如，迪士尼乐园的主题是发现快乐和知识的地方，老一代在这里能捕捉到值得怀念的流逝岁月，年轻一代在这里尝试着挑战未来的滋味。

8.7.3.2　以正面线索塑造印象

确立好一个主题后，就应该紧紧围绕该主题来塑造线索。要通过精心组合有形的东西，给游客创造一个易于把握主题的整体环境，要把线索发挥得淋漓尽致，达到充分刺激消费者感官，使消费者感到身临其境，最后留下难以磨灭的印象。实际上，在旅游体验的设计中，企业所营造的内部布局和建构，视觉、听觉乃至嗅觉冲击，还有服务人员的一举一动、一言一行都构成了消费者可寻找的线索。经营人员在筛选、设计这些线索的时候，不能忽略掉每一个细节，要力求每一个细节与主题的一致性。例如，拉斯维加斯一家购物中心选择了以古罗马集市为主题，便力求从各个细节展现其主题：购物中心大厅铺有大理石地板，有白色罗马列柱、仿露天咖啡座绿树、喷泉，天花板是个大银幕，其中蓝天白云的画面栩栩如生，偶尔还有打雷闪电，模拟暴风雨的情形。在大门的各入口处，每小时有凯撒大帝与其他古罗马士兵行军通过，使人感觉仿佛重新回到古罗马的街市。这些细节便达到了为主题服务的很好效果，是塑造顾客印象的正面线索。

8.7.3.3 消除负面线索

要塑造完整的体验，不仅需要设计一层层的正面线索，还必须消除削弱、违反、转移主题的负面线索。由于体验营销是通过为消费者人为创造一个能给其留下深刻印象的环境，这个环境难免会存在一些不利于主题的负面线索，而一个细小的负面线索都可能会大大影响主题的效果，有时甚至会与主题背道而驰。例如，圆明新园中穿着古装的服务人员像现代人一样和游客交谈或是穿着卡通服装的演员和游客像日常一样说话，“异度空间”里跑出来制造气氛装神扮鬼的演员被游客抓住，这些都会减少体验的力度，属于塑造主题体验中的负面线索。在设计营销策略时，一定要注意剔除这些负面线索。

8.7.3.4 充分利用纪念品

如果旅游企业经过制定明确主题、增加正面线索、避免负面线索，最终设计出了令游客难忘的体验，为游客提供用于回味体验的纪念品则会增强体验的事后效果。纪念品的价格虽然比不具纪念价值的相同产品高出很多，但因为具有回忆体验的价值，所以消费者还是热衷于购买。看到从迪士尼乐园带回来的那只毛茸茸的 MICKY，就会不由地想到那次迪士尼“寻找快乐”的体验；每次穿那件 HARDROCK 的纪念 T-SHIRT，耳边就会响起火热的摇滚乐；伊泰莲娜凡的教官颁发的“学员证”，让人对那次创作体验不能忘怀……这些都证明了纪念品对加深顾客体验的价值。

8.7.3.5 整合多种感官刺激

体验中的感官刺激应该支持和增强主题，而且体验中所涉及的感官刺激越多，就越令人难忘。体验营销是要创造一种让顾客产生与所选主题相一致的身临其境的感觉。因此，营销策略设计人员应当考虑如何通过刺激顾客的视觉、听觉、嗅觉、触觉等多种感觉器官，以促使顾客展开与主题相关的丰富的想象，从而达到给顾客留下深刻印象的目的。例如民俗村里风格各异的民族表演令人大开眼界，“欢乐谷”听音室的鬼故事使人紧张，鼎湖山负离子最佳呼吸区的空气令人心旷神怡，在世界之窗阿尔卑斯滑雪场零下 20 多度的条件下滑雪的感觉令人难忘。

8.7.3.6　基于五感的商品设计

日本设计师原研哉思考的意识设计及其延伸的五感体验，是指人体五官感觉所提供丰富情趣知觉对象物的体验。原研哉在《攀登设计生命之树》认为：虽说是专门搞平面设计，但当然也不只注重于视觉，而是要有综合触觉、嗅觉、听觉，甚至味觉察觉丰富的感觉世界、充实这个世界的技术。使这种技术通过交流的把式应用于社会。同此，不管宣传画的制作也好，商品广告产品的制作也好，或是进行空间设计也好，都应着眼于充实信息量，换句话说也就是充实素材，即文字、图片、插图等造型零件。即着眼于充实作为其零部件的这些具体材料的信息量，使其按照自己的目的进行最适当的编辑作业，这即是我的设计原则。现在，能够高度快速地进行信息编辑、加工和流通处理的计算机及工业技术已经普及，我更深地认识到要树立以交流为起点的新的观念。在这种环境中，一般进行无感性繁乱枯燥数据的操作，因此我们必须构筑人体五官能感知的具有更丰富更高品位感觉的信息建筑物，这也是我今后设计工作的理念。

同时，“在人工化发展不可阻挡大趋势下，不仅仅要考虑人和自然的关系，人与物的和谐共生也是非常切实的问题”。设计的核心在于人与物的互动，这一互动包括三个过程。其一，设计者利用“五感”完成对生活和事物的观察，进而结合自己的经验和记忆进行信息的综合加工分析。其二在信息的综合分析上根据科技水平、社会生活理念、伦理道德、价值观和审美观等因素，结合设计的形式和符号语言形成可看、可听、可闻、可味、可感的物的设计再造，其三，管着或手中依据自己的知识水平和生活体验，通过五感体验的方式完成对设计物的认知层面、操作层面情感层面的全方位解读和认知。

8.7.4　旅游商品设计管理

设计指的是把一种计划、规划、设想、问题解决的方法，通过视觉的方式传达出来的活动过程。它的核心内容包括三个方面，即计划、构思的形成；视觉传达方式；以及计划通过传达之后的具体应用。而管理，则是由计划、组织、指挥、协调及控制等职能要素组成的活动过程，其基本职能包括决策、领导、调控几个方面。“设计”与“管理”他们之间又是相互依存、相互作用的关系。在设计的过程中不可能不包括“管理”的意味，只是在设计实施的过程中“设计”与“管理”在工作的范围和思考问题的侧重点有所不同。为了去解决设计管理相关工作的问题，我们需要去思考培养设计师工作之问题，靠一些公众意见及讨论去决定，似乎对设计师本身有一定程度的困扰。设计的定义，如以下从教科书（Jones 1980）列出的项目，描述了大范围的认知：

一个目标导向的解决问题活动。对于相关产品状况给予满足。从现有的事实跨越到未来可能性事物的想象力。有关于大众产品的部分检查因素。

这些描述并非完全地互相有关系，但彼此是不相同的，对于那些对设计寻求一简单的理解之管理者来说可强调其不同。

设计管理，该概念最早是由英国设计师马切尔·法约尔于1966年提出的。他认为：设计管理是在界定设计问题，寻找合适设计师，且尽可能地使设计师在既定的预算内及时地解决问题

8.7.5 旅游商品设计管理范畴

①公司层次的产品设计管理（由公司管理层负责）：界定、预测及确认公司目标；促使所有参与设计活动者了解公司目标；确认所选定的产品开发计划能符合公司目标；提供各种资源，以确保产品计划的实施；确保设计政策与程序；管理设计项目；监督设计结果、时间与成本；监督和维护设计标准；以及评估设计结果。

②项目层次的产品设计管理（由项目经理负责）：确认产品概念的界定能吻合公司计划；制订与修正设计标准；进行设计预算和成本控制；监督与控制设计质量；确认设计资源与设计配合；组建设计项目组织；展开设计组织内部及外部之间的沟通；以及组织对设计项目及项目管理方面的评估。

③在设计活动方面的管理（由设计经理负责）：参与设计标准的制订；提供设计所需的有关资源；负责对设计技术的确认与更新；培训设计小组组长使其有一般的管理能力；分配设计师工作；激励设计人员；检查与审核设计是否符合设计标准；追踪检查设计工时、结果及成本；确保设计活动的执行与展开；对设计做出专业评价；以及评估设计程序与设计质量。

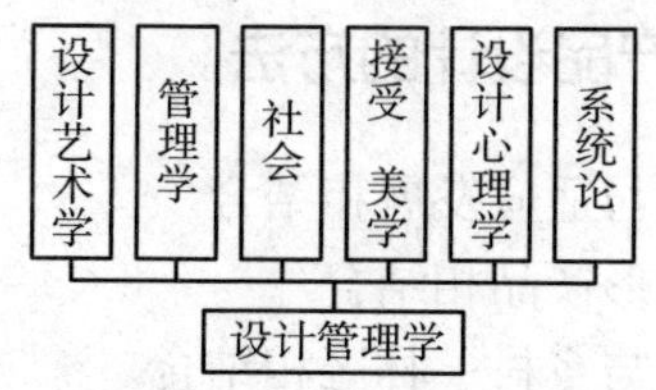

设计管理学的“综合型”交叉学科体系

8.7.6　生态旅游产品设计

生态旅游产品设计的真正意义在于充分发挥生态旅游教育功能，增强旅游资源吸引力，保证旅游者生态体验效果。

1. 设计总原则——以保护为前提，有限度开发。

2. 具体指标

保护为先原则

地方特色、原汁原味原则

社区参与原则

市场导向原则

综合性原则

“天人合一”原则

8.7.7　生态旅游产品设计的一般步骤

（1）资源基础分析

主要包括资源区位条件及可入性分析，资源地质、水文、气候等基本要素分析，资源的特性和特色分析，活动区容量分析，资源的美学价值和生态价值分析。

（2）生态旅游产品的市场评估

主要涉及资源的吸引半径评估、预期客源市场需求特征研究、预期客源市场定位。

（3）旅游产品开发后可能对环境施加的影响评估

（4）经济效益分析

（5）结合上述四项设计多个可选方案

（6）进行专家咨询和民意调查，确定优选方案

（7）产品开发后的信息反馈及调整

8.7.8 生态旅游产品设计的方法

（1）注意科学规划与适应发展相结合

（2）有形产品与无形产品相结合

（3）生态旅游开发与乡村、林区相结合

（4）在不同景观地段设计出特色各异的产品

（5）设计重点放在不对环境造成破坏性影响及能为游客合理利用的项目上

（6）人工景观与天然景观和谐共生

（7）注意从地方民俗文化中汲取其生态文化内涵

8.7.9 生态旅游商品设计原则

①突出地方风格和民族特色

如农家特色菜、特色果品

②以不破坏生态环境、强化生态保护意识为原则

禁止利用国家保护的动植物制作旅游商品，充分将地方资源及文化中所蕴含的生态内涵浓缩于所设计的旅游商品中，使旅游者在享用商品的同时，还能受到环境保护教育。

③以市场为导向设计系列配套的生态旅游商品

如将傣族的服饰、木屐、油纸伞等配套设计开发成傣族系列旅游商品

④提高生态旅游商品的制作工艺水平

制作精致和制作精美的旅游商品具有很好的欣赏和保存价值，更能吸引游客购买欲。

8.8 案例：基于南京云锦的旅游商品创意设计

南京云锦位于中国古代三大名锦之首，以其纹样丰富多彩、奇异变化；造型优美、绚丽华美的特点闻名于世。云锦在元、明、清三朝均为皇家御用贡品，被公认为是“东方瑰宝”“中华一绝”。随着社会经济的快速发展，我国优秀传统文化的杰出代表南京云锦在继承与发展创新中面临着严峻的挑战，甚至处于逐渐消失的困境。因此，本文从南京云锦的艺术特征入手，综合分析南京云锦及云锦旅游商品，结合目前市场状况，对南京云锦旅游

商品创意设计进行了思考与探索，并提出具体举措指导南京云锦旅游商品的设计与开发，从而促进南京云锦旅游商品的发展。

吴梅村有诗："江南好，机杼夺天工。孔雀妆花云锦灿，冰蚕吐凤雾消空，新样小团龙。"来描绘南京云锦。云锦是产于南京地区的一种丝织工艺品，始于元而盛于明清。南京云锦与广西壮锦、苏州宋锦、成都蜀锦并称为四大名锦。云锦的保护与开发创新，有助于扩大南京的知名度，推广南京特色地域文化。因此，随着南京旅游业的发展，云锦旅游商品的设计开发可以挖掘南京文化，同时带动南京相关产业的发展。并且，在新的时代条件下，对南京云锦旅游商品推陈出新，传承旧工艺，提出设计新理念，开发新种类，设计出具有浓郁南京地域文化特色的新时代的云锦旅游商品，对完善南京旅游商品市场，弘扬南京地域文化特色，以及拉动南京旅游业经济发展都有积极意义。

8.8.1　目前市场南京云锦旅游商品设计现状

新中国成立后，南京云锦迎来了新的发展机遇，在党和人民政府的支持与关心下，成立了以南京云锦博物馆，对云锦传工艺进行系统整理、研究、复制、创新，使得云锦工艺得以延续。与此同时对云锦文化做了大量的宣传工作，并开发了一些新产品，使人们对云锦又有了进一步的认识。云锦旅游商品的创新设计发展，对云锦工艺、文化内涵及丰富南京旅游商品、扩大南京地域文化影响方面都起到了一定的促进作用，同时，对于弘扬中华传统文化、保护人类非物质文化遗产做出了巨大的贡献。如今云锦已逐渐被广大消费者所了解并被接收，现代云锦设计，已能将云锦数百年来所形成的传统的艺术形式、织造工艺包括材料选择都原汁原味的表现出来，许多优秀的传统纹样被发掘和整理的基础上发展和演变，不但推敲得非常精美，而且大多有着美好的吉祥含义和喻义，云锦设计应用范围也逐渐扩大。

但就目前云锦市场情况调查了解，市场却也存在着各商家景区的云锦生意难做，游客亦无法买到心仪的云锦旅游商品的现状，这反映出南京云锦旅游商品市场设计开发与生产亦存在不足：①小作坊林立，行业生产不规范，劣质产品充斥市场；②产品品种单一，开发落后，雷同率高，缺乏地域性特征及纪念意义；③缺少情感化设计，与购买者无法产生共鸣感；④包装低劣，不便携带；⑤价格参差不齐，缺乏顾客认同感；⑥传承人流失，后备人才不足。

8.8.2 基于南京云锦的旅游商品创意设计方法及设计实践

南京云锦在其继承与创新发展中面临着严峻的挑战，甚至处于逐渐消失的困境，面对于此，我们应采取必要措施加以保护传承，并使之适应时代要求。云锦旅游商品的设计开发可以挖掘南京本土文化，传承旧工艺，提出新的设计理念，完善南京旅游商品市场，弘扬南京地域文化特色，拉动南京旅游业经济发展。因此做了如下举措归纳及设计实践：

①在对云锦进行原生态的继承与保护的同时要赋予其时代特征，使得云锦艺术真正融入当今生活，渗透在生活的方方面面，如服饰、建筑、日常用品等，并拥有广泛消费群体。将云锦花纹图案运用于眼镜盒设计，圆月造型搭配蓝白传统大花，有婉约大气之美。

②从云锦独特的艺术特点及艺术风格入手，进行元素提取，精简纹案，保留原创部分，加以新意，使之呈现出传统风貌与现代设计手法相结合的效果。实现产品创新性嫁接转换。提取云锦传统纹样在手提袋中进行纹样再设计，使得普通的手提袋提升了档次，同时将云锦图案运用得恰到好处。

③以本土化为切入点，深度发掘云锦文化内涵，在产品设计中恰如好处加入的中国传统元素，在中国传统审美心理结构的基础上，产生民族文化认同感与设计共鸣。

④在设计具有南京地域特色的云锦旅游商品时，要突出南京地域文化特色与其产品品位、格调，可将风景及人文特点题材进行云锦产品创新，独树一帜，提高认同感。

⑤云锦艺术应该直接面向现代人的生活，丰富其材料及艺术表现形式，满足现代社会要求，形成材料、工艺多元化发展。例如与现代纤维等结合进行设计设计。

⑥增加云锦旅游商品的附加值，改良云锦产品外包装，增加游客购买欲望。

⑦树立品牌，开拓营销方式，培养云锦工艺后备人员，加强对知识产权的保护和劳动者权益的保护。

综上所述，通过对云锦艺术特征及现代社会中云锦旅游商品设计发展现状的研究分析，归纳总结得出相应设计举措，并进行具体创新设计实践，为云锦传统工艺在现今社会发展指出了方向，将云锦传统继承与现代人生活方式相结合，才能使之真正成为大众的文化，才能生生不息。

8.9　文化保护视角下旅游工艺品开发研究

8.9.1　旅游工艺品开发中面临的文化真实性与文化商品化问题

文化真实性与文化商品化，是文化资源开发以及旅游工艺品开发中两个极易引起争论的问题。然而，两者之间并不存在绝对的冲突。

（1）文化真实性是旅游者的追求，而不是苛求。何为真实的文化，不同学者有不太相同的看法，在这里不做赘述。结合前人的研究，我们可以认为，真实的文化就是指特定地域内人们的日常生活状态，包括其精神、行为以及有形的物质结晶。这种不受外界刻意加工和影响的真实文化就是旅游者内心所追求的当地日常生活中独特的民族文化。旅游工艺品的流行其实在很大程度上就是得益于文化上的差异，游客们喜欢富有地方特色的工艺品。但是，我们需要讨论的是，旅游者追求的究竟是不是“绝对真实”的文化。如果是真正地了解一个地区的真实文化，那就需要像民族学家、人类学家那样，必须对其做长时间的“田野作业”——与调查对象同吃、同住、共同生活，只有这样，才能做到在充分“参与观察”前提下的“深度了解”。很显然，旅游者对真实的追求恐怕达不到这样的层次。尤其是大众旅游者，他们对文化真实性的要求没有像民族学家、人类学家那么严格与苛刻，他们更多是在旅游中追求美感、解脱感、自豪感、新鲜感、认同感等许多难以名状的东西。并且随着时间的演变，社会已经进入后现代时期，游客也越来越倾向于以游乐的心态去追求欢乐。对于旅游工艺品而言，不管是当地原生的传统工艺品形态，还是在文化涵化基础上的加工处理结果，只要具有地方文化特色，都会被旅游者认为是真实的地方文化代表。例如，在内蒙古很多地区都可以见到蒙古族特色的皮制酒袋、拖鞋、背包等现代旅游工艺品，它们虽然已经不同于以前游牧时代的草原牧民所使用的真实物品，甚至可能在当今的牧民家也已经不使用了，但它们对于旅游者而言，仍然是草原牧民生活的写照，具有一定真实性。

（2）文化商品化可能对文化造成破坏或保护两种不同结果。简单来说，文化商品化就是指将经过商业包装的文化元素展示给旅游者。长期以来，对文化的商品化开发一直有两大观点。反对文化商品化的典型代表格林伍德（Greenwood）认为，民族文化被商品化利用后，不仅使当地民族对本土文化失去了兴趣与信念，而且还会使文化本身丧失原有的内涵，文化的真实性将被弱化。他列举了一个典型例子：西班牙富恩特拉比亚（Fuenterrabia）地区的阿拉德（Alarde）仪式最初是为了庆祝战争胜利和展示地区民族的团结和伟大精神。但是为了吸引游客，阿拉德却成了一天举行两次的大众仪式，居民靠参加仪式活动获取收入是仪式的真正文化内涵丧失了，成了虚假的表演，对旅游者的吸引力也就逐渐变弱了。游客变少了，当地居民的独特文化也已经丧失了，这就是文化商品化对文化的破坏影响。在内蒙古很多草原景区都可以看到不断地马队迎宾、以歌敬酒和献哈达等仪式上演，失去了本来的真诚和热情，只是出于经济利益驱动而做出的行为动作，与其本来的文化内涵大相径庭。关于旅游工艺品开发的失败例子也不胜枚举，我们可以看到在很多地方都有一模一样的石器、玉器、绸缎等旅游工艺品，它们因失去了地方特色，没有了文化本真性也就失去了吸引力，失去了市场。以科恩为代表的另一派认为，所谓的文化真实性并不是永不改变、越原始越好，而是随着时间的不同而发生改变。因为不同的旅游者对真实性有不同的看法，这主要取决于其审美要求、文化水平和性格因素等。每一种文化都只有在不断地向外部的优秀文化吸收新的内容，结合自身发展，不断革新，才可以长时间流传下来。真实性的内容是可以发生变化的，是一个动态的适应与协调过程。所以，商品化使文化真实性丧失是不完全确切的说法。相反，对于文化的合理商品化开发却可以更好地保护和传承真实的文化。不难看出，两大流派的观点各有道理，似乎都能让人接受。那么对文化的商品化开发究竟是否意味着对文化真实性的破坏、对传统文化的掠夺呢？否定的回答得到了越来越多的人认同。我国也有很多旅游工艺品开发的成功例子，云南石林撒尼人的自制手工艺品——撒尼背包是在其传统手工刺绣基础上运用现代新材料新工艺，为适应旅游业发展需要而设计开发出来的，民族特色浓厚，因受游客欢迎而成了全国知名旅游纪念品。河南省浚县的“泥咕咕”以前只是当地儿童玩泥巴时做哨子的一种玩具，曾经消失殆尽。近10年来，由于当地旅游业的发展，这种土玩具经过现代工艺的雕饰，如今已经被列为华北地区知名的文化遗产。这不仅使当地人受益，同时民族文化也得到了保护。所以可以把文化商品化视为民族文化发展的一种方式和渠道，而不必要将商品化开发当作毁灭民族文化的洪水猛兽。但是，我们也不能盲目乐观，因为文化商品化开发对文化的破坏影响是随时都可能发生的。尤其是在开发旅游工艺品时，必须把握好尺度，处理好文化涵化问题，既不能对真实的文化进行盲目篡改和伪造，又要使其保持现代化和特色化。

8.9.2　文化保护视角下的旅游工艺品开发对策

商品化开发是对文化保护的有效方式，旅游工艺品是文化商品化的最佳载体之一。在对地方工艺品进行商品化开发时，一个最基本的原则和基础就是首先要尽可能地保护当地传统文化元素。这就是要求旅游工艺品要有一定的地方文化真实性。而真实性受商品化开发手段的直接影响，可能出现破坏或发展两种不同结果。那么究竟会出现怎样的结果，要看是否能把握好主次。如果为了一时利益而完全放弃了当地传统文化元素，这样只会破坏自身的文化价值。如果在保护当地文化的前提下吸收一些外部文化精华加以利用，这不但能给当地人带来可观的经济收益，而且还对当地传统文化的复兴与传承有重大影响作用。旅游工艺品的开发不能急功近利，只求经济的一时发展，而忽视文化的独特意义，同时也不能墨守成规、不思进取，不应因为文化商品化可能造成的不利一面而完全否认其可用的一面。在开发过程中，要以地方文化为基础，以传统文化加上现代工艺制作，以发展的方式真正处理好文化真实性和文化商品化的关系，确保树立独特性，不可千篇一律地模仿，从而丧失民族文化应有的价值。具体应注重以下几个方面：

（1）品牌化开发，塑造独特形象。我国许多旅游地的旅游工艺品在展示过程中都常常是无名无牌、鱼目混珠，随便地堆放，给人一种灰头灰脑、没有档次的地摊货感觉，这在很大程度上影响了游客们的购买兴趣。品牌不等同于招牌和名称，而是具有自己的个性形象，能让消费者有所联想的独特标识。在对旅游工艺品进行开发时，首先应该给其寻找一个独特响亮的美名，并努力使之形象化、个性化。例如，目前的福娃系列工艺品，就能让游客很容易区别于其他工艺品。此外，完美的包装和独特标识也能起到吸引游客的作用，而注册品牌就更有利于在市场上树立自己的品牌形象。

（2）特色化开发，形成个性风格

特色常常是最大的吸引力，开发出的旅游工艺品更要有自己的独特之处，与其他同类工艺品形成差异。特色可以从多方面来体现：第一，地方特色，工艺品应体现出原材料产地、工艺品的历史发源地特色，如南京雨花石、长江三峡石等；第二，民族特色，旅游工艺品应努力反映出旅游区所在地居民的特色文化，如湖北土家族的西兰卡西染织工艺、贵州的蜡染、云南纳西族的东巴象形文字字画等；第三，创新特色，在工艺制作和技术改进过程中，由于创新而形成的新特色，如井冈山新型竹制迷你玩具，香港回归纪念品等；第四，艺术特色，工艺品应具有浓厚的艺术内涵和特色，如洛阳龙门的工艺小石佛像等。

（3）功能多元化开发，打造多重效用

人们在进行旅游购物活动时，常常有一定的冲动心理成分，但旅游者在购物过程中又往往力求所购物品日后尽可能派上用场。所以，旅游工艺品开发应注重功能的多元化，为购买者提供尽可能多的效用。第一，应有纪念性，即旅游工艺品应具有旅游风景地的标志、纪念和提示功能，让人一看就能立即回想起曾到某地一游。只有具有独特纪念性的旅游工艺品才能真正具有馈赠性和传播性。旅游者与亲朋好友之间的转赠，将使旅游工艺品的销售数量成倍增加。第二，应有实用价值，即旅游工艺品应使旅游者在结束旅游之后，能在生活上派上用场或作艺术装饰，如书画品、艺术挂毯等，或作日常生活之用，如竹制保健品、厨房盛器等。在此方面，旅游工艺品开发还应充分考虑工艺品的耐用性、小巧化和特殊处理包装等问题，以便游客旅途携带。

由于旅游业的持续发展和拉动，对当地民族文化进行商品化开发是必要的。文化商品化这一问题需要引起每个旅游从业人员的重视和审视，而旅游工艺品的开发更需谨慎对待。在这个过程当中，我们既不能像很多人类学家那样因噎废食，怯于对当地文化进行开发利用，也不能盲目乐观地把当地文化当成自然资源大肆开发，而应该把握好尺度和分寸。我们需要创新，但不能因为一味地追求创新而使旅游工艺品所蕴含的文化内涵变形乃至脱离本源。我们有巨大的潜在市场，但不能因为一味地追求产量而使其失去独特性。尤其是在用大机器标准化制作代替手工制作的时候更需谨慎，因为手工制作的旅游工艺品总是更有吸引力。总之，立足于本土文化的现实本真性，结合现代化手段，正确使用“地方色彩”，既体现地方特色，又体现现代化，进而实现旅游经济发展和民族文化保护与传承的双赢，这才是我们的目标和追求。

8.10　旅游人类学视角下旅游工艺品的开发与创新

继承工艺美术的传统工艺，不断推陈出新，设计新款式，开发新品种，丰富和充实产品文化的内涵，做到工艺精良、包装精美、造型独特、便于携带、利于珍藏，这已是开发旅游产品市场的基本趋势。

民族旅游工艺品的开发与创新是民族工艺文化复兴、涵化与转型的必然要求。没有传统工艺文化在旅游浪潮下的涵化与转型，就没有旅游工艺品的产生与出现，而民族传统工艺仍将只是满足当地民族居民日常所需的基础上的自然发展，其转型或发展的进程将会异常迟缓或停滞乃至消亡。其次，民族旅游工艺品的开发与创新是传统工艺文化在全球背景下发展的有效途径。伴随着全球化的趋势，文化的全球化也日益显露。民族传统文化也在全球化的进程中，不断得到修正、丰富、完善和进步。民族文化得到恢复与传承，民族文化也因此得到认同与更紧密的团结与自信。

而在这种背景下，我国的旅游工艺品应该怎样开发与创新呢？

8.10.1 必须根植于民族传统文化的土壤

民族旅游工艺品是在原有基础上开发和创新出来的，是传统的民族艺术和现代旅游业交融的理想典范。民族旅游工艺品只有其生存之“根”扎于传统传统文化之“土”，才能根深叶茂。

8.10.2 将民族风格和文化内涵艺术注入开发设计中，突出地方审美文化特色

文化是民族工艺品的深层次内涵。民族旅游工艺品有无竞争力、能否满足旅游者购物时更深层次的文化需求，关键在于产品是否丰富的地域文化内涵。因此，其开发与创新，应以地方风格为依托，挖掘本民族的文化内涵，同时应把现代技术与艺术融入其中，从而使民族旅游工艺品与现代旅游者本身的文化达到“认同”。

8.10.3 引进先进的工艺技术，拓展产品的类型和层次，适应新的消费和日常生活审美所需

旅游者来自各地，其需求的特性决定了工艺品的多样性。新的技术、工艺、设计、材料的运用，不仅丰富了产品的类型和层次，更提高了传统工艺品的质量和效益。民族旅游工艺品的开发不应固守单一的传统或地方形式，应用先进工艺技术，是传统工艺获得新的发展。

8.10.4 开发和保护具有标志性的特色工艺品，并打造成品牌

我国开发民族旅游工艺品的资源是很丰富，但目前拥有知名品牌的地

区却很少。要是民族旅游工艺品成为品牌，就必须找出当地最具独特的民族文化、地域特色的工艺品，同时能合理运用营销，从而树立品牌形象。

8.10.5 投资者、政府和社区居民应相互协调，发挥各自的作用

旅游投资者应拥有长远的眼光，对传统旅游工艺品的开发应在保护中进行；而政府，在处理投资者和社区居民的矛盾时，应以大局为重，扮演好协调、管理、监督、预防和控制等多重角色；其中，最重要的是社区居民，作为旅游工艺品的主人，应充分认识旅游工艺品的重要性，对旅游工艺品的保护与创新应从自身做起，这是民族旅游工艺品生存和发展的关键。

8.10.6 正确处理三对关系

（1）历史与现代的关系。目前我国的旅游工艺品存在缺乏技术创新和忽略文化的特点。如何处理两者关系，关键在于本民族居民对自己的民族和民族文化要有自信，而这种自信来源于本民族文化的深刻的领悟和热爱。

（2）文化涵化和文化创新的关系。运用市场经济的原则对民族旅游工艺文化进行旅游开发，适应现代旅游的要求，这恰好是增强民族传统工艺文化活力和竞争力的一个重要举措和创新。所以，对于本民族传统文化中出现的涵化与变迁，我们应有一种开放的心态去面对，以创新的观念去理解，才不会人为的使他们丧失发展的活力和机遇。

（3）文化商品化与文化涵化的关系。诚然，文化商品化的确在某些方面破坏了民族文化的真实性，使一些民族传统文化成分丧失原有的内涵并赋予新的意义，但是，商品化打破了少数民族落后地区封闭半封闭的自然经济状态，帮助当地居民认识到民族工艺品的重要性，并获得资金和技术的支持，同时商品化还使本来即将濒临失传的技术得以传承，增强了民族自信心，是民族化向良性的方向发展。从而也可以看出，商品化也许是民族文化工艺品得以传承的最好途径，关键在于这种商品化必须立足于民族文化的真实性，而不是随意的杜撰。

总之，民族旅游工艺品的开发与创新是民族旅游发展的策略，旅游工艺品文化商品化和真实性有着千丝万缕的内在联系。虽然民族旅游工艺品不过是中华深厚文化的一部分，但中华民族文化的持续健康发展，民族旅游工艺品扮演着重要角色。在旅游工艺品的开发与创新中，文化商品化对地方传统文化的再创造必须以民族传统文化的真实性为前提，同时还应切实考虑旅游中的需求和市场规律等市场因素，从而推动民族旅游文化的合理发展。

参考文献

［1］李砚祖．工艺美术概论［M］．济南：山东教育出版社，2002.

［2］张也夫．外国工艺美术简史［M］．北京：高等教育出版社，2000.

［3］魏小安．中国旅游业新世纪发展大趋势［M］．广州：广东旅游出版社，1999.

［4］罗明义．国际旅游发展导论［M］．天津：南开大学出版社，2002.

［5］迟景才．改革开放20年旅游经济探索［M］．广州：广东旅游出版社，1998.

［6］吴艺丁．中国民间工艺品的现代行销之路［J］．艺术探索，2008.

［7］张肃．贵州民族民间工艺品传承与开发的思考［J］．贵州民族研究，2008.

［8］孔伟，杨晓宁．民间文化产业化的思考［J］．山东工艺美术学院学报，2006，（2）．

［9］瑞洪．旅游工艺品设计与制作基础［M］．沈阳：辽宁美术出版社，2009.

［10］王海霞．民间工艺美术［M］．北京中国社会出版社，2007

［11］田自秉．中国工艺美术史［M］．北京：知识出版社，1985

［12］温明华，吕淑菲．知识经济与21世纪旅游、闲暇业［J］．旅游学刊，1998，（4）．

［13］秦立公．基于P.S.T分析的柳州旅游4C.D营销策略研究［J］．广西工学院学报，2001，（2）．

［14］李庄容．旅游规划与旅游营销关系辨析［J］．经济地理，2004，（2）．

［15］余骥．旅游营销中的品牌策略和CI战略［J］．贵州民族学院学报，2003，（3）．

［16］徐泛．中国旅游市场概论［M］．北京：中国旅游出版社，2004.

[17] 陈水波，陈志辉．后 SARS 时期旅游营销策略创新［J］．财经理论与实践，2003，（5）．

[18] 龙雨萍．打造网络时代的重庆旅游营销系统［J］．资源开发与市场，2004，（2）．

[19] 袁亚忠．一对一旅游营销刍议［J］．邵阳沈院学报，2003，（8）．

[20] 张英之，张红 .21 世纪区域旅游市场营销策略发展趋势研究［J］．唐都学刊，2003，（1）．

[21] 李砚祖．造物之美［A］．北京：中国人民大学出版社，2003.

[22] 左铁峰·基于徽文化的旅游商品设计及其原则［J］．佳木斯大学社会科学学报，2011.3.

[23] 黄纪元·中国旅游商品的开发、设计、营销策略的思考［J］．北京第二外国语学院学报，1995.3.

[24] 彭泽立·设计概论［M］．长沙：中南大学出版社，2005.

[25] 姜伟·地域文化与旅游商品开发［J］．哈尔滨商业大学学报，2008（2）．

[26] 马林诺夫斯基·化论［M］．南宁：广西美术出版社，2000.

[27] 左铁峰．基于中国传统文化观产品设计的价值分析［J］．黄山学院学报，2010（12）：45 ~ 47.

[28] 左铁峰．论体验经济条件下的产品体验设计［J］．装饰，2004（10）：21 ~ 22.

[29] 瀚．生态哲学——产品生态设计的哲学基础和理论指导［J］．上海理工大学学报：社会科学版，2005（6）：55 ~ 58.

[30] 王庆斌．产品生态设计的理念与方法［J］．郑州轻工业学院学报：社会科学版，2005（6）：69 ~ 71.

[31] 杜湖湘．浅析工业产品的生态设计［J］．武汉交通职业学院学报，2005（9）：11 ~ 13.

[32] 黄纪元．中国旅游商品的开发、设计、营销策略的思考［J］．北京第二外国语学院学报，1995（3）：18 ~ 20.

[33] 志平．旅游购物理论与开发实务［M］．北京：中国市场出版社，2005.8.

[34] 智、庄志民，体验经济时代下旅游产品的设计与创新［J］．旅游学刊，2003（6）：66 ~ 70.

[35] 梁玉华．贵州旅游商品开发探讨［J］．贵州教育学院学报，2005（3）：49 ~ 50.

［36］刘纯．旅游心理学［M］．北京：科学出版社，2004.

［37］高力群，杨波，刘小龙．对河北地域文化符号在旅游商品转化方式上的思考［J］．包装工程，2010，31（8）：94 ~ 97.

［38］苏晨．区域性文化特色旅游商品的开发研究［J］．包装工程，2010，31（2）：1 ~ 3.

［39］库珀·克里斯．旅游研究经典评论［M］．钟林生，谢婷，译．天津：南开大学出版社，2006.

［40］肇博．论用文化增加旅游商品的附加值［J］．消费经济，2005（2）：35 ~ 36.

［41］张健伟，高力群，王蕊．韩国旅游商品设计的启示［J］．包装工程，2010，31（14）：90 ~ 92.

［42］王方良．设计的意蕴［M］．北京：清华大学出版社，2006.

［43］徐江华，张敏，郑祖芳．江西道教旅游纪念品的开发设计与研究［J］．包装工程，2009，30（6）：108 ~ 110.

［44］陈斌·中国青年报［N］．

［45］红宝．基于地域文化的旅游商品品牌提升研究——以燕赵文化为例［J］．产业与科技论坛，2008（10）：67.

［46］柳冠中．设计方法论［M］．北京：高等教育出版社，2011.99 ~ 102.

［47］楼筱环，毛国良．浅析体验经济时代旅游产品开发模式［J］．商场现代化，2008（29）：242.

［48］谢佐夫．体验设计［M］．北京：机械工业出版社，2004.

［49］技术美学与工业设计丛刊第一辑［M］．天津：南开大学出版社，1986.

［50］米·杜夫海纳．美学与哲学［M］．北京：中国社会科学出版社，1985.214.

［51］徐仲杰．南京云锦［M］．南京：南京出版社，2002.

编后语

理论总是滞后于实践的。在日常的旅游活动中，人们对旅游商品的营销模式和设计都有大体相同的感受，就是精致、有品位的旅游商品少之又少。要么是文化主题传达不够，要么是工艺技术化繁为简，要么是营销方式粗放单一。但数十年来国内外旅游商品营销策略和设计方法的探索，说明了旅游商品问题的复杂性。本书的撰写正是基于此。

如今书籍要出版了，内心忐忑不安，先不说书的体例严谨和内容的可读性，单就案例的分析和总结也可能是一家之言。在此，要感谢提供帮助的所有人。首先，要感谢杨皓、任志芳诸君，现在同为大学教师，他们的学术兴趣和专业志向与我相一致，提供了相当多的材料，并贡献了自己的很多研究成果，本书的撰写有一大部分是归功于他们。其次，要感谢我的同事黄延传、侯双庆等人，他们提供了相当好的指导和意见，在学科、专业建设的角度看得更高更远。最后，要感谢我的学生张佳伟、徐长莲等人，正是他们的辛勤付出，在内容上较为全面地、细致地审阅，使我获得更多的时间来做分析工作。亦师亦友的关系使我能够客观地看待很多问题，听到不同的声音。

需要说明的是本书的部分内容借由网络，由于各种原因未与作者联系，所以在此一并致谢，并期望获得作者的指正。